縄文人はなぜ死者を穴に埋めたのか

墓と子宮の考古学

大島直行
OSHIMA Naoyuki

国書刊行会

目次

第四章　土器にみる子宮的性格

第五章　ムラや家の子宮的性格

縄文人はなぜ死者を穴に埋めたのか——墓と子宮の考古学

編集協力　佐藤亜美

プロローグ

坂本　よく見つけてくるね。
中沢　向こうからくるのよ、「読みなさい」って。
坂本　まあ、そういうもんだよね。

ある書店での出来事です。以前から気になっていながら、手にする機会を逃がしていた本が突然、目の前に現われました。それは、坂本龍一と中沢新一の対談本・『縄文聖地巡礼』（木楽舎、二〇一〇年）です。まさに「読みなさい」という感じで。
冒頭に引いた会話は、二人がロシアの映画監督セルゲイ・エイゼンシュテインが書いた本について語っている場面です。会話は、こんなやり取りから始まります。

中沢　エイゼンシュテインが著書のなかで、モンタージュ理論がどこからきたかってことを書いていて、それは狩猟と編み籠の技術だと。狩猟というのは、動物の軌跡を追いかけていって、森という統一体のなかに断片をとらえる技術。一方、編み籠というのは、断片を組み合わせて統一体をつくっていく技術。モンタージュはこのふたつを合わせた技術だというんですね。人間のつくりあげる文化は、だいたいこのふたつの原型を発展させているんであって、撮影と編集という、いま、自分が映画をつくる過程でやっていることも、旧石器時代にやっていたことと変わらないと。

坂本　ハンター・ギャザラー（狩猟者と採集者）だ。すごいね。

中沢　自分は最先端の技術で映画をつくっているけれど、旧石器のハンター・ギャザラーの精神で、この技術を駆使してるんだと言ってるんです。やっぱり考古学の本を読んでいて、そんなことを言ってる。エイゼンシュテインの映画というのは、ある意味でいうと、ひじょうに野性的というか、根源的な力に満ち満ちているんだけど、そういうことを深く意識していた作家だったんですね。映画がなぜサスペンスを求めるのか、犯人を捜したり事件の謎を追い求めていく形式を好むかっていうと、それは狩猟と関係しているからだと。で、ショットを積み重ねるだけでは映画にならなくて、そこに編み籠の技術、つまりカットして編んでいく技術が必要である。人類の文化というのは、統一されたもののなかに断片を見て追跡する技術と、断片を組み合わせて統一する技術、そのふたつの技術の結合体として理解できる、というふうにエイゼンシュテインは言ってるのね。

坂本　もっとも20世紀的な芸術だといわれる映画の草創期に、狩猟採集的なものを見いだしたエイゼンシュテインって、ほんとうの天才なんだね。

中沢　草創期にOSをつくって、しかも『戦艦ポチョムキン』のように、誰も超えられない作品をつくった。
坂本　草創期の縄文土器の完成度の高さに通じる。
中沢　そこが創造ということの不思議で、レヴィ＝ストロースが「最初の一歩だけが重大で、あとはそれを繰り返すだけだ」と言ってるけど、まさにそう。YMOもコピーは出るけど、誰も発展させられなかったのと似てますね。草創期のジャンプがほとんど完成型をつくっちゃう。
坂本　あとはひたすらマニエリスムに入っていく。
中沢　エイゼンシュテインはすごいよ。土器の話もいっぱい出てくる。（一三二―一三五頁）

そして、冒頭の会話につながるのです。

これを読んで、ふと思ったのですが、世の中の考古学者は、たとえ書店でこの本を見たとしても、まさか坂本龍一と中沢新一が縄文文化の話をしているなんて思わないでしょうし、こんな興味深い内容で盛り上がっているなどとは考えもしないだろうと。しかし、これは考古学者がぜひ気づくべきだし、考えるべきだと真面目にそう思いました。じつはこの本、たまたま最初に開いたページの、二人のやり取りがあまりに刺激的だったことから、斜め読みではありましたが、立ち読みで一気に読了してしまいました。もちろん、その後買って帰りましたが……。

刺激に満ちた会話とはこんな内容です。

中沢　日本の考古学が蓄積してきた様式、編年方法が、はたして有効なのか。日本のなかだけでマニエリスティックに複雑化しても意味をもつのか。
坂本　この列島の閉じた世界で発展してきた研究をいくら細かくやったところで、じっさいにはそうじゃないわけだからね。さっき黎明館で見たお祭りの仮面と似たものはゲルマンにもあるし、渦巻文様はケルトにもあるわけだから、世界的な視野をもって、むしろユーラシア大陸側から日本を見るような見方をしないと、何もわからないんじゃないか。
中沢　日本のなかでは考古学が、茶道や華道のような家元制度の芸とよく似た発展をしてるなと思いますね。ひとつひとつの所作にものすごく重大な意味をもたせて分類されていくんだけど、それは閉じられた世界のなかだけで意味をもつことで。だけど、お茶にしてもお花にしても、そもそも日本列島のなかだけで閉じたものではないわけですよね。考古学ではそれがピークに達している。その方向でいくらやったって、もう何も出てこないってわかっていても、まだそれを続けている。それを踏み破ろうとして、南方に目を向けたり、大陸に目を向けたり、象徴的次元に目を向けたりすると、そういうのは考古学じゃないと言われるから、学者も自己規制しちゃう。（一二九―一三〇頁）

面白いのは、考古学が内にこもっていて外に出ようとしないという話が、さらに別の切り口で語られ出すことです。

中沢　そうでしょうね。だけど、どのジャンルでもそうですね。きのう、たまたまプレスリーの話が出たけど、プレスリーの意味も、土器に似てるところがある。彼の音楽の広がりを認識するには、おそらくアメリカ人が内部で考えているだけではわからない。アフリカも含めて広大なものを背景にしているから。日本へ入ってくると、アメリカ以上に特殊な受け入れ方をされていくわけですね。美空ひばりとプレスリーが磁場で接近しちゃう。

坂本　和歌山でも話したけど、美空ひばりというとドメスティックな音楽の代表みたいだけど、僕は80年代から、美空ひばりを聴くとアラブ音楽に聞こえるってずっと言ってるんです。インド、アラブ、ケルトとか、そういう水脈につながっている複合的なものとして聞こえる。ユーラシア的に見ていくと、美空ひばりとプレスリーっていうのは、かなり近いところにあると思うんだけど、そういう聴き方をする人はあんまりいないですね。

中沢　なぜいま、日本文化が行き詰まっているのかというと、その問題だと思うんです。（一三〇—一三二頁）

中沢が話題にしている「様式と編年」ですが、たしかに日本の考古学研究は、戦前のうちから、土器の型式の分類と編年を中心に行なってきました。きっかけをつくったのは山内清男です。山内は、縄文土器の縄目模様が、撚《よ》った糸を土器の表面に転がすことでつけられたことを発見した人で、学界では「縄文の神様」と呼ばれています。

全国各地から見つかる縄文土器は、形と模様の組み合わせによって「型式」としてまとめられ、地域的な広がりと時代的な変遷が体系的に整理されました。それは「編年」と呼ばれ、一万年もの長きにわたる縄文時代の時間的物差しのような役割を果たします。

日本の考古学者が、山内以後、総力を挙げて取り組んでいる型式・編年研究ですが、出土した遺跡や遺物の新旧は明らかになっても、なぜ縄文土器が型式としてのまとまりを持ち、それが移り変わるのか、そもそも型式のもとになる縄文土器の形と模様にはどのような意味があるのか、といったことは、残念ながらほとんど明らかになっていません。型式の分類作業そのものが目的化してしまい、形や文様の持つ意味について検討されることはありません。坂本や中沢の心配は、そうした日本の考古学者の研究姿勢に対して向けられたものなのです。

最初から難しい話になりましたが、じつは、本書のタイトル、「縄文人はなぜ死者を穴に埋めたのか」についても同じことが言えます。講演や著書などで、考古学者はこうしたタイトルを使いません。というよりも、日本の考古学者は、こうした疑問を表立って発することはありません。なぜでしょうか。答えは簡単です。従来の考古学の方法では、人の心の問題は解きにくいからです。せいぜい、衛生上の理由とか、獣が死体を漁《あさ》らないように、というような合理的な解釈が関の山です。坂本や中沢が嘆くように、型式分類や編年作業をいくら繰り返したところで人の心を解明することはできません。彼らが言うように、「大陸に目を向けたり、象徴的次元に目を向けたり」すると、一気に展望が開けてくるのでしょうが、この方法を使うためには、ある覚悟が必要です。学界から冷ややかな視線を浴びせられるからです。

縄文研究の第一人者、明治大学の阿部芳郎は、ジュニア向けの概説書『縄文のくらしを掘る』

（岩波ジュニア新書、二〇〇二年）で、縄文土器の研究について、こんなふうに述べています。

縄文土器の文様や形については、現代の陶芸家たちも、なかなか簡単にまねができないとほめたり、中には芸術品とさえ評価する人もいる。たしかに縄文土器の文様をみると、当時の人びとにも、今日のわたしたちが芸術と呼ぶものに近い意識があったのかもしれないとも思う。

しかし、このように芸術性という点からの説明だけでは、かつての縄文人のくらしの中にあった「道具としての土器」という実態はまったく見えてこない。「ものには順序がある」とよくいうが、考古学の研究でも、基本的なことがらの解明を基礎にして、次第に難しく抽象的な意識の世界について考えていく必要がある。ものを見て想うのは自由だが、わたしは、この順序をみだりに踏み越えたり、単なる発想や感性だけで無視したりするのは、学問的ではないと思うのである。（中略）

縄文土器はわたしたちにとっての単なる骨董品ではなく、土器から、縄文人の生活のあり方や、道具としての意味を復元して考えることが本当は重要なのである。（八七―八九頁。傍線はすべて筆者による。以下同じ）

縄文土器の重要性は生活道具としてつくられたことにある、と主張する阿部の考えに異を唱える考古学者はいないでしょう。道具としての土器の研究は、製作実験も含めて古くから行なわれてきたし、むしろ阿部の指摘する「縄文人の生活のあり方や、道具としての意味を復元」する研究や型式の編年研究だけが、長い間行なわれてきたように思います。阿部が心配するほど「抽象的な意識の世界」は研究されておらず、そもそもそうした研究は評価されませんでした。

しかし、技術的な観点からの研究がどれほど行なわれても、尖り底の土器や壺形の土器がなぜつくられたのか、「異形土器《いぎょう》」と呼ばれる一群の土器は何のためにつくられたのか、さらには、もっとも根本的な問題とも言える、なぜ土器や土偶に縄目の模様がつけられるのか、といっただれもが不思議に思うことがらについては、いまだ明快な答えが出されていないのです。

それは、作り手である縄文人の技術が解明しにくいのではなく、「抽象的な意識の世界」の問題だからなのです。考古学者はこの分野については、禁断の果実として決して手を出したがりません。坂本や中沢が、「閉じられた世界のなかだけで」ものごとを考える考古学研究を嘆くのも無理のないことです。

製作技術や用途についての基本的な研究をないがしろにするつもりはありません。しかし、坂本や中沢に指摘されるまでもなく、土器から縄文人の世界観を読み解く研究もまた、「順を追う」のではなく、技術や用途の研究と同時に行なわなければならないと私は考えています。そうした意味では、國學院大學の小林達雄や名古屋大学の渡辺誠が取り組んできた土器や土偶に世界観を見出す研究、岡山大学の松本直子や国立歴史民俗博物館の松木武彦が推進する認知考古学的な研究は、高く評価されるべきと考えます。

坂本龍一と中沢新一の『縄文聖地巡礼』における縄文文化の理解は、とても奥が深く魅力的な謎解きにあふれています。縄文の聖地と目星をつけた諏訪、若狭、敦賀、奈良、紀伊田辺、山口、鹿児島、そして青森の遺跡を、遥かなる縄文の記憶をたどりながら巡る旅です。そんな旅のはじまりに、中沢は次のような所感を述べています。それは、物質的な研究に行きづまり、新しい手法で縄文人の心をのぞこうとする今の私には、じつに心強いメッセージに聞こえ、本書執筆の動機ともなりました。

縄文時代の人々がつくった石器や土器、村落、神話的思考をたどっていくと、いまの世界をつくっているのとはちがう原理によって動く人間の世界というものを、リアルに見ることができます。私たちがグローバル化する資本主義や、それを支えている国家というものの向こうへ出ようとするとき、最高の通路になってくれるのが、この「縄文」なのではないでしょうか。古代への情緒的な幻想を求める旅をしているのではありません。これは、いま私たちが閉じ込められている世界、危機に瀕している世界の先に出ていくための、未来への旅なのです。（一〇頁）

＊

人はなぜ死者を穴に埋めたのでしょうか。おそらくこれは、私たちが考古学資料に対して持つもっとも素朴な疑問の一つであるかもしれません。

日本列島では、すでに二万年前の旧石器時代に墓と呼ばれる施設がつくられています。骨は残っていませんが、穴の底には石でつくられた飾り玉が置かれていますから、死者を葬った場所、つまり墓と解釈されるようです。ヨーロッパやシベリアの先史時代に目を転じれば、そこでも数多くの墓とされる場所が見つかっています。ほとんどが地面に円く穴を掘ってつくられていますが、じつはこの点が重要です。なぜ世界各地で、人は死を知り、穴を掘って死者を葬ったのでしょうか。

埋葬に際しては、心のこもったていねいな儀式が行なわれたことも想像にかたくありません。たとえば、死の悲しみにくれながら死者を葬るのは、縄文時代のムラで、大自然に精霊や神を感じ、神話的な思考のなかで土器や土偶や石器をつくり、竪穴を掘り、小屋掛けをして家をつくり、海や山に食料や生活資材を調達しながら日々を送った人たちです。もっと言ってしまえば、彼らの家族やムラの人々との人間関係は深く、死者は残されたものに、とてつもない心的な影響を与えたに違いありません。

ところで今、私はまるで見てきたかのように縄文時代の人の葬送や暮らしぶりを語りましたが、多くの方は違和感なくこの話を受け入れたのではないでしょうか。「墓」という言葉に異を唱える人もいないはずです。それには、ちょっとした理由《わけ》があります。それは、私たちの思考のなかに、すでに仏教や儒教、あるいは道教などに影響を受けた考え方（世界観）が文化として根づいているからなのです。

しかし、縄文人が現代に生きる私たちと同じようなものの考え方をしているというのは根拠のない前提あるいは仮説であり、本当にそうかどうかは、じつはわかりません。考古学者はよく「祖先崇拝」という言葉を口にしますが、それだって仏教や儒教的な世界観に基づいている可能性があり、縄文人が本当に「祖先」という観念を持ち、死者を崇拝していたかどうかは定かではありません。斜に構えた見方と言われるかもしれませんが、「墓」や「墓穴」という概念さえも、縄文人と共有できるかどうかは保証のかぎりではないのです。

縄文人は、多くの考古学者が考えるような、家族や祖先などの集団を基盤とした死生観ではなく、肉体が滅んでも死にことさらこだわるのではなく、新たな「生命」がよみがえることにこそ高い関心を持ったのかもしれないのです。

じつは私がそのように考えるのは、かつてヨーロッパでは、死がことさら大きな意味を持つわけではなかったという研究（フィリップ・アリエス〔伊藤晃ほか訳〕『死と歴史』みすず書房、一九八三年）や、アマゾン流域などの先住民の人々の不思議な生活や信仰を知っているからです（国分拓『ヤノマミ』NHK出版、二〇一〇年／ダニエル・L・エヴェレット〔屋代通子訳〕『ピダハン――「言語本能」を超える文化と世界観』みすず書房、二〇一二年など）。たとえばヤノマミの人々は、まさに個々の人間を中心とした死生観を持っています。もし縄文社会が、現代のアマゾンの先住民と同じような世界観を持っていたとしたらどうでしょう。彼らが掘る穴はただの墓穴ではなく、死者のよみがえりのための場所として用意されたものだとしたら、そこに現代人とは異なった心情を推しはかることができるかもしれません。

このような民族学的な見方は、縄文人の死生観を考える上ではとても重要なことですが、考古学者はそうしたことにはあまり関心を示してきませんでした。墓地の場所や、墓の形、副葬品の種類や多寡《たか》、遺体の姿勢、性別、頭の向き、解剖学的特徴などをいくつかの型式に分類し、その系譜や時代的な特質を明らかにするのに夢中です。分類の基準が、自分が置かれている現代的な社会環境のなかで培《つちか》った考え方でしかないことに気づいていないのです。

考古学者にとっては、墓が見つかっても、やれ〝階層や格差はあったのか〟〝リーダーはいたのか〟〝どのような社会構造だったのか〟ということを考えることの方が重要なのです。しかし、それによって縄文人の人間性や世界観が明らかになったでしょうか。

縄文人の墓づくりの背景を考え、これまでの考古学研究のあり方を見ていくと、あらためて、なぜ人は死者を穴に埋めるのか、その心のありようが気になります。そこには、とてつもなく重要な、まさに「人間とは何か」という問題を解き明かすことのできる鍵が隠されているようにも思えます。

私は、これまでの研究で、縄文人の死者にまつわる行為は、土器づくりや土偶づくり、副葬品づくりなどと深く関わっていることに気づきました。それどころか、ストーンサークルや盛土遺構などのいわゆる「記念物」はもちろん、「ゴミ捨て場」と称されている貝塚、そして住居そのものを墓とする「廃屋墓」や、住居内に埋められた土器が見つかることなどから、「竪穴住居」までもが死者と密接に関係していることが見えてきたのです。

さらに重要なのは、「墓穴」づくりの原理が、狩猟採集段階にとどまらないということです。日本列島だけをみても、弥生人は、やはり死者を穴に埋めています。古墳時代にも、首長（大王）のために古墳をつくってそのなかに遺体を納めています。古代にも、中世にも、近世にも同様の習俗をみることができます。

わが国には、仏教と共に火葬の風習がもたらされましたが、それでも土葬はなくなりませんでした。近年まで人々の多くは土葬されました。鎌倉時代には火葬と墓石が普及して、火葬骨を墓に納めるようになりますが、それでも多くの庶民を葬るときは大地に穴が掘られたのです。世界にはさまざまな埋葬法がありますが、日本列島では、旧石器時代から今日まで、人は死者を穴に埋め続けてきたのです。なぜなのでしょうか。おそらく、そこには何か大きな精神的動機＝原理があったはずです。

拙著『月と蛇と縄文人』（寿郎社、二〇一四年）と、『縄文人の世界観』（国書刊行会、二〇一六年）では、これまで考古学が的確な答えを出すことができなかったさまざまな課題に、象徴考古学という新しい方法を用いてアプローチしました。生活道具をはじめ、「住居」や「墓」といった大地につくられた施設の「形」に込められた縄文人の「心」を、イメージ（心象）とシンボル（象徴）、そしてレトリック（比喩）という、心理学や宗教学、修辞学の方法を使って読み解いたのです。

その結果、彼らの道具づくりや施設づくりの原理が、単に経済効率や合理性だけでつくられた原始的なものではなく、大脳生理に基盤をおいた生得的（遺伝的）な思考のメカニズムに起因する行為であり、しかも、それが社会全体のなかで構造的に機能していることを突き止めました。縄文人の道具や施設のデザインは、ことごとく、《再生シンボリズム》という、彼ら独特のものの考え方が基盤となっています。つまり、よみがえりの象徴（あるいは不死の象徴）として認識された「月」のイメージが、「女性＝子宮」になぞらえられ、じつに多くの道具や施設のデザイン（形と模様、数、色）にレトリカルに表現されているということです。月という存在が、これほどまでに人の死や再生・誕生に深く関わっていたのかと、あらためて驚かされました。

このような現象は、〝縄文人だから〟起きるということでもありません。現代人にも同じものの考え方をする因子はあるのです。第二章でくわしく述べますが、私たちの思考のメカニズムは、縄文人であれ現代人であれ、大脳がその時代の社会的環境（人間関係）にどのように反応するかで、合理的にも、非合理的にも機能するようにできています。現代人は、どうしても科学的あるいは合理的に思考しますが、それは現代の社会的環境が合理的思考を発現させているだけであり、脳のメカニズム自体はホモ・サピエンスが生まれたときから何も変わっていないのです。

そして、脳のメカニズムのなかには、まさに〝人間を人間たらしめている〟重要な思考の因子が含まれています。それを発見したのが、フロイトのもとで学んだカール・ユングです。ユングは、フロイトが発見した個人的無意識とは異なるもう一つの無意識を「普遍的（集合的）無意識」と名づけ、生得的な深層心理の存在を世に問うたのです。

たとえば現代の私たちは、集団を維持するためにいろいろな決まりや組織をつくります。宗教や哲学、村や国はその典型です。しかし、すべての人が宗教や組織に関わり、それを受け入れているわけではありません。じつは、これが深層心理と深く関わっている心性（ユングはこれを「元型」と呼びました）と、そこから起こってくる行動なのです。

普遍的無意識は、狩猟採集社会を基盤とした社会環境ではひじょうに卓越し、現代の私たちから考えれば、とても非合理的に思えたり、あり得なかったりする行動となって現われます。ユングがこれに気づいたのも、民族学や神話学に見出される独特の非合理的な世界観があったからですが、しかし、だからといってこれが「原始的な行動」あるいは「稚拙な思考」と考えてはいけません。

普遍的無意識は、あくまでも人間の生得的な思考因子（思考のメカニズム）に包括されるもので、けっして遺伝的に淘汰《とうた》されず、現代人の大脳あるいは心のなかに温存され続けています。要するに、問題はそれを使う環境にあるかどうかであり、少なくとも社会性や合理性が求められる現代社会においては、普遍的無意識によってつくられた非合理的な思考が卓越することはありません。

人類史上において唯一、普遍的無意識を使いながら生きていたことをうかがわせる数多くの物的証拠を残したのが縄文人です。今、日本では、東北・北海道の縄文遺跡を世界文化遺産登録しようという動きが出ていますが、私は、こうした人類史上稀有ともいえる文化をのこした縄文人を、世界にアピールできずにいるとしたら、それは考古学の大きな責任ではないかと思っています。

話が横道にそれてしまいましたが、私が二〇〇九年以降取り組んできたのが、この思考のメカニズムのなかの普遍的無意識を、縄文人の造形原理のなかに見出そうとする研究です。今回は、死や生にかかわった縄文人の呪術信仰的な行動のなかでも、とくにそうした観念との関係の深い「埋葬」にスポットを当ててみます。といっても、全国各地から見つかった先史・古代の墓の紹介や、墓のなかに入れられた副葬品の分析をするわけではありません。坂本龍一や中沢新一が揶揄《やゆ》するように、これまで考古学は、資料の物質的側面にだけ光を当て、分類と編年を繰り返してきました。しかし、そこからは人の心は明らかにならなかったのです。私は、縄文人の死や生に対する考え方を明らかにするために、墓をつくって死者を葬ろうとした彼らの心に迫ろうと思います。

前著では、《再生シンボリズム》による資料（遺跡と出土品）の読み解きを行ないましたが、本書ではあらためて、ていねいにさまざまな分野の研究者の言説に耳を傾けます。そうすることで、従来の解釈との違いが浮き彫りになり、私が主張する構造的ともいえる《再生シンボリズム》と、その中核をなす《子宮》の意味が、より鮮明になるものと考えるからです。取り上げた文献は一二九冊。言うなれば本書は、一二九冊の文献から読み解く、縄文解釈のドキュメンタリーです。はたして、縄文時代、死者はどのように考えられてきたのでしょうか。

第一章では、人はなぜ太古の昔から死者を葬ってきたのか、という基本的な疑問に迫ります。考古学者はこれまで、この問題への発言を避けてきましたが、死者や葬送、それにともなう呪術や祭祀を考える時には、決して避けては通れない大きな問題です。そこで、この問題についてもっともくわしい脳科学者や心理学者、宗教学者、人類学者の意見に耳を傾けます。

第二章では、人を葬る心性が人間の根源的（遺伝的）なものの考え方を基盤としたものである点を踏まえ、心理学をつかった先史・古代人の心を探る研究を紹介します。認知考古学は、神経心理学を援用した新しい研究分野です。私が拠《よ》ってたつのはカール・G・ユングの深層心理学と、ミルチャ・エリアーデの宗教学です。とくに象徴論に助けを求めました。その結果、死者に対する態度だけでなく、ものづくりや大地のデザインなど、生活のさまざまな行動にも、人間の根源的なものの考え方があらわれていることがわかりました。狩猟採集社会に生きた縄文人は、私たち現代人とは大きく異なる思考方法で、独特な世界観を確立していたことを明らかにします。

第三章では、先史・古代人のものの考え方を確認するために、民族学（文化人類学）や民俗学に助けを求めます。ただし、この方法には厄介な問題があります。日本の考古学者は、昔からあまり他の学問を援用しません。とくに心理学や宗教学に対しては、〝科学ではない〟ということでアレルギー反応を示すのです。さらに、民族学や民俗学も、時間的なギャップが大きすぎて縄文時代には当てはまらないという理由から、あまり歓迎されません。ここでは、考古学研究の現状を明らかにしつつ、他の学問を援用するときに、はたして何が障壁となっているのかを明らかにしておきたいと思います。

第四章では、第二章において述べた人の生を象徴する子宮の重要性について、具体的に縄文人の造形から読み解きます。まずは、死者の再生あるいは誕生のシンボルとして子宮的意味を持つ土器に隠された象徴を見てみます。

第五章と第六章では、道具以外にも、大地につくられたさまざまな施設に目を転じ、死と再生のシンボルとして描かれた子宮の表現を検証します。題材として、縄文人のムラと家、そしてストーンサークルを取り上げます。ストーンサークルを知らない人はいないでしょうが、ストーンサークルがなぜ円いのか、その理由は誰も知らないと思います。やはり、そこにも再生のシンボリズムとしての子宮が大きく関与しているのです。

そして第七章では、なぜ死者を「穴」に埋めるのかという問題について、答えを整理したいと思います。おそらく、環境さえゆるせば（現実には、日本では条例上の制約があり、土葬はほとんど困難な状況です）、人は穴に人を埋めるという行為を決して止めないでしょう。そこで、埋葬という行為に隠された象徴的な意味を、民族学や民俗学、さらには神話学や宗教学的な見地から再確認してみます。なぜなら、人間の認知あるいは思考基盤は遺伝するものだからです。現代の習俗をていねいに洗い出せば、私たちが忘れ去ってしまった、旧石器時代あるいは縄文時代に豊かに息づいていた「神話的世界観」の痕跡が見つかると確信しています。

第一章　死の発見と心の起源

不可視的で知性的な力への信仰は、あらゆる場所およびあらゆる時代において全人類の上にきわめて一般的にこれまで普及してきている。しかしこの信仰も一つとして例外を認めないほど普遍的ではなかったし、またこの信仰が示唆した諸観念に関していかなる程度にもせよ画一的ではなかった。旅行者や歴史家を信頼してよいとすれば、宗教に関していかなる感情もいだいていない若干の国民も発見されている。

〔デイヴィッド・ヒューム（福鎌忠恕ほか訳）『宗教の自然史』〕

1．人はいつ、なぜ死を知ったのか

先史時代から現代にいたるまで、世界中で、人はさまざまな形で死者を葬ってきました。墓はその代表的な場所です。日本列島でも、縄文時代には、穴に埋めたものから石の棺に納めたもの、土器に骨を入れてそれを埋めたもの、火葬したものなどじつに多彩です。弥生時代や古墳時代には、権力者（首長）の大きな墓も現われます。卑弥呼の墓ではないかといわれる箸墓《はしはか》古墳や、仁徳《にんとく》天皇陵と呼ばれる大山古墳（仁徳陵古墳）がそれです。

民族学者の大林太良は、多彩な墓が生まれる背景には、死者に対する生者の態度があるとして、とても興味深い話を紹介しています。それは、ドイツの民族学者レオ・フロベニウスが報告したボルネオ島の葬制についての話です。

◇死者への恐れと尊敬〔大林太良〕

未開民族が、死者を家の外に運び出して、墓穴に埋め、土をかけるのは、死者と関係をもたないようにするためだ。これは幽霊を恐れる結果である。このような行ないをするのは死者への恐れがまさっているからだ。これに反して、死者への愛情と尊敬と、死者との関係を維持しておこうという努力がまさっているときには、反対のしかたが始まり、死者をできるだけ保存しようとする。未開民族はいつも死者への恐れと死者への尊敬のあいだを動揺しているので、それに応じて、あらゆる葬式の習慣も死体の破壊と死体の保存とのあいだを動揺している。

（『葬制の起源』中公文庫、一九九七年、四一—四二頁）

このような民族例のなかで織りなされている、死者と生者のせめぎあいともいえるような心のやりとりを考えてみると、私たち人間には、ある感情が存在することに気づきます。それは、人が死をどのように受け入れるかという容易ならざる感情です。墓の問題に取り組むに当たっては、まずこの容易ならざる感情を、人間はいつ手に入れたのか、なぜ手に入れたのか、あるいは手に入れざるを得なかったのか、そもそもその感情とはどのようなものなのかを明らかにしておく必要があります。

死者を葬るという行為が、先史時代から世界中で見られることから、人は生得的（生まれつき）に「死」の意味を知る能力を持っていると考えられます。つまり、この能力は現代に生きる私たちにも遺伝しているということです。これについて発生生物学者の木下清一郎が、「心の起源」という視点からとても興味深い解説をしています。

◇心と脳の不条理な関係〈木下清一郎〉

いうまでもないことであるが、単細胞生物に脳のあるはずもなく、多細胞動物の個体になってから、はじめて脳はつくられる。その脳の活動が心のはたらきとしてあらわれてくるというところから、はなはだ厄介な問題がおこる。

それは「細胞としての生命」と「個体としての生命」とが、同じく「生命」の名でよばれてはいても、じつは大きな違いがあることから生じてくる。その違いの最大のものは、「個体としての生命」には「細胞としての生命」の時代にはなかった「死」があらわれてくることであろう。（中略）たとえば単細胞生物であるアメーバをみると、それがいつまで分裂をつづけたとしても、生理的な死はやってこない。（中略）

ところが、多細胞生物の個体がつくられるや否や（それが「個体としての生命」が誕生したときである）、突如として死があらわれる。なぜかと問われても、そのように個体がつくられたとしかいいようがない。（中略）多細胞個体のなかにある生殖細胞系列は、連綿として世代を重ねていくことができるが、それをかかえている体細胞の集団の方は、必ず死すべきものとしてつくられており、個体は一代限りである。個体をつくる細胞には、あらかじめ死がプログラムされている。（中略）こうして「個体の死」が出現した。（『心の起源――生物学からの挑戦』中公新書、二〇〇二年、七一―七二頁）

おどろくべきことに、私たち人間は、多細胞生物として進化したときから死ぬことが遺伝子にプログラミングされてしまったらしいのです。ただしその理由はわかりません。なぜ死は生まれてきたかという根源的な問いに対し、「死は生まれるべくして生まれた」と答える生化学者の田沼靖一は、個体が生きつづけるためのシステムの確立には、つねに形を変える能力が不可欠であり、それは、不要な部分を「消去する」と同時に、新たな「自己増殖と自己組織化」によって遂行されるといいます（『遺伝子の夢――死の意味を問う生物学』ＮＨＫブックス、一九九七年）。

つまり、魚のときの鰓《えら》はカエルになると消去され、カエルの水かきは霊長類になるとなくなります。霊長類の尻尾は人類に進化したとき消えました。そして、この「消去する」能力が「死」を演出しているのだというのです。では、人はなぜそのことを知ったのでしょうか。どうやらそれは脳の仕わざのようです。興味深いのは、このことについての木下の発言です。

脳とはほかならぬ体細胞からできている器官であってみれば、脳は必ず死を迎えるべき運命にあるにもかかわらず、脳のなかに生じた心のはたらきは、それがある時点で終結するようにはプログラムされていないことである。それどころか、心が発達するにつれて、みずからが宿っている個体は、やがて死すべきものであることを知るまでになる。つまり、不死でありつづけようとする心が、死すべき身体のなかに閉じ込められていることを知ってしまうのである。

これは不合理であって、しかも解決不可能な問題である。心をもってしまった人類は、死と不死の葛藤の問題を、永遠の課題としてかかえていかねばならなくなった。（同書、七二頁）

思わず唸《うな》ってしまいそうな説です。脳がつくりだした心の「死と不死」の葛藤《かっとう》を、私たちは意識することはありませんが、木下の説明に耳を傾け、胸に手を当てて考えてみれば、健康であり続けようと健康食品を買ったりジムで汗を流したりする行為などにも、〝そういうことなんだ〟と納得してしまいます。

次に、そうした心をつくりだす脳のメカニズムがどのようになっているのか、どのようなきっかけで私たちは死を認識するのか、臨床心理学者、臼居利朋の興味深い話に耳を傾けることにします。

◇前頭連合野の形成が、死の認識を可能にした〈臼居利朋〉

脳を新皮質と辺縁皮質に大きく分けて人間の行動にかかわる脳神経系を機能的にみると、新皮質は創造的・知的行為を、辺縁皮質は情意や本能的行為を司っていて、特に額の上部にあたる新皮質の前頭葉前端部は、前頭連合野といわれ、高等な動物ほど新皮質全体に対してこの面積が大きく、特に人間の場合は圧倒的である。

前頭連合野は、人間ではほぼ一〇歳ごろから活発に機能しはじめ、幼児に初めて時間感覚の枠組みができ、過去・現在・未来への具体的思考が可能になる。（中略）M・エンデは人間には時間を感じとるために心というものがあるといったが、前頭連合野は現在から未来への展望を開き、希望とともに来るべき死への不安や恐れ、そして永遠の生への想いを与え、宗教への開眼に至らせるものと考えられる。

前頭連合野の発達のない動物には自他の死の認識は生じない。人間の場合、前頭連合野の機能の完成は、前述したように、一〇歳前後であって、ここで死の認識が始まる。（『死と信仰の心理』図書出版社、一九九四年、六六—六七頁）

死を認識する能力は動物にはなく、人間だけが獲得した脳生理的能力なのだ——。要するに私たちは、未来を予見する生得的な能力があるせいで「死」を知る羽目になったということらしいのです。さらに、いずれは死が自分にも訪れることを予見し、そのことを恐怖と感じるのですが、一方で、死を乗り越える気持ちが高まり、「永遠の生への想い」つまり〝死にたくない〟という感情が心に芽生え、結果的に死の恐怖から逃れるために、何かにすがりつく行為として、いわゆる宗教が生みだされたということなのでしょう。とても興味深い考え方です。

ただ、そうした恐怖心を乗り越えるために生みだされた宗教心は、生得的なものなのでしょうか。臼居は、イギリスの精神分析医S・バッチの見解を紹介しながら、「前頭連合野の発達過程に示される生理的・心理的機制は、あくまでも宗教的真理の理解の手段にのみとどまるのであって、断じて宗教の真理を証明できるものではない。神の認識や宗教的真理とは、確たる信仰を持つことによって、初めてその人自身のものとなり得る」と述べています。

つまり、何かを信じるという「宗教的真理の理解の手段」は、だれもが生まれつき持っている能力のようですが、具体的に、これを信じる――たとえばキリスト教や仏教――という判断は、生まれ育った社会的な環境次第だということです。何を信じるか、どの程度信じるかが人によって異なるのも、こうした生理的あるいは心理的な背景があることを知るとよく理解できます。

2．信仰や宗教は遺伝するのか

つぎに取り上げるのは、私たちの信仰心あるいは宗教心がいったいどこから生まれてきたのか、という謎です。心理学者の臼居は、宗教の後天的側面を示唆しましたが、はたして信仰や宗教は、文化的に創造されたものなのか、それとも遺伝的に受け継がれているものなのか、識者の意見を聞いてみたいと思います。

〝宗教は遺伝するのか〟と書くと、読者の皆さんのなかには、きっと驚かれる方もいるのではないでしょうか。じつは、この議論はとても重要です。考古学や宗教学では、このことを直接的に議論することはできません。しかし、近年の認知科学あるいは脳科学の発達は、考古学がモノだけではなく心の領域へ踏み込むことを可能にしてくれます。この十数年をながめてみても、つぎのような研究成果が矢継ぎ早に出されて、日本にも紹介されています。もちろん、日本人による研究もあります。

・２０００年アントニオ・Ｒ・ダマシオ（田中三彦訳）『生存する脳——心と脳と身体の神秘』講談社
・２００３年スティーブン・ピンカー（椋田直子訳）『心の仕組み——人間関係にどう関わるか』ＮＨＫブックス
・２００４年スティーブン・ピンカー（山下篤子訳）『人間の本性を考える——心は「空白の石版」か』ＮＨＫブックス
・２００５年デイヴィッド・プレマック、アン・プレマック（鈴木光太郎訳）『心の発生と進化——チンパンジー、赤ちゃん、ヒト』新曜社
・２００５年ジュリアン・ジェインズ（柴田裕之訳）『神々の沈黙——意識の誕生と文明の興亡』紀伊國屋書店
・２００６年マイケル・トマセロ（大堀壽夫ほか訳）『心とことばの起源を探る——文化と認知』勁草書房
・２００７年ニコラス・ウェイド（沼尻由起子訳）『５万年前——このとき人類の壮大な旅が始まった』イースト・プレス
・２００８年パスカル・ボイヤー（鈴木光太郎・中村潔訳）『神はなぜいるのか？』ＮＴＴ出版

・２００８年コリン・レンフルー（小林朋則訳）『先史時代と心の進化』武田ランダムハウスジャパン
・２０１０年マイケル・S・ガザニガ（柴田裕之訳）『人間らしさとはなにか？——人間のユニークさを明かす科学の最前線』インターシフト
・２０１０年ダニエル・C・デネット（阿部文彦訳）『解明される宗教——進化論的アプローチ』青土社
・２０１１年ニコラス・ウェイド（依田卓巳訳）『宗教を生みだす本能——進化論からみたヒトと信仰』NTT出版
・２０１２年デヴィッド・ルイス゠ウィリアムズ（港千尋訳）『洞窟のなかの心』講談社
・２０１２年ジェシー・ベリング（鈴木光太郎訳）『ヒトはなぜ神を信じるのか——信仰する本能』化学同人
・２０１３年パトリシア・S・チャーチランド（信原幸弘ほか訳）『脳がつくる倫理——科学と哲学から道徳の起源にせまる』化学同人
・２０１４年マイケル・S・ガザニガ（藤井留美訳）『〈わたし〉はどこにあるのか——ガザニガ脳科学講義』紀伊國屋書店

彼らの専門分野は、遺伝学、進化心理学、神経心理学、脳生理学、認知考古学、古人類学、文化人類学、哲学など多岐にわたりますが、面白いのは、自分の専門分野から飛び出して、さまざまな学問領域を縦横無尽に渉猟し、人の心の起源や進化に迫ろうとしている点です。場合によっては文学や言語学、美学、音楽まで動員しています。

さっそく現在この分野で目覚ましい活躍をしている認知考古学者のひとり、スティーヴン・ミズン（マイズンとも表記します）に登場してもらいます。認知考古学のパイオニア的存在はケンブリッジ大学のコリン・レンフルーですが、この新しい学問分野をモノグラフにまとめ、最初に世に問うたのがミズンでした（松浦俊輔・牧野美佐緒訳『心の先史時代』青土社、一九九八年／原典は一九九六年刊行）。ミズンは二〇一七年時点で、英国レディング大学の考古学教授で、二〇一二年には東京で講演も行なっています。

彼は『心の先史時代』のなかで、人類が科学や芸術や宗教を生み出したのは、六万年から三万年前に脳に起こった「認知的流動性」という「進化」が引き金になったと述べています。六万年前というのは、約二十万年前にアフリカで生まれたホモ・サピエンスが、アフリカを出てヨーロッパなどに拡散を始めた時期です。原人や旧人にはできなかった、さまざまな情報の脳内でのやりとりが、ホモ・サピエンスの登場によって可能になったということです。そのへんの話を聞いてみたいと思います。

◇人間の心は進化の産物〈スティーヴン・ミズン〉

要するに、科学も芸術や宗教と同じく認知的流動性の産物である。科学は、もとは特化した認知領域群の中で進化した心理学的過程群に依存し、それらの過程がいっしょに動くようになって初めて出現した。認知的流動性はテクノロジーを発展させ、それが問題を解決したり情報を蓄積したりできるようにした。もしかするとさらに重要なこととして、認知的流動性は、そ

れなしでは科学が成り立たないほどの強力な比喩や類推が使えるようになるという可能性を開いた。（中略）

人間の心は進化の産物であって超自然の力が作ったものではない。筆者はその証拠を解明してきた。心の進化について「何が」、「いつ」、「どうして」を具体的に述べてきた。科学を行ない芸術を創造し宗教的イデオロギーを信奉する潜在力が、過去にそうした抽象的な能力への選択圧がまったく見あたらないにもかかわらず、心に芽生えた経緯を解説してきた。言語や意識の性質は心の先史を理解しなければ――化石資料や考古学的な資料に細かくあたらなければ――理解できないのだということを具体的に示してきた。そして、さまざまな形で比喩や類推を使用することが人間の心の核心的な特徴だということを見てきた。（二八二―二八三頁）

「認知的流動性」は、それまで脳内でバラバラに働いていた「技術的知能、社会的知能、博物的知能」がネットワーク化することで生まれた新たな心的能力だというのです。人類が芸術や宗教を生み出したのも、脳が認知的流動性を獲得したからだと。

とても明快に聞こえる理論ですが、すこし気になる点があります。それは、ミズンの指摘する「認知的流動性」の生まれるメカニズムが、どのようなものなのかについては、かならずしも明快に語られてはいないからです。「心の進化」とはいうものの、ミズンの文脈では、それが「遺伝」や「自然淘汰」として積極的に語られてはいません。ただ、わずかですが、「遺伝子」を登場させている個所があります。とても重要ですので、ちょっと長いですが引用しておきます。

◇「認知的流動性」は遺伝子の中に〈スティーヴン・ミズン〉

もし実際に、この起源となる集団に近東の初期現代人類が実際に含まれていたとしたら、あるいは深くかかわっていたとしたら、彼らが世界に広がって行く時には、部分的に認知的流動性を備えた心もいっしょだった。彼らのこのような心の特徴は、おそらくその遺伝子の中に組み込まれていただろう。博物的知能と社会的知能が統合されていたことで、先住の初期人類との競争が有利になり、初期人類を絶滅に追いやった——ただし、何らかの異種交配の可能性は残っている。こうして、我々は六万七〇〇〇年前の中国で、柳江頭骨に代表されるホモ・サピエンス・サピエンスを見ることになるのである。

世界のさまざまな場所で、少しずつ違うタイミングで、認知的流動性をもった心への最後の一歩が進められた。それは、すでに結びついていた社会的、博物的の両知能と技術的知能との統合だった。世界に散らばっていたすべてのホモ・サピエンス・サピエンスがこの最後の一歩を踏んだこと——一種の並行進化は——必然的なことだったかもしれない。進化には認知的流動性へと向かう勢いがあった。いったん流れが動き出したら、もう止められなくなっていたのだ。適応のための圧力が各地で一定のところまで高まると、技術的知能は認知的流動性をもった心の一部になり、現代への最後の一歩が完了した。（二四〇頁）

博物的知能と社会的知能のネットワーク化は、ネアンデルタールなどの旧人の段階では起こっていなかったということです。とすると、三〜六万年前にホモ・サピエンス・サピエンスに起こった知識のネットワーク化が、果たして突然変異であったのかどうか、ますます気になるところです。ミズンが、「認知的流動性」を構想した時に、もっとも腐心したのもそうした科学的根拠だったのではないかと思います。

ミズンは、認知考古学を標榜するなかで、進化心理学の知見を導入することの重要性を何度も説いていますが、むしろもっと脳科学あるいは神経心理学を使って、「進化」の実態に迫るべきでした。「心の進化」にどのように遺伝が関与しているのかを明確にするためです。コリン・レンフルーも同様の指摘をしています（松本建速・前田修訳『考古学――理論・方法・実践』東洋書林、二〇〇七年、四八一頁）。

私は、ミズンの主張する認知的流動性は、ホモ・サピエンス・サピエンスがおよそ二十万年前にアフリカで生まれたときに脳にプログラミングされたもので、その能力が機能するようになったのが三〜六万年前なのではないかと捉えています。要するに、脳にプログラミングされた認知の能力が機能するためには、そうした機能を刺激・発現させる環境（特に社会的環境）が必要だということです。おそらく、そうした環境が三〜六万年前のヨーロッパにはあったということでしょう。

ミズンは、この著書のなかに、「人間の文化のビッグバン――芸術と宗教の起源」と題する章を設けて認知的流動性と芸術と宗教の関係についても熱く語りますが、宗教の起源については、持論の展開はほとんどなく、文化人類学者パスカル・ボイヤー（ボワイエと表記することもあります）の解釈を紹介するのみです。ただしボイヤーは、宗教の遺伝的性格には否定的です。宗教行動は脳の働きから偶然に生み出され、非適応的であると考えています。

◇人が異なれば信仰も異なるのはなぜ？〈パスカル・ボイヤー〉

自然淘汰によって、私たちは特定の心的傾向を身につけ、その心は準備ができている。人間の心は、ある種の概念に対してだけでなく、これらの概念の一定の範囲の変動に対しても準備されている。これから示すように、このことはとりわけ、すべての人間が一定の範囲の宗教的概念を容易に獲得し、それらを容易にほかの人たちに伝えることができるということを意味する。このことは、宗教が「生得的」だとか「遺伝子のなかにある」とかいったことを意味するのだろうか？　私（そしてヒトの心の進化に関心をもつ多くの人々）は、この疑問が事実上無意味であり、重要なのは、なぜそのように見えるかを理解することのほうにあると考える。（中略）正常な人間の脳をもてば、必ず宗教をもつ、とは言えない。そこから言えるのは、宗教を身につけることができるということであって、この二つはまったく別のことだ。心理学者と人類学者が獲得と伝達になぜこれほどこだわるかというと、自然淘汰による進化を通して、私たちは特定の種類の宗教的概念だけを獲得するような、特殊な心をもつことになったからである。

（鈴木光太郎・中村潔訳『神はなぜいるのか？』NTT出版、二〇〇八年、七—八頁。原文に付されている傍点はすべて省略した。以下同じ）

遠まわしな言い方でわかりにくいのですが、要するに、人間には「宗教」を信じる遺伝子があるのではなく、宗教をはじめ芸術や哲学などさまざまな「考え方（思想や観念）」をつくりだす遺伝子があるということです。簡単にいえば、キリスト教やイスラム教、あるいは仏教といった特定の宗教は遺伝子としては存在しないということです。それでも世界中に宗教が存在するのは、文化的につくられた思想や観念が、それぞれの地域的・時代的な社会環境のなかで、たまたま受け入れられ広まっているだけなのです。

宗教の遺伝説に批判的な学者は他にもいます。宗教行動は単なる進化の偶然の産物（文化）で、非適応的であり自然淘汰上とくに有利に働くものではないと。そうした主張の急先鋒は、心理学者のスティーブン・ピンカーと、『利己的な遺伝子』（日高敏隆ほか訳、紀伊國屋書店、一九九一年／原典は一九七六年刊行）で有名なリチャード・ドーキンスです。

一方、宗教が進化的な起源を持った適応行動だと考える学者も少なくありません。あのチャールズ・ダーウィンも、宗教は本能的行動ではないかと考えていたようです。

ここではイギリス生まれの科学ジャーナリスト、ニコラス・ウェイドの発言を紹介したいと思います。ウェイドは、『ネイチャー』や『サイエンス』の記者もつとめた俊英で、後に『ニューヨーク・タイムズ』の編集委員をつとめる論客です。ウェイドが、二〇〇六年に出版した『5万年前』（沼尻由起子訳、イースト・プレス）と、二〇一一年に出した『宗教を生みだす本能――進化論からみたヒトと信仰』（依田卓巳訳、NTT出版）が世界的に注目されたのは、人間の宗教行動が、遺伝的基盤に根ざしていると明確に主張したからです。

◇宗教は遺伝する〔ニコラス・ウェイド〕

宗教行動の普遍性は、言語と同じように、脳内の特別な構造に仲立ちされているからと考えられる。（中略）宗教行動が普遍的であるという事実は、それが適応であること、つまり自然淘汰によって選択された形質にもとづいていることを強く示唆している。もし適応なら、遺伝的基盤があるはずだ。たとえば、成長の過程で活性化し、行動を引き起こすための神経回路をつなぐような遺伝子を持つはずである。そのような遺伝子を特定できれば、宗教行動が進化にもとづくことの証明になる。（中略）

宗教行動を支える遺伝子という直接の証拠がないので、進化の基盤については間接的に考察するしかない。世界じゅうの多様な事例が示すように、宗教には文化的に伝えられるという側面があるが、個別のちがいの根底に強い共通性があることは、生まれもっての学習メカニズムが存在する証拠である。遺伝的基盤がなければ、そうした共通の特徴が、すべての社会で、二〇〇〇世代にわたって（人類の祖先がアフリカを出てから五万年にわたって）存続するなどということは考えられない。宗教行動の複雑さや、それが脳内の感情レベルに根ざしていることを考えると、なおさらそうである。（依田卓巳訳『宗教を生みだす本能──進化論からみたヒトと信仰』ＮＴＴ出版、二〇一一年、五〇─五二頁）

私は、両者の論考を読み、ことさら意を強くしたことがあります。それは、「宗教」と「信仰」という二つの概念を厳密に区分して考えることの必要性です。ボイヤーが主張する「宗教をはじめとする雑多な概念を受け入れる遺伝子」は、言うなれば信仰遺伝子というものであり、特定の宗教を信じる遺伝子ではないのです。

他方、ウェイドの主張する「行動を引き起こすための神経回路をつなぐような遺伝子」もまた信仰遺伝子なのであり、ウェイドが予測するような宗教遺伝子ではないのだと思います。ホモ・サピエンスの脳には、何かを信ずるための「信仰遺伝子」が生得的にプログラミングされていますが、具体的にどの宗教をどの程度信ずるかという選択と実践は遺伝ではなく、あくまでも文化的な行動だということです。

もちろんそれは文化的な行為ですから、生まれ育った自然環境や社会環境におおいに左右されるわけで、これまで考古学者が考えてきた縄文時代の「原始宗教」がはたして宗教なのか、それとも信仰なのかは、あらためて議論する必要があるように思います。

3．心の理論と適応的錯覚

宗教心が遺伝なのかそれとも文化的な創造なのか、このことについては、一九七〇年代後半にとても面白い説を出した心理学者がいました。アメリカの心理学者デイヴィッド・プレマックらが一九七八年に提唱した《心の理論》です（Premack, O., and Woodruff, G. (1978) Does the chimpanzee have a theory of mind? *Behavioral and Brain Sciences*, 4)。人間はなぜ宗教観念の基盤をなすと考えられる神や魂を信ずるか、という疑問に答えているのです。

では、その《心の理論》とは、いったいどのような理論なのでしょうか。新潟大学の鈴木光太郎（実験心理学）が、《心の理論》を使って人間の宗教的行動の謎に迫ったアメリカの若き心理学者ジェシー・ベリングの著書の「訳者あとがき」において短くまとめていますので、紹介します。

◇人の心を読むのは「心の理論」だ〈鈴木光太郎〉

「心の理論（theory of mind）」とは、ひとことで言えば、他者の心の状態（意図、欲求、願望、目的、知識、思考、推測、信念、感情）を読みとる能力のことであり、他者に共感や感情移入をしたり、他者の視点に立ってものを考えるうえで基礎となる能力である。（中略）

この「心の理論」をめぐってこの三〇年で行なわれたさまざまな研究から明らかになってきたのは、発達的には四歳以降でないとこの能力が出現しないこと、また自閉症の人ではこの能力が十分に発達しないようだということである。さらに、ほかの動物のほとんどではこうした能力が見られないということ、ヒトにもっとも近縁のチンパンジーでさえもこうした能力をほとんど欠いているようだということもわかってきた。ヒトとチンパンジーは、およそ六〇〇万年前に共通の祖先から分かれてそれぞれの進化の道をたどってきたが、ヒトだけに「心の理論」があるということは、それがこの六〇〇万年で獲得されてきた能力だということになる。

ヒトには、どの文化や社会にも、宗教、神や霊、あるいはそれらに類する超自然的行為者がいる。それはヒトのひとつの大きな特徴である。ベリングは、これらの神や霊、超自然的行為者が実はこの「心の理論」によってもたらされた（進化論的な意味での）「適応的」錯覚なのだと主張する。（ジェシー・ベリング〔鈴木光太郎訳〕『ヒトはなぜ神を信じるのか――信仰する本能』の「訳者あとがき」、化学同人、二〇一二年、二六三―二六四頁）

それでは、具体的にベリングの主張に耳を傾けてみることにします。なぜ彼は、《心の理論》の存在に気づいたのでしょう。

◇宗教は「心の理論」のなせる業〔ジェシー・ベリング〕

実のところ、神がいるなんて信じてはいなかった。（中略）それから年を経て、いまのぼくは、無神論的心理科学者として宗教を研究対象にしている。そのぼくの知的好奇心を後押しする動機のひとつは、なぜ神によって罰せられるというぼく自身の恐怖が本能的であるように見えるのか、より一般的には、なぜ神のことを考えてしまうのかにある。ぼくは、これらの考えが一体どこから来ているのかを知りたいと思った。ほんとうのところ、それらが生得的ということがありうるだろうか？「神を信じる本能」のようなものがあったりするのだろうか？（同書、四―五頁）

ワクワクするような書き出しです。この疑問の答えを、端的に述べている個所があります。

ヒトの社会脳の進化の直接の結果として、そして「心の理論」の能力が淘汰上重要であったために、私たちは時として、（中略）これっぽっちの神経系さえもたないモノのなかにも意図、願望、信念を見てとり、その心理状態を感じずにはいられない。とりわけ無生物のモノが予期せざることをする場合には、私たちは変な振る舞いをする（あるいは正しく振る舞わない）人間に対するのと同じように、それらのモノに対しても推論する。おそらく、（ぼくを含め）少なからぬ割合の人が、自分の車が故障して「この役立たずめ」と車の脇腹を蹴ったり、「無能な」コンピュータを罵ったりしたことがあるに違いない。私たちのほとんどは、それらのモノが心的状態をもつと実際に考えることまではしない――もしそれらが自分に対して悪意をもっていると本気で思ったなら、その時は病院に連れていかれる可能性が高いが――ものの、それらのモノに対する感情と行動は、私たちの原始的で無意識的な思考を表しているように見える。すなわち私たちは、あたかもそれらのモノの動作が道徳的に責められることであるかのように行動する。（同書、四六頁）

《心の理論》と名付けられたこの奇妙な心性は、どうやら、「原始的で無意識的な思考」、つまりあのカール・ユングが指摘した生得的な心性、「普遍的無意識」として存在しているのではないでしょうか。ベリングはさらに続けます。

このように心の理論をもつことは、私たちの祖先にとって、ほかの人間の行動を説明し予測するうえでとても有用だったため、それは私たちの進化した社会脳を完全に満たしたように見

> える。その結果、私たちは、実際には心をもたないモノに対しても、心の状態を帰属してしまうのだ。（中略）
>
> どちらにしても、生についての大きな疑問を熟考してゆくと、この特殊な認知能力、すなわち心の理論がいかに私たちの頭のなかの隅々まで浸透しているかを発見することになる。科学的知識をもったこれまでのどの世代とも異なり、いま私たちは、自分たちの心を観察するために、そしてどのようにして神が存在するようになったのかを理解するために、知的なツールを手にしている。そして私たちだけが「ヒトに特有の認知の進化は私たちを欺いて、この最大の心をもった存在がいるように信じ込ませてきたのか？」を問う準備が整っている。（同書、四七―四九頁）

なぜ《心の理論》によって意識された神や霊、超自然的行為者が、進化論的意味での適応的「錯覚」なのでしょうか。ベリングは、次のように述べています。

> 運命がもつ人を酔わせるような魅力、無数の予期せざる自然の出来事のなかに「サイン」を見ること、心は死なないという揺るぎない錯覚、そして災いはなんらかの神の意図や長く忘れられていた道徳的違反に関係しているという暗黙の仮定――これらすべてが、ヒトの脳のなかでは意味あるやり方で融合して、一組の機能的な心理プロセスを構成している。それらが機能をはたすのは、祖先の過去において適応的であった明確な信念と行動（宗教的性質を必ずもっ

ていたというわけではないが、もっているのがふつうだったろう）を生み出すからである。すなわち、それらは一緒になって、特定の認知的要請――深いところに根ざした思考システム――を発展させ、それが私たちの祖先に、あたかも超自然的存在が彼らの行為を見、記録し、評価し、そして彼らへの態度を――自然の出来事の形を借りて――表明しているかのように感じさせ、行動させるように仕向けたのだ。これらの認知的錯覚は、遺伝的コストが高いのに依然として強力な先祖由来の衝動を阻止するのを助けて、繁殖の成功のための新たな重要な動脈を開き、抑制の決定を促進した。そうした抑制は、言語にもとづく新たな自然淘汰の法則の下では、きわめて適応的だったろう。心の理論が生み出す神の錯覚は、ヒトのゴシップの適応的問題に対するきわめて有効な解決法であった。（同書、二四〇―二四一頁）

これまで省みることもなかった私自身の不可思議な行動――たとえば、おみくじの結果に一喜一憂するなど――も、ベリングの「適応的錯覚」を知ることで納得させられます。ところで、ここからあることが見えてきます。それは、私たち考古学者がいつも何となく使っているアニミズム、シャーマニズム、トーテミズムという観念のあいまいさや、導入の危うさです。

日本の考古学者は、縄文時代や先住民の宗教を原始的という意味を込めてアニミズムやシャーマニズムと称してきました。それらが原始的な段階の文化であると思い込んでいたのです。しかし、プレマックの《心の理論》やベリングの《適応的錯覚》から判断するならば、それらは単なる、あるいは原始的な文化的創造なのではなく、人間が遺伝的に持っているひとつの心的能力からつくり出された観念であることがわかります。要するに、ベリングの《適応的錯覚》は、先に登場したパスカル・ボイヤーとニコラス・ウェイドが提起した信仰の遺伝子でもあるのです。

適応的錯覚は、私たちの行動のあちこちに顔を出します。たとえば、実際には存在を確認することのできない「霊魂や神」があらゆるモノに存在するという「錯覚」がアニミズムであり、その「霊魂や神」とコミュニケーションがとれるという「錯覚」がシャーマニズムなのです。さらに、その「霊魂や神」と入れ替わることができるという「錯覚」がトーテミズムです。

肝心なのは、そうした観念は、ある社会的環境において、必要に応じて人間がつくりだしたものだということです。必ずしも、「原始的」あるいは「未開」だからつくられた観念ではありません。近代化した現代社会においても、そうした観念が必要な時があることを、私たちは経験しています。何か良いことがあると、死んだお爺ちゃんが守ってくれているような気がしたり、あたかも命があるかのように故障した家電を叩いたりするのも、そうした心性のなせるわざなのです。

問題は、はたして縄文時代が、そのようなアニミズムやシャーマニズムを必要とする社会的な環境にあったかどうかです。単に古い時代だからアニミズムやシャーマニズムがあると考えるのは誤りであり、そうした思い込みは、現代においても蔑《さげす》みや差別を生み出す危険性をはらみます。

4．なぜ死者を葬るのか

つぎにもうひとつの問題に目を向けてみましょう。人間の死を認識した人が、なぜ死者を葬ろうと思ったのでしょうか。臼居利朋は、死の恐怖から逃れるために宗教心が生まれたと考えましたが、死者を葬るという心情は、そうした宗教心に内在しているということなのでしょうか。まずは考古学者の意見を聞いてみたいと思います。

日本の墓の歴史に体系的に取り組んだのは斎藤忠でした。斎藤が提出した東京大学文学部国史学科の卒業論文のタイトルは、「日本古代社会における葬制の研究」だったそうです。斎藤は「日本人の死者に対する考え方」を、つぎのようにまとめています。

◇複雑で錯綜した思考が見て取れる〈斎藤忠〉

死者に対していだいた人々の観念は、葬礼や墓の一つの基調ともなるものである。日本人は死者に対して、どんな思考をいだいたであろうか。死者に対して、恐怖し穢れあるものとして、これを現世から隔離しようとする心情、死者に対して思慕し、愛情をいだき、死者の再生をこいねがう心情、そしてたとえ生命が絶えても、別な世界で生活をつづけているという信念、あるいは肉体は腐朽し消滅しても、霊魂は肉体から離れて、永久に生きているという心情など、それぞれ複雑な錯綜した思考が、どんな時代にも、われわれの祖先の人々の心底にひそみ、あるいはあらわれ、葬送儀礼や墓を営む風習に具現化されたものであった。（『日本史小百科4〈墳墓〉』近藤出版社、一九七八年、四四頁）

斎藤は、『記紀』などの文献によって、穢《けが》れや思慕《しぼ》の情などといった心情の存在を跡づけていますが、おそらくここには、現代日本人の、死者に対する心情のすべてが盛り込まれているような気がします。そして、葬送儀礼や墓をつくることは、そうした心情の「具現化」なのだと述べています。

ところで、現代日本人は、仏教や儒教、道教などの影響を強く受けていますから、家族の墓を持ち、先祖を重んじる心性を多くの人が共有しています。そうした心性を基本におくならば、斎藤の指摘はじつに納得のいくものです。しかし、どうでしょうか。そういった祖先観は、はたして太古の昔から、つまり旧石器時代や縄文時代から日本列島の人びとが受け継いできた心性なのでしょうか。それとも、あくまでも仏教や儒教、道教の伝来以降に教義的、文化的につくられたものなのでしょうか。

これは、とても重要でありながら、なかなか答えの見つけにくい問題でもあります。現に世界には、私たち日本人の多くが持っている死者への観念とは異なった考えの人が大勢います。人類は、生物進化の過程のなかで、また文化的環境の変遷のなかでも、さまざまなものの考え方を手に入れ、失ってきたのです。

斎藤が述べていることには、日本列島の人びとにかぎらず、人類がこれまで経験してきた、死者に対しての多くの心情が盛り込まれています。ただし、それはあくまでも現代に暮らす私たちの現代的なものの考え方であり、斎藤の指摘したさまざまな心情のうちで、いったいどれが人類のもともとの考え方なのかはわかりません。

本書を構想したとき、肝心の日本の考古学が、先史・古代の死者をどのように扱っているか、いろいろ調べてみましたが、墓を死者の心の問題として真正面から取り上げているものはありませんでした。

旧石器時代から今日まで、日本列島の考古学的資料は、時代と地域ごとによく整理されています。しかし、それによって死者と生者の心情的な変遷が明らかにされているかというと、そうではありません。仏教や儒教の伝来以降については積極的な意見が出されていますが、少なくとも縄文時代の他界観や世界観は、重要なテーマにはなっていません。例えば、ストーンサークルが出現した背景について、強い家族や同族意識の昂揚とともに生まれた「祖先崇拝」という観念のなせるわざであるといった、何ら根拠のない意見が幅をきかせているのです。

考古学者が先史時代の墓の存在を確認しても、墓をつくった彼らの心情にまで迫ろうとしないのは、モノから過去を導き出すといった考古学の手法による部分はあるでしょうが、当時の社会構造（狩猟採集社会）に見合うだけの、意味のある埋葬観念や葬送儀礼を彼らが持っていないと高を括《くく》っていることもあるのです。

無意識のうちに、狩猟社会を未開社会として見下げるような偏見が作用していないとはいえません。先史時代に対する偏見を払拭するためにも、純粋に人間の「ものの考え方」という視点から死というものを考えてみたいと思います。そういう意味で、まずは宗教学の大御所ミルチャ・エリアーデに登場いただきます。

エリアーデは、大著『世界宗教史』第１巻の冒頭（「序文」）で、いきなり「人間として生きることは、それ自身において宗教的行為である」と述べています。つまり、人間とは何かを信仰する動物なのだということを主張しているのです。では、人間は何を信じるのでしょうか。

エリアーデがとくに重要と考えているのは、おそらく死と再生についてではないかと思います。人間がある観念を信仰するという思考行動は、何かの動機づけがなければ始まらなかったはずです。私たちは、生きる上で必要な何かに迫られて、信仰するという行為を手にしたのだと思います。それが、生得的つまり遺伝的な心性だとしたら、生きるために有利な形質だからこそ備わった心性なのでしょう。はたしてそれは何だったのでしょうか。

エリアーデ自身が、特にそのことに触れているわけではありませんが、私は彼のある言説に注目しました。そこに、人間の宗教心（信仰心）と死が密接に絡み合っていることを意識させる考え方が示されていたからです。私は、エリアーデが考える人間の信仰へのこだわりは、死と再生へのこだわりに他ならないと感じ取りました。

◇**人として生きることは、何かを殺すことだ**〔ミルチャ・エリアーデ〕

無意識の行為――夢、幻想、幻覚、誇大妄想など――について言えば、古人類のそれは、強さや豊かさをのぞいては、現代人のそれと差異がないと推定されている。しかし、この強さと豊かさという言葉は、そのもっとも強烈な、劇的な意味で理解されねばならない。なぜなら、人間は「時の始めに」なされた決定、すなわち、生きるために殺すという決定の最終的所産であるからである。つまり、ヒトは食肉類になって、その「祖先」を超えることに成功したのである。およそ二百万年のあいだ、古人類は狩猟によって生活した。女や子供が採集する果実、草木の根、貝類などは、人間の生存を保証するには不充分であった。狩猟は性別による分業を定めて、「ヒト化」をこのようにして促進した。というのは、食肉獣においても、また全動物界においても、そのような分業は存在していないからである。

しかし、獲物をたえず探しまわり、殺すことは、狩猟者と殺された動物とのあいだに、ついに独自の関係の体系を創りだした。この問題については、これからも繰り返し論じることにしよう。ここでは、狩猟者とその獲物とのあいだの「神秘的連帯性」は殺害行為そのものによってあきらかにされ、そこで流される血は、あらゆる点で人間の血にひとしい、ということを想い起こすにとどめよう。要するに、獲物との「神秘的連帯性」は、人間社会と動物界とのあいだの親族関係を示すものである。捕らえた獲物を殺すこと、あるいは後の時代では家畜を殺すことは、殺されるものがいれかわる「供犠」に相当する。これらすべての観念は、「ヒト化」の過程の最終段階で形成されたことを明確にしておかねばならない。それらは旧石器時代の文明の消滅後、数千年ののちにも――変化し、再評価され、偽装されはしたが――いまだに生きているのである。（中村恭子訳『世界宗教史1――石器時代からエレウシスの密儀まで（上）』ちくま学芸文庫、二〇〇〇年、二三―二四頁）

この指摘は、とても深い意味を持っています。ジェシー・ベリングの指摘するように、後に取り上げるアニミズム的心性が、私たち人間の生得的な思考因子である「錯覚」という心性からつくり出されたものだとしたら、人間には、はじめから動植物と人間の間の「神秘的連帯性」を感じ取る能力が、脳の生理機能として組み込まれている可能性があるからです。おそらく、そうした神秘的連帯性を表現するひとつの文化的な形として、墓や埋葬、つまり死者を葬り弔うという行為が生まれたのではないでしょうか。

エリアーデは、人間が宗教心を持つようなった背景を「象徴」と「聖体顕示（ヒエロファニー）」という二つの観念によって整理しました。それらが人間の根源的な心性に根ざしたものであると考えていたからでしょう。

象徴や聖体顕示は、自然や天体を理解する時に発揮する大脳生理的な認知能力です。人間は、この能力を使ってさまざまな抽象概念を理解することができるのです。喜怒哀楽も、死や再生も、成長や衰退も、十四世紀にイタリアのダンテが『神曲』のなかで明らかにした《七つの大罪（高慢、怠惰、虚栄、大食、強欲、色欲、嫉妬）》も、さまざまな物質の物理的特性になぞらえながら（象徴化・シンボライズ）、また聖と俗の価値を判断しながら、認知の領域を広げていったのです。

エリアーデは、生涯にわたって、心理学者のカール・ユングと深い親交がありました。エリアーデは、あくまでも宗教学的な解釈にこだわり続けたために、表立っては宗教心の生得性について触れることはありませんでしたが、ユングが取り組んだ深層心理学には、おおいに関心を寄せ、《普遍的無意識》の生得性に重要な意義を感じ取っていたようです。

◇人間であることは宗教的であること〔ミルチャ・エリアーデ〕

宗教学者にとっては、聖なるもののすべての顕われが重要である。すべての儀礼、すべての神話、すべての信仰あるいは神の図像は聖なるものの経験を反映しており、それゆえ存在・意味・真実の概念を含んでいる。私が他の機会に述べたように、「世界にそれ自身において実在するものがあるという確信がなければ、人間の精神がいかに機能しうるかは想像しがたいし、人間の意識が衝動や経験に意味を付与せずに現われうると想像することも不可能である。実在し、意味ある世界の認識は、聖なるものの発見と密接に関連している。聖なるものの経験をとおして、人間の精神は、それ自身を実在する、力強い、豊饒な、しかも意味あるものとして顕わすものと、そしてそのような資質を欠くもの、すなわち事物の混沌とした危険な変動、それらの予想しがたい無意味な出現と消失とのあいだの相違を認識してきたのである」（『宗教の歴史と意味』「序文」、仏・英語版一九六九年）。要するに、「聖なるもの」は人間の意識の構造の一要素であって、意識の歴史の一段階ではない。文化の最古の諸層においては、人間として生きることは、それ自身において宗教的行為である。というのは、食糧収集も性生活も勤労も、象徴的な価値をもっているからである。言いかえれば、人間であること、というよりはむしろ人間になることは「宗教的」であることを意味する。（同書、一三―一四頁）

エリアーデの文章には生得的という表現は出てきませんが、結局、人間は、生きるために動物や植物を殺さなければならないことを生得的に知っていたということを言わんとしているのでしょう。そのために、動物を殺すことに対しては「聖なるもの」という宗教的意識を持つようにつくられているし、そして、人が死者を葬るのは、そうした宗教的意識があるからなのだと言っているように思います。

注意しなければならないのは、私たちは、人間であれ動物であれ、「死」に対して敬虔《けいけん》な心性になることを生得的な心性の発露だと考えていますが、エリアーデの主張する「宗教的行為」も含めて、そうした行為は、けっして生得的なものではありません。宗教的な行為は、あくまでも文化的、創造的行為であって、これまでの研究では、そうした文化的行為をつくりだす心性が生得的に備わっていると考えられています。その生得的な心性のひとつが、カール・ユングの「普遍的無意識」あるいは「元型」なのです。

ですから、人が死者を葬るのは、けっして生得的（遺伝的）な行為ではなく、あくまでも、死者への対応にかかわる文化的慣習あるいは文化的装置の一つとして行なっているにすぎません。世界中には、死者を葬らない個人や集団が数多く存在することからも、それが文化的な行ないだということが理解できると思います。

私たちが、無意識のうちに神社で手を合わせるのも、墓場の前で腰をかがめて通り過ぎるのも、本能的な行為と思いがちですが、それは習慣として身に付いているだけのことです。それらの行為を脳科学や深層心理学でひもといてみると、心の奥深いところに、不死やよみがえり（再生・誕生）にこだわる心性（普遍的無意識）があり、それが刺激されることで、「霊魂」をつくり出し、敬虔なる「錯覚的」行為を行なっているということがわかります。アニミズムやシャーマニズムという観念とは、生得的なものではなく、生得的な心性を基盤としながら文化的に創造されたものだったのです。このような考え方は、人間の心の起源や性質を知る上で重要ですので、次はこの点について考えてみましょう。人は、なぜアニミズムやシャーマニズムをつくり出したのでしょうか。

5. アニミズムとシャーマニズム

アニミズムやシャーマニズムが、死者の霊や葬送儀礼と深く関わりがあると容易に想像がつくのは、下北半島の恐山のイタコや、沖縄のノロあるいはユタといったシャーマンの存在によるものです。アニミズムやシャーマニズムは、日本だけの話ではありません。かなり普遍的な広がりを持った呪術宗教的観念です。

アニミズムという用語をつくったのは、イギリスの人類学者エドワード・B・タイラーです。タイラーが、『原始文化』（比屋根安定訳、誠信書房、一九六二年／原典は一八七一年刊行）で、アニミズムを「未開社会」にみられる宗教の原始形態とし、彼はこの研究で不朽の名声をかちえました。『原始文化』の翻訳者の比屋根安定は、アニミズムを「生気説」と訳しましたが、現在は、「アニミズム（animism）」と原語で使うことが多く、日本語に訳す場合は、「精霊崇拝」とすることが多いようです。では、アニミズムとは一体どのような考え方でしょうか。ここでは、タイラーのアニミズムをわかりやすくまとめた宗教人類学者古野清人の説明を紹介します。

◇アニミズムの核心は、霊的存在への信念〈古野清人〉

タイラーは、宗教は文化の他の諸形相と同じく、〈自然史〉をもち、また発展の諸段階に応じていると考えていた。宗教の原始形態とその後のあらゆる信念の源泉とは、〈アニミズム〉であった。彼はこのアニミズムの最少限の定義として、〈霊的存在への信念〉をあげている。この信念がアニミズムの核心である。しかも、アニミズムは、人類の諸段階の中できわめて低い部族の特徴であるだけでなく、始めから終わりまで連続して、高い現代文化の中に及んでいる。要するに、アニミズムは、宗教の起源であるだけでなく、極論すれば宗教そのものだとみた。彼みずからアニミズムは、野蛮人から文化人へいたるまでの宗教哲学の土台であると表現している。それは古くて世界的な哲学であり、信念はその理論であり、また礼拝はその行事であるという。彼が哲学としるしているのは、世界観、人生観さらに一般的に思考の様式と解してよい。（中略）

タイラーは、人類はおそらく原始時代から、動植物から無生物に至るまで、万物はすべて人間と同じように生きて働いていると考えたであろうとの論点から出発した。そして、万物が生きているという考え方は、つまるところ人間と同じように霊魂をもっているからであるとみた。しかも万物のそれぞれの霊魂は、人間のそれと同じように、一時的または永久にその物自体を離れて独立して存在できるという考え方から、人間の死霊などのような独立した精霊の観念が生じ、ついでそれから神々の観念が発展したと主張する。彼は肉体から分離して独立に存在できる霊魂あるいは死霊をアニミズム発生の核心とみたが、ついで直接に肉体とは関係をもたない精霊や神霊に延長した。したがって、タイラーが〈霊的存在への信念〉と宗教を定義するとき、これらの霊的な存在とは、霊魂、死霊、精霊、悪鬼、神性、神々を含めているのである。

（『原始宗教』角川新書、一九六四年、三一―三二頁）

アニミズムという言葉は、縄文時代の信仰や宗教を論じる際に、考古学者が好んで使う用語です。しかし、この観念が、どのようにして生まれたのかということまで議論されたことはなく、第二節でも触れましたが、なんとなく「原始的」なイメージを代弁させているだけではないかと考えます。そうした問題提起の意味も含めて、宗教人類学者村武精一のアニミズム論に耳を傾けたいと思います。

◇アニミズムは人間の根源的な心情〈村武精一〉

アニミズムの語と概念を唱えたE・B・タイラーによれば、これはすべての事物には霊的存在があるという原初的信仰であると考え、これをもって宗教の起源とみなした。そしてタイラーは、アニミズム論のなかに二つの問題を設定した。一つは霊的存在の観念はいかにして発想されたのであろうか。二つ目は、ひとたび形成された霊的存在は、その後どのような進化の過程をへて宗教的発展をしたのであろうか（『原始文化』二巻、一八七一年、英文）。

わたくしはここでは、発生論的な解明とか、進化論的な宗教的諸観念の発達の問題についてはとりあげない。タイラーも指摘していたことであるが、わたくしの関心は、現代人および過去のさまざまな文化のなかに、アニミズムの信仰が深く根ざしていて生きつづけていることの意味、あるいは種々の社会的・文化的装置を通して今もアニミズムが発現している、その形にある。つまり、アニミズムは人間の根源的な心情のひとつであると主張したいのである。（『アニミズムの世界』吉川弘文館、一九九七年、一一一一二頁）

タイラーがアニミズムという観念の存在を発見し、それが未開社会に特徴的に見られることから、それを「原始的宗教」と考えたのは一八七一年のことです。タイラーはイギリス植民地政策の時代の民族学知見からこの考え方を提案したのですが、弟子のロバート・マレットやクロード・レヴィ＝ストロースらの批判によって、今は未開社会に特有な「原始的宗教」と考える研究者はいないようです。そうしたことが、村武の一文からもうかがえます。しかし、現代の研究にも問題がないわけではありません。

前段の引用文にあるように、本来は、二つの課題点があって、「一つは霊的存在の観念はいかにして発想されたのであろうか。二つ目は、ひとたび形成された霊的存在は、その後どのような進化の過程をへて宗教的発展をしたのであろうか」という点です。しかし、それは、村武自身が述べているように、「アニミズムは人間の根源的な心情のひとつである」と解釈されており、じつは多くの人がそう思っているのです。

もちろん、宗教が根源的（生得的）なものではなく、文化装置と考える私には納得がいきませんが、アニミズムという観念そのものを否定するものではありません。というのも、アニミズムは、日本であれば、農耕や国家を基盤とした弥生時代以降の社会を考える場合には、欠かすことのできない概念であるからです。つまり、農耕や国家を基盤とした社会では、人間間の軋轢《あつれき》の調節や、集団を支配したり統治したりするためのシステムとして、アニミズムやシャーマニズムといった宗教的観念が必要になるからです。しかし、この論理を、そのまま縄文時代に当てはめてしまうのは、多少乱暴な解釈に思えます。

そうした解釈がどうして支持されてしまうのかというと、アニミズムやシャーマニズムが〝根源的ではない〟と言い切るための科学的根拠を示すことができないことも一因でしょうが、それ以上に、弥生時代以降に導入された仏教や神道などの「宗教」の前段階として、それらを「原始的宗教」と位置づけしたからに他なりません。

結局のところ、アニミズムの起源や性格が議論されないまま、「原始的宗教」の代名詞として縄文時代の信仰や宗教を担わされているように思えてなりません。これについては次章でくわしく述べることにして、ここでは具体的にアニミズムの中身とも言える「霊魂」とはどのようなものなのかを考えてみたいと思います。この研究分野の第一人者、宗教人類学者佐々木宏幹のグローバルな視野からの解説に耳を傾けることにします。

◇**超自然的存在としての霊〈佐々木宏幹〉**

ここで重要なのは、身体に宿りかつそこから独立して存在しうる実体としての霊魂（soul）の観念である。この霊魂は今日〝生命原理〟とされ、また〝人間存在の非物質的な側面〟と考えられているが、要するに人間の物質的（肉体的）側面・機能にたいして精神的（人格的）側面・機能を独立して存在しうる実体として捉えたものと理解することができよう。霊魂は物

（肉）に宿っているかぎり、物を生かしているが、物が死滅しさってもこれを超えて独自に存在し続けるから〝超自然的存在〟（supernatural being）とも呼ばれるのであり、普通人には不可視的な存在であるから〝霊的〟（spiritual）とされるのである。さらに霊魂は人間と同じように、喜怒哀楽の心意をもっているから〝人格的〟（personal）であるとされる。

諸民族において、霊魂はひとり人間にのみ認められているのではなく、動物、植物から自然現象にまで認められている。

このように、諸事物、諸現象に認められる霊魂群を一括して〝霊的存在〟（spiritual beings）と名づけ、この〝霊的存在への信仰〟（the belief in the Spiritual Beings）をアニミズム（animism）と称し、これをもって宗教の起源と本質を論じたのが著名なイギリスの人類学者E・B・タイラーである。

タイラーのアニミズム説によれば、死、病気、恍惚、幻想、とくに夢などにおける経験を反省した未開人は、身体から自由に離脱しうる非物質的な実在＝霊魂の存在を確信するにいたった。未開人は、この霊魂観念を類推的に動植物や自然物に及ぼし、ここに霊的存在への信仰が成立した。したがって〝精霊〟（spirit）は、人間以外の諸存在に見いだされた霊魂である。精霊観念はのちに進化して神祇（deity）および神（god）の観念を生むにいたった。（『シャーマニズム』中公新書、一九八〇年、六五―六六頁）

そして、霊にもさまざまな種類があることに話が及びます。

霊的存在にはさまざまな種類がある。われわれの周囲で知られている名称だけでも神霊、天人、生霊、死霊、祖霊、怨霊、悪霊、妖怪、妖精などをあげることができる。これらはそれぞれ別々の不動の個性をもった独立の存在であるというわけではない。というのは、これらは主に人間（界）との間の状況、条件によって、みずからの性格と役割を容易に変えて自己表現しうる霊的存在にたいして、人間が与えた名称であるからだ。

かくして人間の態度如何によっては、神霊も悪霊として現われるし、逆に怨霊も祖霊や神霊に化しうるのである。

われわれ日本人の間では、〝神霊〟、〝生霊〟、〝死霊〟などのように、霊的存在に関して個別の名称を有し、それぞれの性格や特徴についても一応の概念規定をもっている。ところが民族・種族によっては霊的存在に関する分類概念が未分化で、一つの名称で数多くの存在を意味させているところもある。

たとえば、タイ族のピー（phi）、ビルマ族やカチン族のナート（nat）、ムオン族のワイ（wai）は守護神、守護霊、祖霊、死霊、魔女、妖怪などを意味するし、台湾高砂族のツオウ語のヒツー（hitsu）、パイワン語のツマス（tsumas）は、神、精霊、祖霊、霊魂、霊鬼、死霊、妖怪などを指す。（同書、六七―六八頁）

最後に佐々木が力説したことはとくに重要です。

霊的＝超自然的存在への信仰であるアニミズムを考える際に看過してはならないのは、人間が普遍的にもつ霊的＝超自然的力への信仰である。人間はただ非物質的で人格的な存在を認めるがゆえにこれを信仰し、畏敬・崇拝するわけではない。かかる存在がときには人間の運命を支配するような〝力〟を所有していると信ずるからこそ、人間にとって霊的存在は大きな意味をもつのである。（同書、六八頁）

アニミズムの本質がどこにあるかが明解に述べられています。「人間の運命を支配するような〝力〟を所有していると信ずる」ことこそが重要だといいます。もちろん、その場合も、ジェシー・ベリングのいう生得的な「適応的錯覚」が備わっていることから可能と言えるわけですが、気をつけなければならないのは、その社会がアニミズムなどの霊魂観を必要とする環境にあるということです。そうした環境になければ、アニミズムや「霊魂」はつくられないし、そもそもつくる必要がありません。

考古学者は、時代を問わず、何か解釈しにくい施設（遺構）や出土品（遺物）が出てくると、じつに気軽にアニミズムや「霊魂」を持ちだし、〝何らかの祭祀が行なわれた〟と論述しますが、むしろ霊魂とは何か、信仰とは何か、具体的に何に対してどんな祭祀を行なっているのか、そもそも霊魂の存在は必要なのか、といった基本的な問いかけのなかから、用語を吟味して使用していくべきだと思います。

また、シャーマンやシャーマニズムという用語を考古学者は好んで使いますが、これもアニミズム同様、その意味をよく検討しないまま、原始的な宗教の代名詞にしているきらいがあります。再び佐々木宏幹の説明を聞きたいと思いますが、留意したいのは、アニミズムとシャーマン、シャーマニズムの関係をどのように考えればよいのかという視点からの解説だということです。

◇シャーマニズムはアニミズムに立脚〈佐々木宏幹〉

シャーマニズムの基本的イデーは、しばしばいわれているように広義のアニミズムに立脚している。それは、ごく一般的にいえば、宇宙の森羅万象にいのちと力を肌で感じ、神や精霊を眼で見、それらと自己とが深い関わり合いにおいてあることを心から認める人間の営為である。こうした宇宙の見方や捉え方は、多くの哲学思想や宗教思想においてもしばしば主張されるところであるが、シャーマニズムの特色は、かかる見方、捉え方が単に観念・思考のレベルにとどまらず、直截的かつ具体的に人間を通して表現される点にある。そこではアザラシが人間になり、神が人間に化身し、人間が精霊に変身する。またそこでは、人間は動植物と親しく語り合い、人間の魂は自由に身体を離脱して神の国やはるかなる土地に飛翔し、神や精霊は容易に人間の社会を訪れる。

シャーマニズムは、したがって、人間の原初的な思考と行動であるとされ、また根源的な文化であるといわれる。それは、機能的には、社会・文化の弱点を補い、苦悩の極にある人間を救い、日常性を活性化し、社会・文化の統合と存続に貢献する。（同書、二一五頁）

シャーマニズムが成立する背景としては、シャーマンが操る「霊魂」の存在が意識されていなければなりません。簡単に言えば、「霊魂」がなければシャーマンの活躍の場がないということなのです。これまでの考古学では、あたかも人間の根源的な思考能力には、アニミズムとシャーマニズムの二つが、いわばセットのように存在していたと、都合のよい解釈がされてきましたが、佐々木が述べるように、それが「人間の原初的な思考と行動であるとされ、（中略）機能的には、社会・文化の弱点を補い、苦悩の極にある人間を救い、日常性を活性化し、社会・文化の統合と存続に貢献する」ものであるとしたら、現在とは社会的・文化的に大きく異なるであろう縄文時代にアニミズムやシャーマニズムが必要だったのかどうかを、あらためて議論しなければならないと思います。

佐々木は、シャーマニズムに、過去の宗教としての歴史的な役割を押しつけるのではなく、人間とは何かを内包する現代的な問いかけを行ない得ると説明しています。まさに、宗教人類学者の面目躍如たる発言だと思います。縄文社会のアニミズムも、こうした視点から再考することが望まれます。

近代合理主義的思考なるものは、人間と動植物との対話を弱め、飛翔する自由な魂を肉体に封じこめ、生き生きとした神や精霊を人間界から遠ざけてきた。しかし、それはシャーマニズムの終熄を意味するものではなかろう。シャーマニズムは、時代により社会によって、みずからをさまざまに変身させせながら、現代文明の、あるいは現代人の思想と生活の破れ目に噴出し

つつあるように思われるからである。（同書、二一五―二一六頁）

6．祖先崇拝も遺伝なのか

最後に、どうしても整理しておきたい問題がいくつかあります。その一つが、祖先崇拝あるいは先祖供養などと呼ばれている一群の宗教行為です。先史・古代の墓の研究において、数多く登場する宗教観念の代表は、この祖先崇拝でしょう。考古学研究においてそれは、死者を葬ることと表裏一体をなしていると考えられているからです。私たちが死者を葬るのは、もともと私たちのなかに、先祖あるいは祖先を崇拝する信仰心があるからだと思い込んでいるように思えてなりません。

わが国の祖先崇拝は、仏教や儒教、道教が伝来し、その影響下に形づくられたと考えられていますが、奇妙なのは、それらが伝来する以前の縄文時代にも祖先崇拝があったという考えです。もちろん、すでに縄文時代に祖先を敬うという素地があったために、儒教あるいは道教的な祖先崇拝の信仰が受け入れられたという可能性もありますから、頭ごなしに否定するつもりはありません。しかし何の根拠も示さずに、現代人は祖先を崇拝するから縄文人も祖先を崇拝していただろうという推測に基づいた議論は、ちょっと乱暴すぎるように思います。

現代人がそうなので、なんとなく縄文時代においても、死者や墓や埋葬から「祖先」や「祖先崇拝」をイメージしてしまうのかもしれません。そうした文脈のなかでは、いきおい祖霊や死霊や悪霊、怨霊までも登場しますし、解釈のしやすさも手伝って、つねに墓制解釈や社会構造解釈の中核に置かれてしまうといった結果をも招いています。

そうした研究方向に多少なりとも杞憂《きゆう》の念を持つ私としては、ここで一呼吸おいて、そもそも先祖とは何か、祖先信仰あるいは祖先崇拝とは何かということを、さまざまな分野の方々から教えてもらおうと思います。その前に、考古学者が具体的にどのように「祖先崇拝」や「先祖供養」という用語を使っているのかを見ておきましょう。

◇縄文後期には祖霊崇拝も祖先崇拝に〔山田康弘〕

H・オームス氏は祖霊崇拝について、特定集団への帰属意識を時間の系列において表現したものだと述べているが（『祖霊崇拝のシンボリズム』弘文堂、一九八七年）、この多数合葬・複葬例を祀ることによって作り出されたモニュメントは、まさに集団の紐帯を象徴するもの、すなわち共通の祖霊の存在を示すものとして、そして祖霊崇拝の重要な舞台装置として機能したことであろう。

これらのことから、縄文時代の後期には、すでに祖霊観念が成立しており、祖霊崇拝が行われていたと考えることができる。この点は墓に関係する配石遺構や環状列石のような大型配石遺構（記念物）が後期にいたって増加することからもうかがいしれる。おそらく、これらの配石遺構は多数合葬・複葬例の上部構造と同様に、祖霊の存在を指し示す象徴的な意味を持っていたのであろう。多数合葬・複葬例の上部構造や、墓に関係する配石遺構はこれら祖霊崇拝のためのモニュメントであり、集団の帰属意識を高める装置として機能したのであった。（『生と

死の考古学――縄文時代の死生観』東洋書店、二〇〇八年、五〇―五一頁)

国立歴史民俗博物館の山田康弘は、縄文時代の埋葬についての研究を専門とする気鋭の考古学者です。山田によれば、縄文時代の「中期の後半」(紀元前四〇〇〇年ころ)までは、遺伝的な家族単位で墓地をつくっていたのが、それが「後期」(同三〇〇〇年ころ)になると、より大きな村の構成員からなる集団(氏族)による「多数合葬・複葬例」が登場するといいます。それは、「新しく集落を開設、もしくは集落をリセットするときに、異なる系譜的関係にある家族集団が、複数集合し、至近距離において共同生活を始めたときに生じる社会的な緊張を解消するための手段として執り行われた葬送儀礼である」というのです。ストーンサークル出現の背景には、「縄文後期集団」の社会構造の変化が大きな要因としてあり、「集団の帰属意識を高める装置として機能した」と。

ところで、山田が祖先崇拝とともに縄文時代の死生観の柱をなしているると考えているのが「再生観念」です。この両者のあり方を、つぎのように説明しています。

自然に還り、そして再び戻ってくるという再生観念は、人類史的には非常に古くから存在したことであろうし、これが縄文時代にも基本的な思想であったことは間違いない。しかし、一方で、第一章で述べたような祖霊崇拝という考え方も、縄文時代には存在した。多数合葬・複葬例のあり方や、各地の環状列石や配石遺構の発達などをみる限り、この思想は縄文時代の後期ころから顕著になったようだ。石を使用した大規模なモニュメントが、祖霊崇拝を行うための舞台装置であるとするならば、それは早期の熊本県菊池郡大津町瀬田裏遺跡や前期の長野県諏訪郡原村阿久遺跡などにもみることができ、場合によっては祖霊崇拝の成立がこのころまでさかのぼる可能性もある。

祖霊という観念が成立するためには、自分自身がどのような人間関係のなかで生まれてきたのかという、出自系譜関係の歴史的認識が必要だ。縄文時代の墓が家族単位で形成されているということは、先にも述べたとおりであるが、家族単位というこの墓のあり方こそ、その系譜関係を直接的な遺伝関係のなかで絶えず認識させる格好の題材となったことは想像に難くない。また、定住性の高まりもこれに一役買ったことであろう。縄文時代の人々は、墓をつくるごとに自らがどのような出自をもち、どのような系譜の上に存在するのかということに思いをはせたにちがいない。家族の遺体を一定の場所の中に埋葬し続けることによって、結果的に形成される埋葬群という家族の墓場は、出自の歴史的認識という視覚的表現にほかならない。

大きな自然の中に還るという再生観念と、自らがどのような系譜上にいるのかという出自の歴史的認識、そしてその延長上にある祖霊崇拝の思想。一見、相反するようなこの二つの思想が、縄文時代の後半期には人々の思考のなかに共存していたということは押えておく必要がある。（同書、一五〇―一五一頁）

山田の祖霊崇拝説は、縄文人が「家族単位」の墓をつくったということを前提にしています。縄文時代の後半期にはこの思想が確立していたとするのも、「多数合葬・複葬」の例あるいはストーンサークルなどの記念物が「家族単位」の墓であると見るからです。しかし、はたしてそこまで言い切れるかどうか、私には疑問です。それは同時に埋葬されている人たちの血縁関係が明らかにはなっていないからです。それ以上に疑問なのが、祖先崇拝と再生信仰の「共存」です。

山田は、共存には「問題ない」、と言っていますが、やはり両者は「相反する思想」ではないかと思います。祖先崇拝は、「あの世」などに行ってしまった死者を崇拝することであり、それは再生信仰ではありません。祖先を崇拝するという死生観は、あくまでも死者はもう帰らずあの世から子孫を見守るという考えのもとに成立する考え方で、仏教や儒教的色彩の強い思想ではないでしょうか。よみがえることを前提とした「再生信仰」とはまったく異なる思想だと思います。

山田の「共存」説は多くの賛同を得ているわけではありません。考古学では「祖先崇拝」という考え方が主流ですが、それとて根拠が示されているわけではありません。さまざまな民族例あるいは民俗例を念頭におきながら、〝人間は祖先を敬うものだ〟といういわば暗黙の了解のもとにイメージされているように思います。では、本家本元の民俗学は、祖先崇拝をどのように捉えているかみてみましょう。まずは、民間信仰研究の第一人者、桜井徳太郎に登場いただきます。

◇祖先崇拝の基盤をなすのは家と宗教と祖霊観〈桜井徳太郎〉

祖先崇拝というのは、家の成立と永続を前提として、その創始者である祖先と、その継承者である子孫との関係において成立する宗教的＝民間信仰的現象であるといえる。したがって祖先祖崇拝を問題にするためには、少なくともその背景に次の三つの条件を措定してかかる必要がある。一つは、この問題の基礎に据えおかれる「家」制度であろう。「家」制度の確立とその永続を理想型とみる社会と、永続を主眼としない社会、たとえば核家族化社会とでは、祖先観に大きな差異を生ずることは当然である。第二は、祖先崇拝を成立させる宗教的基盤の問題である。祖先崇拝というときは、当然その基底に祖霊信仰の機能を前提とすることになる。この祖霊信仰を媒介として初めて子孫は祖先と関係をもちうることになる。そこで祖先崇拝の成立を問題とする場合には、必然的に祖霊観の在り方が中心課題としてクローズアップされなくてはならない。次に第三は、祖先崇拝や祖霊観の機能は、あくまでも家・個人（子孫）に関する個別的領域にあらわれる現象ではあるけれども、個別的な個人や家が具体的には集団的・社会的関係を保つ存在であることによって社会性を帯びてくる。つまり民俗社会的規制を受けるのである。そこで社会的条件からの分析が重要となってくる。（『霊魂観の系譜――歴史民俗学の視点』筑摩書房、一九七七年、一九四頁）

じつに明快な解説です。祖先崇拝の背景には、（1）制度としての「家」、（2）宗教的基盤、そして（3）「祖霊観」が必要だといいます。しかし、桜井の述べる三つの条件が縄文社会に確立されていたとは考えられません。たとえば「家」にしても、竪穴住居の住人がどのような構成なのかは明らかではありませんし、婚姻などが社会的な制度として存在しているとは思えません。

宗教的基盤や祖霊観にしても、人と自然との関係性を基盤とするアニミズム的な信仰があったとしても、人と人との社会的関係性を基盤とした「祖霊観」が存在したとは思えません。縄文時代にも祖先崇拝が存在すると考えるためには、もう少しきめ細かな議論と理論づけが必要なのではないでしょうか。

ところで、南島の祭祀文化を検討した民俗学者の村武精一は、奄美地方で行なわれる墓参祭祀などの死者霊への供養が「祖先祭祀」ではなく、「死霊祭祀」であると指摘しています。考古学では、あまり両者を区別することなく使うようですが、じつはこうした区分には、日本人の霊魂観や祭祀の本質にかかわる大きな問題が含まれています。

◇大切なのは、死霊か祖霊か？〔村武精一〕

日常的に、リズミカルに一定間隔で死者供養をおこなうという習俗自体が、祭祀供養の対象となっている死者の霊をなぐさめ、安定させるという目的をもっていると考えられるからである。それは、供養の対象となっている死者にたいする敬いを表現すると同時に、それら霊を、あえて安定化させねばならない理由があると思われるからである。その理由とは、供養者が死霊にたいする敬慕をもつとともに、その反面、祭祀供養の対象となる霊を荒ぶる性格をあわせもつものとして畏怖しているからと思われる。つまり、死霊を安定させて、死者と生者との間の関係をもち続けないと、死者霊の怒りをかい、この世における血縁関係者たちにたいし、なんらかの不幸や悪しき出来事をひきおこす恐れがあると思うからである。（『アニミズムの世界』吉川弘文館、一九九七年、一〇二頁）

村武の指摘において重要なのは、日本の年中行事化した祖先崇拝が、「死者の霊が、荒ぶる死霊的存在としての性格をもつ」がために、すでに安定化している「祖先霊的存在」を祀るのではなく、「死霊的存在」を慰撫《いぶ》するのだという点です。日本の祖先崇拝が、こうした「死霊」の慰撫を目的としたものであることは、アメリカの著名な人類学者マイヤー・フォーテスも指摘しています（マイヤー・フォーテス〔田中真砂子訳〕『祖先崇拝の論理』ぺりかん社、一九八〇年、一七六頁）。

ただし、村武に従えば、桜井が指摘した「祖霊観」の存在も否定的にならざるを得ないわけですが、いずれにしても、死霊（＝荒ぶる霊）という観念が、実際に縄文時代にあったかどうかは定かではありません。日本の考古学者は、縄文時代の墓に、石を抱いたように見える埋葬の状態を「抱石葬」と称して、死者の祟《たた》りを封じ込めるという解釈をしてきました。また、「屈葬」の姿勢についても死霊の祟りの封じ込めとして考えてきました。おそらく、村武やフォーテスのいう現代人の「死霊」への恐怖が、縄文時代にもあったという暗黙の了解のもとに解釈されているのではないでしょうか。

さて、祖先祭祀の民俗学的な内容が明らかになったわけですが、問題は、祖霊にしろ死霊にしろ、そうした観念がいつ起こったのかです。エリアーデなどは、ヨーロッパの後期旧石器時代にはあったと述べていますし、日本の考古学者の多くは、縄文時代のある時期に生まれたと考えているようです。ところが、民俗学者や歴史学者は、そんなに古い観念ではないと言います。宗教学者の山折哲雄は、わが国の神霊研究をレビューするなかで、祖先崇拝を次のように位置づけています。

◇祖先崇拝は氏族社会に発生〔山折哲雄〕

柴田実氏は、祖霊－祖先崇拝の概念を中軸にすえて古代社会における神と仏の関係の親縁性について論じている。氏によれば、死者は祭上げとともに神＝祖霊の一様相となるのであり、そのかぎりにおいて神と仏との間には何らの相違も存しなかったという。同時に氏は、ヴントの『民族心理学要論』の一文、すなわち祖先崇拝はトーテム的部族社会から氏族制度社会に移行する時に応じて発生する、の一文を引いて、わが国氏族社会において特異な発展を示した「祖先崇拝」の諸特徴について、次のように論及したのである。

一、農耕呪術の対象となる御歳神《としがみ》（穀霊）は氏神《うじがみ》（祖霊）と密接に関連し、この両者が一つに融合して祖先崇拝の実質的内容を形づくった。

二、祖先崇拝がたんなる死者崇拝と異なるのは死後の屍体を埋めてこれを祭るかどうかにかかわるのであるが、高塚古墳こそはそのような意味において祖先崇拝の一つの顕著なあらわれであった。これは族長もしくは傑出した英雄にたいする畏怖と親愛によって祭られたものであるが、とりわけその石室（竪穴）が塚の頂上部に設けられていることは、霊山信仰（山上他界観念）とも関連して重要である。（『神と翁の民俗学』講談社学術文庫、一九九一年、六八頁）

歴史的、民俗的な経緯を踏まえるならば、祖先崇拝は、早くとも弥生時代以降に生まれたと考えるべきなのでしょう。柴田が「高塚古墳こそが祖先崇拝の顕著なあらわれ」と言っていると山折は紹介しており、やはり古墳時代を初源と考えるのが妥当なのかもしれません。結局、考古学者がよく使う、縄文後期には祖先崇拝が始まったというシナリオは、民俗学や歴史学ではあまり歓迎されないようです。

村武が紹介した東南アジアや沖縄の例を参照しても、祖先崇拝はそれほど古い観念ではないことが見えてきます。考古学者が縄文時代に祖先崇拝を位置づける根拠は、ストーンサークルや配石遺構などが、「家族や同族意識」が確立されたから、と考えるところにあります。家族観念の成立を考えることも必要ですし、そもそも縄文時代の信仰観において「霊魂」がほんとうに人と人との間における観念として機能していたのかどうかも検討する必要があると思います。山田の指摘にもあるように、祖先あるいは祖霊という観念は、あくまでも人と人との関係性の上に成り立つ観念だからです。

7．「融即律」の可能性

考古学者は、暗黙の了解として、宗教あるいは信仰行為を人と人の心の問題に収斂《しゅうれん》してしまいますが、じつのところ、縄文人の世界観をつくりあげているのは、アニミズムやシャーマニズム、トーテミズムといった人と人、人と動植物との厳密な関係性ではなく、むしろすべてにおいて、境界があいまいで厳密な区分などない関係性であったと私は考えています。

縄文社会は、まだ人と人が社会的レベルでは結びつかない、人と動植物も明瞭な意味の区分が必要ではない社会だったかと思います。これは、フランスの社会学者ルシアン・レヴィ＝ブリュルが提案した「融即律」（山田吉彦訳『未開社会の思惟（上・下）』岩波文庫、一九五三年／原典は一九一〇年刊行）に近い考え方かもしれません。縄文時代というのは、ベリングの《適応的錯覚》を基盤としながらも、あくまでも非宗教的なものの考え方（シンボリズムやレトリックにまつわる「錯覚」）が卓越した社会であり、霊が祟りをなす、あるいは家族や祖先を守るといった対人的な観念、つまり現代の私たちが持っているような厳密な意味の「他者」という観念は存在しないか、あったとしてもきわめて希薄ではなかったかと私は考えています。そうした思考（融即律）から育まれたのが、私が前著で述べた《月のシンボリズム》に代表される再生観念だと思うのです。

なお、レヴィ＝ブリュルの「融即律」は、縄文の精神性を考える上で、とても重要な概念であると考えますので、詳しく紹介することにしましょう。余談ですが、翻訳者の山田吉彦は、本書の「凡例」のなかで、民俗学者の柳田国男が本書を評して、「この本は日本の民俗学者必読の書であるばかりでなく、万般の教養人に読まるべき本だ」と言っていたことを紹介しています。

◇原始人の集団表象は神秘的〈ルシアン・レヴィ＝ブリュル〉

原始人の集団表象は、それが本質的に神秘的であるという性質のため我々のものと異るとすれば、そして彼等の心態は私が示そうと努めて来たように我々のものと異った方向に方位づけられているとすれば、それらの表象は彼等の精神内では我々の精神に於けるとは異った風に相互に結ばれていると云うことを認めなくてはならない。それらの表象は、我々の理解のそれとは異った他の論理にしたがうと推論しなければならないであろうか。それは極端に失することであろう。そしてこの臆説は事実が肯定を許している閾域を越えていよう。集団表象の連繋が論理的性質の法則だけに拠らなくてはならないということは何もこれを証明するものはない。それに我々の理解のそれと異った論理という観念は、我々には否定的な空虚な概念でしかあり得ない。しかし事実上我々は表象が原始人の心性に於て、いかに連絡されているかは少くともこれを把握するように努めることはできる。(『未開社会の思惟(上)』一九五三年、八五頁)

「集団表象」は別としても、レヴィ゠ブリュルのいう「原始人」あるいは「前論理」という表現が〝原始人ゆえの融即あるいは前論理〟というのは不適切であるという批判を受けていますが、その批判は濡れ衣に近いものです。なぜなら、レヴィ゠ブリュルは次のように明言しているからです。

しかし、だからといってこれは原始人の間にしか見られないということにはならない。そう主張したらこれは誤りであって私自身これに対して十分に用心した。世の中には絶縁体を以てへだてられた前論理的なもの、論理的なものという二つの心性があるわけではない。あるのは、同じ社会の中に及び屢〻――恐らくは常に――同じ精神の中に同時に存在する異った心的構造である。(同書「日本語版序」、七頁/原文は一九二八年執筆)

そうしたことを理解したうえで彼の主張に耳を貸すならば、これまでの私たちの縄文人に対する理解とは異なった世界像が湧き上がってくるのです。それが「融即律」です。これは、フランス語 *participation* の訳語です。山田吉彦の名訳で、現在は仏語や英語の訳語としても多くの辞書で使われています。

◇融即律と呼ぶことにしよう〈ルシアン・レヴィ＝ブリュル〉

> それ故、これらの連繋の仕方を原始人の精神の虚弱さにより、或は観念連合により、或は因果律の素朴な適用により、或はこれの後で、したがってこれのためにの詭弁によって説明しようと努めること、約言すれば彼等の心的活動を、我々の心的活動の劣等形態としようとすることは止めよう。むしろ、これらの繋ぎ合わせ方そのものを考察し、それが一つの一般的法則――原始人の心性が生物、事物の間に摑むことの多いあの神秘的な内部関係の共同根柢――に依拠していないかどうか調べて見よう。さてこれらの関係の中には決して欠如することのない一つの要素がある。形態と程度には差異があるが、それらの関係はすべて集団表象の中で結びつけられた生物、事物の間に一つの「融即」を含んでいる。この理由から、私はこれらの表象の繋ぎ合わせ方及び既成連繋を支配している「原始」心性特有の原理を、他により適当な言葉がないので融即律と呼ぶことにしよう。（同書、九四頁）

私の知る限り、レヴィ＝ブリュルの「融即律」あるいは「融即」という概念を縄文解釈に使用した日本の考古学者は二人です。国際日本文化研究センターの磯前順一は、「縄文社会の宗教研究」

(『季刊考古学』第107号、二〇〇九年)と題する論考のなかで、「縄文社会のような原始あるいは古代社会の人間は神話や呪術を信じていたのだが、歴史が近代に向かって進行する中で、そのような心的融即状態から解き放たれていった」(一九頁)として、この概念を使いました。また、九州大学の溝口孝司は、「人工物から読むコミュニケーションと社会」(『季刊考古学』第122号、二〇一三年)と題した論考のなかで、縄文中期の生物のモチーフを持つ土器に触れ、「これらの製作時に、すでにこれら生物の〈複合的/相互融即的共存〉が行為として類比的、かつメタファー的に再現されると同時に、焼成によって、そのような世界像が土器器面として固化・表象されることが意識/意図されたことを示唆する」(三二一—三三頁)と、この概念を使っています。おそらく今後も、レヴィ＝ブリュルの「融即律」に焦点が当てられ、縄文の精神世界の解明のために援用されるものと期待されますし、私も積極的に使いたいと思います。

さて、レヴィ＝ブリュルの「融即律」が具体的に例示されているのが次の記述です。この例示を、科学的に理解することはできず、こういう考え方が実際にあるのだと理屈抜きに了解するしかありません。縄文人の世界観を理解するということは、まさにこういうことなのだと思います。

◇**「私は金剛いんこ」とボロロ族は誇る**〈ルシアン・レヴィ＝ブリュル〉

例えば、「トルマイ族(北部ブラジルの土族)は、自分等は水生動物であると云っている。——ボロロ族(前者と隣れる土族)は、自分等は金剛いんこであると誇っている。」これは単に、死んでから彼等が金剛いんこになるとか、金剛いんこを変形したボロロ人として扱わねばならぬとかいうだけを意味するのではない。問題は全く異ったものである。フォン・デン・シュタイネンは最初はそれを信じようとはしなかったが、遂に彼等の断定的な確言にしたがわねばならなくなった。彼は言っている。「ボロロ族は彼等が現在金剛いんこであると真面目に云って聞かせる。それは、丁度毛虫が自分は蝶であると云うのと同様である。」それらは彼等が自身に与えた名ではない。また彼等が云っているのは親縁関係でもない。彼等がそれによって意味させようとしているのは、本質上の同一性である。（同書、九五頁）

レヴィ゠ブリュルの「融即律」に対しては、フランスの社会人類学者クロード・レヴィ゠ストロースの批判があることは有名です。トーテミズムや「融即律」のような考え方があることを認めてしまうと、未開社会であれ近代化した社会であれ一定の秩序と構造を見出すことができるという自説に反することが、彼の批判の主な理由です。

私は、レヴィ゠ストロースの「神話」や縄文時代の「型式」における構造理論では、それがなぜ生まれたのかという「精神性」に関わる疑問に答えられないと考えていますので、「融即律」の有効性を排除することはしません。むしろ、あらためてその有効性を議論すべきだと考えています（湯浅泰雄『歴史と神話の心理学』思索社、一九八四年などを参照）。

話を「祖先崇拝」にもどしますが、縄文時代の死者への副葬品のあり方をみても、再生を象徴した土器や土偶、緑色や蛇文岩製の石斧や玉類、石棒や石剣、そして遺体に撒《ま》かれた赤いベンガラ（酸化第二鉄）などには、家族や親戚といった人と人との関係性を超えた、よみがえりへの呪術信仰性が見て取れます。そこには科学的、合理的な理屈はありません。亡くなった先祖が家を守るといった、現代の祖先崇拝をイメージさせるような行為の痕跡は乏しいと思います。死者の埋葬は、あくまでも再生のための呪術的行為であって、いわゆる供養や崇拝的な葬送（墓）の意味合いはなかったか、あったとしても薄かったと考えられます。

人と人の関係性や人と動物の関係性が希薄だとしたら、家族や同族あるいは動物や植物の死を悼《いた》むという心性もまた希薄であり、むしろ生得的な、新たな生命のよみがえりを希求する普遍的無意識や元型によって呼び起こされる心性こそが活性化していたのではないかと考えます。純粋に再生や誕生を希求する気持ちが強かった縄文の融即的心性は、近代科学を知ってしまった現代人にとっては理解しにくいとは思いますが、縄文人の造形をこれまでとは異なった視点から考えてみることも必要ではないでしょうか。そうした視点の転換を図るきっかけを与えてくれる概念として、およそ百年前に提案されたレヴィ＝ブリュルの「融即律」は、大きな可能性を私たちに提示しています。参考までに、琉球と北海道アイヌの祖先崇拝についても見ておきたいと思います。

◇沖縄の祖先崇拝は新しい観念〈赤嶺正信〉

沖縄の信仰体系を論ずるにあたって、先ほどの事典などのように、沖縄の民俗社会はその固有信仰の核に祖先崇拝を有しているという説明があったり、仲松弥秀氏も、琉球列島の島々で単に神というときには御嶽の神、すなわち祖先神のことを指している、という言い方をされているのですが、しかし一方では、祖先崇拝というのは新しい信仰だという意見を出している方々が以前からおります。仲原善忠氏は「固有信仰は古代信仰で、祖先崇敬が中世信仰」という言い方をしていますし（「固有信仰のおとろえ」）、佐喜真興英氏は「元祖の祭祀は琉球古代の風俗ではなく近世支那文化の影響のもとに発達したものである」という言い方をされている（「女人政治考」）。安良城盛昭氏は「現在の沖縄で祖先祭祀が篤くとりおこなわれているということが、直ちに、原琉球・古琉球でも祖先祭祀が篤かったろうと即断すること自体に問題がある。……『おもろさうし』のなかには、祖先信仰の思想が極めて乏しい」という指摘をされています（『新・沖縄史論』）。折口信夫氏も「琉球の宗教思想に大勢力のある祖先崇拝も琉球神道の根源とは見られない」と述べています（「続琉球神道記」）。位牌祭祀などは明らかに王府が民間に普及させているところがあります。そういうことも含めて、王府レベルにおける儒教あるいは仏教の受容が、民間の祖先崇拝に与えた影響なども考慮に入れることが、沖縄の祖霊信仰を通時的にとらえる場合には必要になってくると考えています。（梅原猛・中西進編『霊魂をめぐる日本の深層』角川選書、一九九六年、九四—九五頁）

◇先祖祭祀はカムイとの交渉の場（山田孝子）

アイヌの世界観においては、ラマッあるいはラマチ、心臓という意味をもつ言葉が魂を指す言葉としてあります。そこで重要な点は、アイヌの場合、人間のみならず生物にも、無生物にも同じように魂が存在していると考えられていることです。この点がカムイの観念にも関係しています。（中略）

アイヌの人たちがいろいろなところにカムイを認めることはよく知られた事実ですが、このようなカムイの認め方をアニミズム的な信仰といいます。アニミズムでは何に対してその神性、特別な力を認めるかが問題になります。カムイの中にはたとえば天を治める神とか、鹿を治める神とか、実在の世界にまったく具現化されないものも多少はありますが、ほとんどのカムイは現実の世界の生き物や自然物あるいは自然現象に具現化されています。この自然に具現化されるというのがカムイの非常に特徴的な点だと思います。(中略)

アイヌの人たちの祖先を表す言葉にシンリッがあります。人間は死後にカムイになりますから、祖先は、カムイであるといえます。アイヌの人たちは、死者を墓地に埋葬してからは墓には近づかず、本来墓参りをしませんでした。しかし、カムイとなった祖先に対しシヌラッパと呼ばれる祖先祭祀を営んできたのです。シヌラッパは死者の埋葬後二、三か月は行われなかったといいます。祖先祭祀は、熊送りなどの儀礼と同じで、カムイとの交渉の場でもあることが予想できます。日高地方、沙流川流域の二風谷地区のある家でも、二十数年前から仏式の先祖供養をしていますが、それ以前にはアイヌプリのシヌラッパを行っていました。アイヌ式の祖先祭祀をしていたということですが、その家の人の話によると、その当時までは夏の盆の頃に相当する時期と、冬の正月の時期に、必ず稗酒を醸して親類が集まり、これを行ってきたといいます。(同書、五一―六四頁)

考古学者が「祖先崇拝」という概念を使う場合には、本州の宗教観だけでなく沖縄やアイヌの信仰観もイメージしながら考えていることが少なくありません。しかし、多くの民俗学者が述べているように、必ずしも両地域の祖先崇拝が古い様相を呈しているわけではありません。シヌラッパ（先祖供養）はアイヌの伝統ということで縄文時代からの歴史を指摘する研究者もいますが、行なわれる時期が「盆と正月」ですので、仏教的な影響も無視できず、再考の余地があると考えます。

少なくとも、山神信仰や磐座《いわくら》信仰、月信仰の基盤にあるのは、あくまでも、山や蛇、月への再生の願いや思いであり、そこに人間である「祖先」が入り込む余地などないように思えます。つまり、山、蛇、月信仰などがあった縄文時代には、新たな生命を希求する普遍的無意識による心性が再生信仰観念と結びついていて多くの遺物や遺構、遺跡と呼ばれるものを作り出したということです。そこには、「祖霊・祖先」といった、いわば死んで「あの世」へ行ったままよみがえらない人間の崇拝は必要ではなかったと考えられます。そもそも縄文時代には「家」や「家族制度」もなかったわけですから、縄文人の埋葬や墓を考える時には、このことも十分に考慮に入れるべきではないかと思います。

第二章　ものの形を決める心のメカニズム

シンボルこそ、人間特有であるところの、また純然たる動物性の水準を超えた心的生活を解明するための、万人の認める鍵であることを確証するためには、次のような大部の出典――すなわち、ジョン・デューイとか、バートランド・ラッセルから、ブランシュヴィクやピアジェやヘッドから、ケーラーやコフカから、カールナプやドラクロアやリボーから、カッシラーとか、ホワイトヘッドから――哲学者、心理学者、神経学者および人類学者たちからほとんど無際限に引用できるであろう。

（スザンヌ・K・ランガー（矢野萬里ほか訳）『シンボルの哲学』）

1．先史・古代人の心に迫る

第一章で、人間とは物理的・合理的（社会的、経済的）なだけではなく、深く心に根ざした行動をとる存在だということが分かりました。それが分かれば、時空を越えて死者を穴に埋めているのも、合理的というよりは、人の生得的な心性がそうさせていると容易に察しがつきます。しかし、なぜ穴を掘って死者を埋めるのかということになると、その理由がそう簡単に分かるわけではありません。現代においても、その理由はきわめて曖昧なのです。

キリスト教では、プロテスタントもカトリックも、死者を大地に穴を掘って埋め、土葬にすることを基本としますが、それは、死者を「復活」させるという終末思想があるからで、死者を復活の日まで地中に眠らせておく必要があるからだそうです。遺体が消滅するので火葬は避けるということでしょう。ユダヤ教もイスラム教も、基本的な考え方は同じようです。では、なぜ土に埋めると人間は復活すると考えられてきたのでしょうか。どうも明快な理由が見つかりません。

第一章では、日本人の他界観や葬儀について紹介しましたが、日本の仏教や儒教も、土葬を行なうことでは、キリスト教と共通しています。問題は、なぜ大地に穴を掘るのかということです。そして私が気づいたのは、「形」です。ここで重要となるのは、人間がものの形に対してどのような考え方をしているかです。

人がどのようにものの形を決めるのかという認知のプロセスが理解できなければ、なぜ穴を掘るのかということも理解できません。彼らは、穴の形に何らかの意味を持たせていたに違いありません。穴を掘るという行為だけでなく、実際に大地に掘られた（デザインされた）穴の「形」も重要なのです。もちろん、それは掘りやすいといった現代的な合理性が当時からあったということではなく、現代人が失ってしまった素のままの人間の心のありようを見つめることができるという意味においてです。

人類が世界の各地で、たとえば日本列島において旧石器時代や縄文時代の人々が、文化と呼ばれる契機となる道具づくりを始めたとき、彼らはどのような考えをもって道具の形を決めたのでしょうか。道具だけではなく、住居や墓、ムラの配置などにも形がありますから、そうした形を決めるのにも、何かしら考えがあったはずです。第一章で見てきたように、彼らのものづくりや墓づくりにおいては、合理性あるいは経済性が働いている気配はありません。

私がこうした発想を得たのは、ドイツの民族学者、ネリー・ナウマンの研究を知ったからです。ナウマンは、日本の古典に精通しているだけでなく、縄文文化の呪術宗教性にも積極的に研究の手を伸ばした学者でした。エリアーデの宗教的象徴論をベースに据え、カール・ヘンツェの図像解釈学を使って、縄文文化の神話的世界観を縦横に読み解いたのです。私は、そうしたナウマンが依拠した呪術宗教的「シンボリズム」に出合い、目からうろこが落ちる思いでした。そして、宗教的象徴をつくり出している人間の心性に着目したのです。

宗教学者や民族学者であるエリアーデやナウマンは、心理学の援用には慎重でしたが、第一章で述べたように、縄文人が私たちと同じホモ・サピエンス・サピエンス（新人）である以上、心性の普遍性も考慮してかからなければならないと私は考えます。日本の考古学者は、他の学問の援用を嫌いますが、出土したものから心を読み解くためには、禁断の地とも言われてきた心理学や宗教学、さらには哲学の世界に足を踏み入れるしか方法はありません。

人間が根源的なものの考え方を、「普遍的無意識」という心の領域に持っていることを明らかにしたのは、スイスの心理学者カール・G・ユングです。ユングの考えの基礎をつくったのは、ユングの師で「無意識」の発見者、オーストリアの精神科医ジークムント・フロイトでした。

昨今は、大脳生理学や神経心理学などの認知科学が台頭して、フロイトやユングのオーソドックスな深層心理学は、はやらないようです。しかし無意識という基本的な心の領域をないがしろにして、人の心を理解することはできないように思います。フロイトとユングの指摘した無意識を、人の心の研究の原点に据えなければ、何もはじまりません。人がなぜ死者を穴に埋めるのか、その謎に迫るため、この普遍的無意識からひもといてみたいと思います。

2. 普遍的無意識とは

普遍的無意識は、ユングが提案した心理学上の概念です。英語ではcollective unconsciousと表記され、どちらかというと「集合的無意識」と訳されることが多いようです。私は「普遍的」という表現のほうが、この言葉の意味をより言い表わすと考えて、普遍的無意識という訳を使うことにします。

この「無意識」という概念をつくりだしたのがフロイトです。フロイトは、ヒステリー患者の治療方法を模索するなかから、「夢」の存在に気づき、人間の心には無意識という領域があり、それが夢をつくり出していることを突き止めました。フロイトの『夢判断』という著作を読み、フロイトの研究に刺激を受けたのがユングです。二人は、当初は意気投合して共同で研究を行ないましたが、ユングは、無意識に関する独自の考え方にたどり着き、十年ほど続いた親交は破局を迎えます。

フロイトが神経症患者の治療という視点で無意識を個人的なレベルで考えていたのに対し、ユングは、多くの精神病患者に接するなかから、人間の無意識の層には、個人の日常生活と関連する「個人的無意識」とは別に、誰もが共通して持っている「普遍的無意識」という心性があることに気づき、この普遍的無意識こそ、人間の心を明らかにする上で重要と考えたからです。

だとすると、縄文人も人間ですから、彼らにも普遍的無意識は存在します。そのような前提に立って彼らの心へのアプローチは、この普遍的無意識から入っていかなければならないと私は考えました。ではユングの定義を見てみることにします。なお、翻訳者の野村美紀子は、ここでは「集合無意識・個人無意識」と訳しています。

◇**普遍的無意識は遺伝する〈カール・G・ユング〉**

集合無意識はプシュケーの一部であり、個人無意識からは否定法によって、すなわち個人無意識とはちがって個人の経験から生まれるのではない、したがって個人が獲得するものではない、という事実によって区別される。個人無意識が本質的には、かつて意識されていたが忘却または抑圧によって意識から姿を消してしまった内容の集成であるのに対して、集合無意識の内容はかつて意識されたことがない。したがって個人によって獲得されたことはなく、もっぱら遺伝によって存在するのである。個人無意識がほとんどコンプレクスから成り立つのに対し、集合無意識は本質的には元型で構成されている。（野村美紀子訳『ユングの象徴論』思索社、一九八一年、一二一—一二二頁）

この論文は、一九三六年十月に、ロンドンの病院で行なわれた講演の記録です。次の発言をみると、当時、心理学なるものが、まだまだ市民権を得られずに、神秘主義のそしりを受けていたことがわかります。それから百年近くが過ぎた今日、日本では愛弟子の河合隼雄らの努力によってユング心理学という学問分野が確立されましたが、考古学者の多くは、いまだこれを神秘主義の道具としか見ていないように思います。フロイトの主著『夢判断』も、当時はたった六百部を売りつくすのに八年もの歳月を要したそうです。

◇普遍的無意識は神秘主義ではない〈カール・G・ユング〉

つまり集合無意識という仮説は、本能が存在するという仮定以上に大胆なわけではない。人間の行動は、意識されている心による合理的動機づけとはまったく別に、本能の影響を受けるところが大きい、ということはただちに承認される。それゆえ、われわれの空想、知覚、思考も同様に、生まれつき与えられているどこにでも見られる形式という要素の影響を受けると主張しても、正常にはたらく知性であれば、この考えかたも本能理論同様、神秘主義などではないということがわかるだろう、とわたしは思う。神秘主義だという非難は、わたしの概念に対してしばしば向けられるのであるが、わたしとしては、集合無意識という概念は思弁でも哲学でもない経験の問題である、と再度強調するほかない。問題はこれだけのことである、この種の無意識な普遍的な形式は存在するか、しないか？　もしも存在するなら、集合無意識と称ぶ

ことのできるプシュケーの領域が存在するのである。（同書、一二四頁）

ユングは、自著『元型論』のなかで、普遍的無意識は、フランスの社会学者ルシアン・レヴィ＝ブリュルが「未開人の原始心性」として指摘した「集合的表象」と同じ概念であるとしています。佐藤正衞は、集合的表象について次のように述べています。

◇集合的無意識は人類共通の心性〈佐藤正衞〉

レヴィ＝ブリュルは、現代のわたしたちの精神的現象や機能を説明するために用いられる用語や概念をもってしては、原始心性の理解には到底達しえないことを主張し、「集合的表象」という術語の使用を提唱しました。（中略）「表象」とは心に思い浮かべられるものを指します。知覚や認識の機能によって形象化された事物・事象や観念、つまり心という内部空間に結ばれた像や意識の内容が表象です。（中略）表象は知識として、また観念として固定化されますが、そのうちの、ある社会集団の構成員に共通で、その社会内で世代から世代へ伝えられるものが集合的な表象とされます。（『いま、なぜユングか――「元型」論と現代』雲母書房、二〇〇五年、六九―七〇頁）

そして、ユングの「集合的無意識」とは、つぎのように関連づけられています。

集合的表象の特徴は、個人を個人として考察しただけでは説明のつかない性質を帯びて現われることにあり、またそれ自身の諸法則をそなえていて、社会を規定するはたらきをするところにあります。つまり、「表象」が集合的と形容されるには、これらの特性上の条件を充たさなければならないのですが、それはそのままユングのいう「集合的無意識」の本質の規定に応用することができます。すなわち集合的無意識とは、部族や民族といったある社会集団に共通の、あるいはそれより大きい集合単位である人種に、さらに最も大きな集合体としては人類に共通の内容であること、そしてその無意識内容はそれ自身の目標や法則をもち、時を越えて個人およびその個人が属する集団を規定し方向づけるもの、ということになります。（同書、七〇頁）

縄文文化を例に取るならば、土器や土偶といったものづくりや、住居や記念物の施設づくりのような、具体的な形や模様の表現は、合理性や機能性だけではなく、人間に生得的（遺伝的）に組み込まれた共通の「表象」、つまり、あるイメージに基づいて行なわれている可能性も指摘できます。では、そうしたイメージを生み出す、集合的無意識のエネルギーというかパワーは、どのような心のメカニズムに由来するのでしょうか。ユングは次のように述べています。

◇それは「元型」のなせる業だ〈カール・G・ユング〉

無意識の心が実在していることは、それが意識されうる内容として現われて在ることによってのみ認識される。それゆえ、われわれは、無意識の内容を実証できるかぎりでのみ、無意識について語ることができる。個人的無意識の内容は主として、いわゆる強い感情を伴ったコンプレックスであり、これは心的生命のうち個人的な内密の部分を形成している。それに対して集合的無意識の内容はいわゆる元型である。（林道義訳『元型論〈増補改訂版〉』紀伊國屋書店、一九九九年、二九頁）

3．元型とイメージ

人類に共通のイメージ（表象）を生み出させている普遍的無意識の内容が、「元型」という心性で構成されていることを明らかにしたのもユングです。ユングは、元型の大切な性質について、つぎのように説明しています。

◇元型は単純素朴な心〈カール・G・ユング〉

それら以外で元型を表現しているのが、周知のように、神話とおとぎ話である。しかし、これらもまた、長い時代をへて伝えられてくるあいだに、独特の形式を刻印されている。つまり「元型」概念は「集団表象」とは直接には一致しない。というのは元型とは、意識の手がまったく加わっていないような心の内容、つまりこころ《ゼーレ》がそのまま現われてきたものだけを指しているからである。つまり元型は歴史的に生成してきた、あるいは作りあげられていた様式とは少なからず異なるものである。とくに最高に発達した秘密の伝承の中に元型が現われているばあいには、意識が判断し評価して手を加えた影響が必ず歴然と見られるものである。それに反して、夢や幻像の形で元型がわれわれに直接現われてくるばあいには、それらは神話などに現われるばあいよりもはるかに個性的で、理解しがたく、単純素朴である。（同書、三〇頁）

元型は、知覚することのできないいくつかのカテゴリー（領域）を含んでいます。元型自体の存在を直接確かめることはできませんが、元型から生み出される、さまざまなイメージによって、私たちは「元型」の存在を予測することができるのです。

ユングは、そうしたイメージによって、いくつのも元型の存在を仮定しています。それらは、ユングが思弁的に考え出した概念ではなく、あくまでも精神科医としての臨床経験のなかで見つけ出されたものでした。自分自身の妄想と神話のイメージが共通することをヒントに、人間は誰でも同じイメージを持つことを見つけ出したのです。主なものをあげてみると、グレートマザー（太母）とオールドワイズマン（老賢人）、シャドウ（影）、アニマとアニムス（女性像と男性像）、トリックスター（道化）、ペルソナ（仮面）、セルフ（自己）などですが、どれも、みなさんがよく耳にする言葉ではないでしょうか。

ユングが最初に気づいたのは、老人と少女の元型でした。彼自身が精神病的な幻覚症状に悩まされた時に、イメージのなかに常に登場したのが老人と少女だったからです。後に、世界中の神話のなかには、老人と少女がペアで出てくることが分かり、これが、人類が古くから持っている元型由来のイメージの一つと気づくのでした。

グレートマザーとオールドワイズマンも、同様のイメージです。一般的に、お爺ちゃんやお婆ちゃんが賢い知恵ある人として尊敬の念をもたれるのは、私たちにそうした元型があるからです（ただし現代は、そうした元型が意識の世界に現われにくくなっているようですが）。

一方、シャドウは、あまりありがたくない元型かもしれません。人と人との軋轢が少なく争いごとがあまりなかったとされる縄文時代の人々の心性を考える際にも、あまり出番がないように思いますが、現代人の私にはとても興味深い元型です。ユングの愛弟子の河合隼雄は、こんな説明をしています。

◇影の諸々相〈河合隼雄〉

われわれ人間は誰しも影をもっているが、それを認めることをできるだけ避けようとしている。影には個人的影と普遍的影とがある。前者はある個人にとって特有のもので、先の例で言えば、控え目な人にとって、攻撃的なところはその人の影になっている。しかし、攻撃的な生き方をしている人にとっては、控え目なことがその人の影になるわけである。

個人的影は人によって異なるが、普遍的影は、たとえば殺人などのように、人類共通に有しているもので、悪の概念に近いものである。個人的影の存在を認め、それを自我に統合してゆくこともなかなかのことであるが、普遍的影となると、ほとんど不可能に近い。（『無意識の構造』中公新書、一九七七年、九四頁）

なんと、人殺しのイメージは、この元型から生み出されるのですね。

さて、アニマとアニムスも、縄文人の神話的世界観を考える上では、重要な元型のひとつです。アニマは、男性が持っている女性的な心性です。逆にアニムスは、女性が持っている男性的な心性です。私たちが思い当たるのは、男性も女性も恋愛の対象となる異性は、いつでも共通したイメージに引かれるという経験です。おそらく恋愛のたびに、異なるイメージの人を選ぶことは、むしろ稀なのではないでしょうか。よく再婚の相手に、前妻（夫）と似た容姿の人を選ぶといいますが、これも無意識のなかに息づくアニマとアニムスのなせる業なのです。

日本の考古学者は、縄文人の恋愛論など考えてもみませんが、その割には婚姻関係などを気にして、たくさんの論文が書かれています。「外婚制」や「内婚制」を想定しながら、恋愛論なしの無機質でシステマティックな婚姻関係として描かれています。このアニマとアニムスという元型があるかぎり、人類の恋愛心情は、縄文人においても基本的には現代人と違いがないと私は考えています。違いがあるとしたら、制度としての「家」や経済的価値観のない時代には、政略的で打算的な動機もなかったように思います。

このことは、先ほどの引用のなかでユングが触れています。「元型とは、意識の手がまったく加わっていないような心の内容、つまりこころ《ゼーレ》がそのまま現われてきたものだけを指しているからである。つまり元型は歴史的に生成してきた、あるいは作りあげられていた様式とは少なからず異なるものである」と。

一方、ペルソナは負のイメージを生み出す元型です。ペルソナは、ギリシャやローマの古典時代に、演劇の役者がつけた面をペルソナと呼んでいたことに由来する心性です。縄文人のつくった土製仮面は、ちょうど人の顔のサイズで、両端には顔面に装着するためと考えられるひもを通す穴まであけられていますから、顔に付けていたとする説には信憑性があります。ただし、社会的抑圧の少ない縄文時代、縄文の土面のなかに、ペルソナという元型がもたらす負のイメージは、発現しにくいように思います。むしろ縄文の土面は、つぎに紹介する「象徴」と深く関係したものなのではないかと私は考えます。つまり造形された土面は、ペルソナではなく、他の元型のイメージを象徴的に表現したのではないかと思います。たとえばグレートマザーがその有力な候補です。

4．グレートマザーと「死と再生」のイメージ

さまざまな元型の存在がユングによって指摘されていますが、縄文人のものの考え方を理解する上でもっとも重要な元型は「グレートマザー」ではないでしょうか。というのも、グレートマザーという元型が、「母なるもの」や、「死と再生」、さらには「子宮なるもの」というイメージを導き出すからです。ユングの弟子の河合隼雄は、「母なるもの」のイメージについて、つぎのように述べています。

◇「母なるもの」をイメージ〈河合隼雄〉

われわれ人間は、その無意識の深層に、自分自身の母親の像を超えた、絶対的な優しさと安全感を与えてくれる、母なるもののイメージをもっている。それらは外界に投影され、各民族がもっている神話の女神や、崇拝の対象となったいろいろな像として、われわれに受けつがれている。ユングはそれらが人類に共通のパターンをもつことに注目し、母なるものの元型が人間の無意識の深層に存在すると考えた。

母なるものの特性のもっとも基本的なものは、その「包含する」はたらきである。それはなにものをも包みこみ、自らと一体となる。そこには分離、分割ということがない。生み出されたものは、死んでもそこに還り、また再生してくるのみで、そこには本質的に変化というものがない。このような基本的なグレートマザー像としては、図12に示したような姿がぴったりであろう。生み出すものとして、生殖に関係する部分は強調されるが、頭部や顔は軽視されてしまう。これは旧石器時代の土偶で、ヴィレンドルフのビーナスと呼ばれているものである。

(同書、七二―七三頁)

グレートマザーは、日本語では、「太母」とか、「母性性」、「母なるもの」などと訳されます。グレートマザーは、なにものをも包み込む、まさに母なるものとしてのイメージを生み出します。一方で、いずれ死にいたる人間の不死やよみがえり（再生）を望む心性をもイメージさせます。人間はグレートマザーという心性を持つことから、無意識のうちに「あること」をイメージするのです。

それが「死と再生」なのです。ふたたび河合の話を聞いてみましょう。

◇「死と再生」をイメージ〈河合隼雄〉

グレートマザー像の典型として、地母神を最初にあげたが、それが崇拝の対象となるもっとも大きい要素は、それが持つ死と再生の秘密にあった。グレートマザーこそは、死と再生の密儀が行われる母胎なのである。そして、ある一人の女性が母性の体験をもつことの底には、この密儀が常に存在しているのである。ユングの高弟の一人ノイマンは、『グレートマザー』という大著の中で、女性の神秘が、初潮、出産、授乳を通じて体験されることを明らかにしている。その最初に存在する初潮ということは、まず自然に生じ、女性はそれを受け入れることによって体験される。（中略）

自然に生じたものをそのまま受けとめることは、本質において死の受容につながっており、それは次の出産、すなわち再生へと発展してゆくものなのである。このような偉大な受容性が母性の本質の中に存在している。（同書、八一―八二頁）

皆さんあるいは皆さんのお子さんは小さな時、よく段ボール箱に入りませんでしたか。押入れやタンスの脇の狭いスペースに無理やり身体を押し込みませんでしたか。こうした行動は、誰からも教わらずに行なっているように思いますが、これこそグレートマザー元型という心性のなせるわざなのです。

つまり、グレートマザー元型は、純粋無垢な子供の心においては、「再生」や「誕生」をイメージさせ、そうした再生・誕生のイメージのなかから、あるものが元型的象徴として意識されるのです。それは「子宮」です。グレートマザーという元型から湧き起こる再生イメージが、再生の象徴としての母胎、つまり「子宮」に還ることを常に志向させているのです。子供がダンボール箱に入ろうとするのは、グレートマザー元型が、ある意味では、子供たちに無意識的な行動をとらせているのです。

さて、ここで登場させたのが「象徴＝シンボル」という言葉です。普遍的無意識のなかから、元型がさまざまなイメージを生み出すことを見てきましたが、この元型のイメージが、今度は、あるものをつくりだすのです。それが、「象徴」なのです。

グレートマザー元型とそのシンボルの例を挙げてみます。私の娘が小学五年生の時、可愛がっていたペットが死ぬと、だれからも言われないのに、庭に穴を掘ってペットの遺骸を埋めました。ペットのなきがらを、墓に埋める行為にも、無意識であるグレートマザー元型から湧き起こる「死と再生」イメージが強く作用しています。無意識から生まれるイメージを、意識のなかで「再生・誕生」の象徴である「子宮」になぞらえ、土饅頭としてレトリカルに表現しているのです。

子宮は、自分が生まれ出てきた「再生・誕生」の場所です。ですから子供にとって墓穴は単に死者を葬る場所ではなく、死者が再びよみがえるための母なる子宮なのです。社会的な影響を受ける前の純粋無垢な子供にとっては、意識的に見えるこうした行動も、グレートマザー元型から湧き起こる無意識的な行動なのでしょう。

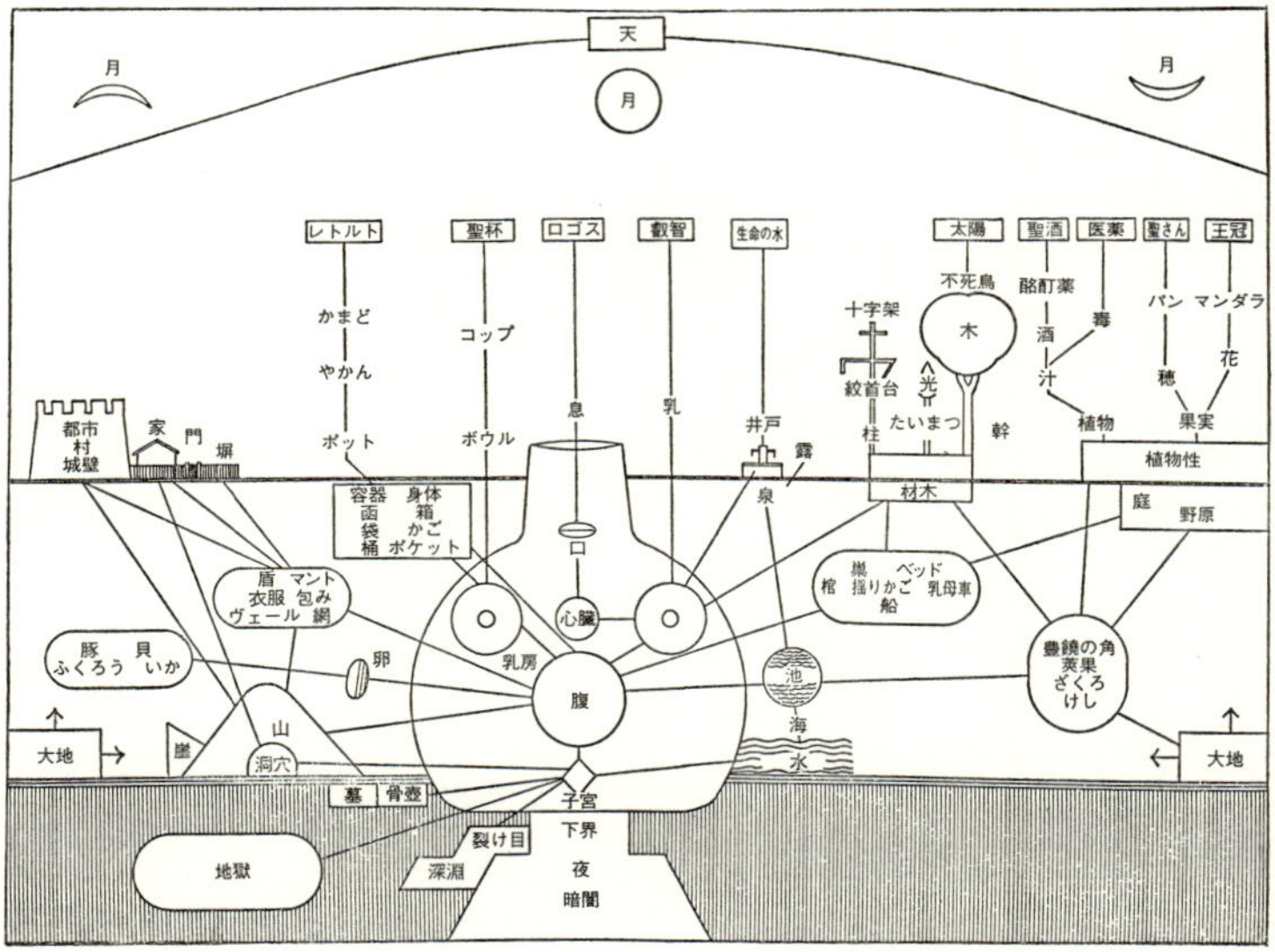

図１　ノイマンの「容器象徴」（図の中心には女性の身体という、偉大な容器がある。それはじっさい、本当の容器としてわれわれが知るものである。その主な象徴要素は口・乳房・子宮である。単純化のため、身体－容器の全体性を象徴化するのに《腹部》を強調し、《内側》の象徴としては、それにふさわしい器官である心臓を描いた。——エリッヒ・ノイマン『グレート・マザー』ナツメ社、1982年、より）

ところで、ユングの高弟であるエーリッヒ・ノイマンは、グレートマザー元型が生み出すイメージの体系化に取り組み、大著『グレート・マザー――無意識の女性像の現象学』（福島章ほか訳、ナツメ社、一九八二年）を書き上げました。私が注目したのはノイマンが、グレートマザー元型から生み出されるさまざまなイメージのなかから、あらゆるものを「包みこむ」という女性性に着目したことです。まさに、グレートマザーが「太母」あるいは「大いなる母」と訳されるゆえんでもあります。ノイマンは、女性の「包みこむ」イメージが、古来より「容器」に象徴されてきたこと指摘しました。しかも、それが「子宮」をも象徴するものであることは、だれもが納得することです。

◇**女性＝身体（子宮）＝容器〈エリッヒ・ノイマン〉**

女性性の中心的象徴は容器である。発達のそもそもの始まりから最近にいたるまで、容器という元型的象徴が女性性の化身であることをわれわれは知っている。人類にとって――男にとっても女にとっても――女性＝身体＝容器という基本的象徴の等式は、女性性に対するおそらくもっとも根源的な体験に対応するものであろう。

（中略）女とは、その《中》で子供を妊み、性行為において男がその《中》に《入る》ものであるから、女を身体‐容器と表現することはまことに自然である。

子供をかくまい、包みこむ身体‐容器に女の人格を同一視することは、女性の存在の基礎である。それゆえ女は、ただ単にその中に何ものかを包みこむ容器であるばかりでない。女にとっても男にとっても、その中で生命を形作り、生きとし生けるものを妊み、産み出し、やがて

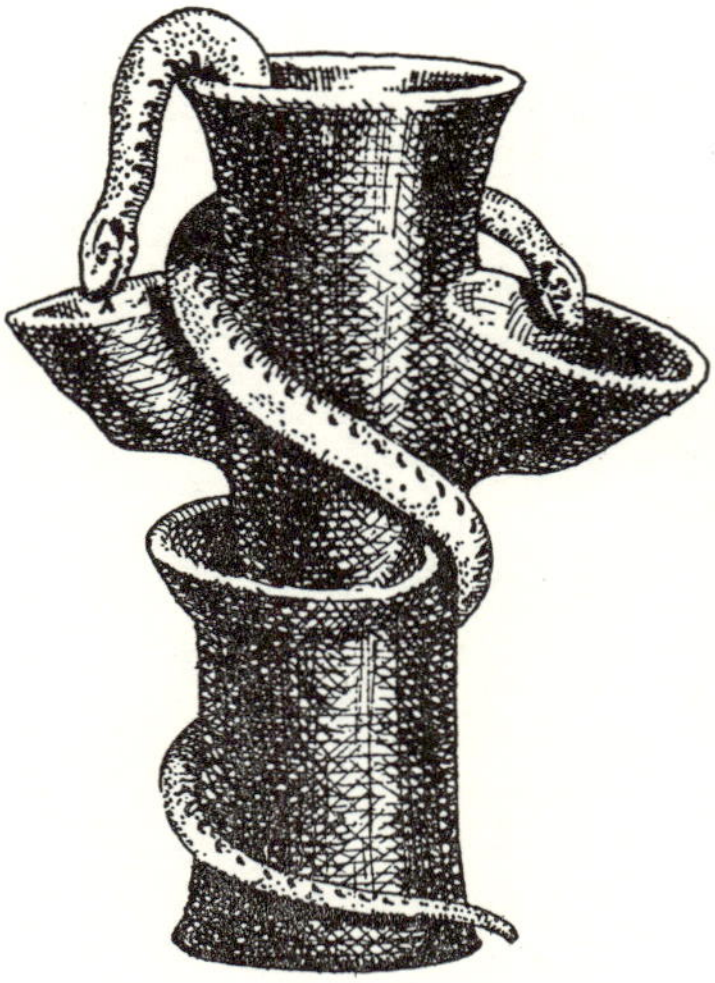

図３　クレタ島出土の蛇の容器

図２　顔を象ったトロイ遺跡の壺

（ともにエリッヒ・ノイマン『グレート・マザー』ナツメ社、1982年、より）

世界に送り出す《生命‐容器そのもの》なのである。（五五―五八頁）

ノイマンは、この後で、「腹と子宮――基本的性格の象徴」と題する節を起こし、つぎのような短い一文を添えています。文中に、子宮という文字はありませんが、それを強く意識した文章であることはいうまでもありません。

われわれはまず、世界を包む大いなる環の母性的象徴性を、容器‐象徴とその充満性との関係によって明らかにしたい。この種のものを調べ、原始人の神話や儀式、イメージや宗教態度を知ると、元型的女性の決定的重要さを具体的・現実的に理解することができる。

ここで《原始人》とか《母権段階》というのは、決して考古学や歴史的な実体ではなく、その圧倒的力がなお現代人の心の深層に生き続けている心理的現実であることを忘れてはならない。人々の健康や創造性は、この無意識の層と彼の意識とがうまくおりあっているか、それとも闘争に身をけずるのかによって、おおいに左右されるのである。（同書、五九頁）

5. シンボル、シンボライズ、シンボリズム

元型がさまざまなイメージを生み出すことを指摘したのは、心理学者のカール・ユングですが、ユングはさらに、人間が、このイメージを「シンボル」に変える能力を生得的に持っていることを明らかにしました。高弟のエーリッヒ・ノイマンもまた、そうした心理学的な視点から、元型イメージのシンボル化という研究に取り組んだことは、前節で紹介したところです。

一方、ルーマニアが生んだ世界的な宗教学者のミルチャ・エリアーデは、終生にわたりユングと深く親交を持っていました。ユングの分析心理学には敬意をはらいつつも、イメージとそのシンボル化について、あくまでも宗教的視点から考察しています。いったんユングの深層心理学から離れ、ここからはエリアーデの象徴論に耳を傾けることにします。

◇象徴は宗教学的に解明すべきもの〈ミルチャ・エリアーデ〉

このような現象の本質を、生理学、心理学、社会学、経済学、言語学、芸術学といった諸研究

によってつかもうという試みは誤りである。それは宗教における唯一にして不変たる要素——聖の要素を見失うからである。もっとも、あきらかに純粋な宗教的現象などというものはあり得ない。どのような現象も、ただ、ひたすらに宗教的であるを得ない。なぜなら宗教は人間のものであり、まさにこの理由によって、それに何ほどか社会的、何ほどか言語学的、なにほどか経済的たらざるを得ないからである。（中略）

わたしはいろいろの違った角度から宗教現象に近づいていくことの必要性を否定しようとしているのではない。しかしそれには先ず何よりも、そのもののうち、宗教にしか属さないもの、そして他の手段では説明し得ないものに眼をそそがなければならないと思うのである。

（堀一郎訳『大地・農耕・女性——比較宗教類型論』未來社、一九六八年、一三—一四頁）

エリアーデは「宗教的象徴の研究における方法論の問題」と題する論文のなかで、「象徴」の宗教的な意義についてつぎのように述べています。

◇人間は象徴を使う動物〈ミルチャ・エリアーデ〉

人間とは、象徴を駆使する人類（*homo symbolicus*）であり、その全行動は象徴作用を包含するものであるから、宗教的事実は悉く象徴性を帯びている。このことは、宗教行動や儀礼の一々が、超経験的な実在を志向していることを想起するなら、まったく当然のことである。一本の木が儀礼の対象となるとき、それは尊敬される木ではなく、ヘロファニイ（*hierophany*）、すなわち神聖なるものの表現なのである。宗教行動は、それが宗教的であるという簡単な事実によって、最終的には「象徴的」な一つの意味をもっている。なぜなら、それは、超自然的価値や存在を問題にしているからである。（岸本英夫監訳『宗教学入門』東京大学出版会、一九六二年、一三二―一三三頁）

そしてこの後に、エリアーデは、象徴の持つ意味について、六項目に分けて詳細な説明を行なっています。ただし、きわめて難解です。ネリー・ナウマンがこのエリアーデの「意味」を簡潔にまとめていますので紹介したいと思います。

◇象徴の持つ意味（ミルチャ・エリアーデ／ネリー・ナウマン）

(1)象徴は、直接的な経験レベルでは判然としない存在様式あるいは世界構造を明らかにする。
(2)象徴は実存するものないし世界の構造を指示しているので、そこにはいつも宗教的特質がある。このことは、最古の文化レベルでは、実存するものと聖性は等価であることを意味する。
(3)宗教的な象徴性のもつ本質的特性は、その多価性にある。いくつかの意味を同時に表現する能力のことであり、意味相互の連関は直接的な経験では判然としない。
(4)それゆえ象徴は結果として、異質の諸現実を一つの「体系」のうちに一体化させたり、統合さえできる視点を明らかにしやすい。
(5)象徴のもっとも大切な機能は、ほかでは表現できない究極の現実がもつ逆説的な状況あるいは特定の構造を表現する能力にある。
(6)宗教的な象徴性のもつ実存的価値というのは、象徴がいつも人間存在に関わる現実や状況を指示することにある。（檜枝陽一郎訳『生の緒――縄文時代の物質・精神文化』言叢社、二〇〇五年、一四七頁）

私は、このなかで、(3)の、「多価性」を表現するという点と、(4)の、異なった性質のものをつなぎ合わせて「体系的」に表現するという点が、象徴の意味を理解する上で、とくに重要ではないかと考えています。この点についてエリアーデ本人の説明に耳を傾けたいと思います。

◇象徴は多価性をもつ〈ミルチャ・エリアーデ〉

３、（中略）例えば、月の象徴作用は、月の満ち欠けの周期性、束の間の転成、水、植物の成長、女性的要素、死と再生、人の運命、機織りなどの間の、特有なつながりを明らかにしている。要するに、月の象徴作用は、宇宙的実在の種々相と人間存在のある様式との間の、神秘な秩序の調和をあらわしている。この調和は、直接経験のうちに、おのずからわかるものでもなく、批判的思考を通して判然するものでもないことを、注意しておきたい。これは、世の中に「生きてゆく」一つの生き方の結果なのである。

月のかたちを注意深く観察して、月の或る機能（たとえば雨や月経との関係）が発見されたとしても、月の象徴作用全体が、合理的方法で組み立てられているとは考えがたい。たとえば、人間存在の「月に似た運命」、すなわち人は月のかたちに現わされるごとき浮世のリズムによって「歩ま」されていること、人は死ぬべく運命づけられているけれど、三日間の闇の後に現われる月とまったく同様、また新しい生命を復活することができること、いずれの場合にも、入社儀礼を通じて保証され強められる死後の生活への希求を助長していること、などを明らかにする月の象徴作用というものは、まったく別個の知識体系なのである。（岸本英夫監訳『宗教学入門』東京大学出版会、一九六二年、一三六―一三七頁）

◇**異質の諸現実を一体化させる**〈ミルチャ・エリアーデ〉

4、（中略）宗教的象徴は、人に世界の或るまとまりを発見させ、同時に、世界を結合するものとしての、人間本来の運命を理解させる。月の象徴作用のこの例を、記憶にとどめておこう。そうすればわれわれは、月の象徴の種々の違った意味がどのようなセンスで一種の「組織」を形成するのか、了解できる。様様のレベル（宇宙論的・人類学的・「精神的」）で、月のリズムは、対応させることのできる種々の機構――すなわち、時の法則と生成の循環に従属する存在の様式や、死と再生という構造を伴っている「いのち」に運命づけられた存在のごとき――を明らかにしている。月の象徴作用によって、世界は、もはや異質でばらばらな存在の、気ままな集合体として出現しはしない。多様な宇宙的段階は、相互に通交する。それらは、あたかも人生が月によって「織りなされ」ており、「機織り」の女神によって運命づけられているように、同じ月のリズムで「つなぎ合わ」されている。（同書、一三七頁）

この二つの視点からも、私たち人類が科学的な思考方法を確立する以前には、「象徴」だけで、自然や宇宙を認知していたことを理解することができます。しかも「異質の諸現実」を統一的に捉えるという、科学でも成しえないことまで、いとも簡単に実現しているのです。まったくおどろくばかりです。一方で、こうした象徴作用が超自然的、超経験的実在であるがゆえに、私たち人類に、呪術宗教的な思考を生み出させたのだということも、よく理解できます。このことからも、人類にとって、象徴がいかに重要な役割を担っているかを思い知らされるのです。

日本の考古学者は、遺跡や遺物について、合理的な解釈ができない場合には、精神的な解釈を加えることがあります。そんな時、なかば言葉の概念を曖昧にしたまま、「象徴」という表現を使います。「縄文の石棒は男根になぞらえられ、それは生を象徴する」という具合にです。しかし、こうした解釈に対する根拠を示すことはありません。考古学者はだれも、「人間存在にとっての象徴の意味」までは考えようとはしないからです。

面白いのは、科学的・合理的解釈を目指している考古学者の口から、「無意識」的に非合理的、非科学的な「象徴的解釈」が漏れ出るということです。じつは、考古学者自身も含め、非合理的、非科学的な心性を持っていることに誰も気づいていないだけなのかもしれません。エリアーデが指摘するように、人間の行為は、この科学と合理性にあふれた現代においても、ことごとく象徴的なのです。

◇象徴的思考は時空を超えて生き続ける〔ミルチャ・エリアーデ〕

象徴的思考は子供や詩人や錯乱者の独占的な領域ではない。それは人間存在と切り離すことのできぬものである。それは言語と論弁的理性に先立つものである。シンボルは他のどんな認識方法でもとらえることのできない、実在の最も奥深いいくつかの側面を明るみに出す。イメージ、シンボル、シンボリズムは心《プシケ》の場当的な創造物ではない。それらはある必要性に応えているのだし、また、ある機能を果してもいるのである。つまり、存在の最も内密な様態を剝き出しにしてみせるのだ。したがって、それらを研究することは、われわれが人間を、《生地のままの人間》を、つまり歴史の諸条件によってまだ組み込まれていない人間をいっそうよく理解することを可能ならしめるだろう。どの歴史的存在も自らのうちに歴史以前の人類の多くのものをもち込んでいる。もちろんその点は、実証主義の最も荒れ狂った時代においてさえけっして忘れ去られたことはなかった。（前田耕作訳『イメージとシンボル』せりか書房、一九七一年、一五─一六頁）

認知考古学が、とても重要に考えているものもまたシンボルです。この分野の開拓者であるケンブリッジ大学のコリン・レンフルーは、そのことに再三触れています。しかしユングやエリアーデのように、シンボルが生得的なものであるとは捉えておらず、文化と考えているようです。

私は、文字がない社会の人々の心を解き明かすための一つの方法として、シンボル論を導入しました。人間同士の軋轢が少なく、駆け引きや計算が不要な社会では、人々は生得的な普遍的無意識、あるいは第一章において指摘した「融即律」で思考し行動していたと考えるからです。シンボルを普遍的ではなく文化的なものと考えてしまうと、縄文人の心を解き明かすことは極めて難しいと思います。

◇知的思考の基盤はシンボルにある〈コリン・レンフルー／ポール・バーン〉

私たち人類が他の生き物と最も明白に違うのは、私たちがシンボルを使用する能力をもっているということである。すべての知的思考やすべての首尾一貫した会話は、シンボルを基盤として成り立っている。なぜなら、言葉はそれ自体がシンボルであり、音ないし文字により現実世界のある側面を意味し表現（あるいは象徴化）するからである。しかしながら、意味は、恣意的な方法で特殊なシンボルによって表現される。通常、ある特定のシンボルが意味をもつといっても、それはあくまでも任意のものである。実際、ある特定の言葉や記号が、ある世界では至極当然のことを指しているのに、別の世界ではまったく意味をなさないということはよくある。（中略）あるシンボルに付与された意味は、ある特定の文化的な伝統にとってこそ意味を持つものなのである。（中略）ある文化におけるあるシンボルの意味を、像や遺物だけから推測するのは、たいていは不可能なことである。（中略）

私たちの関心は、シンボルがどのように用いられたかを研究することにある。シンボルの意味を、それを使用していた人々が意図していた通りに理解できるなどと主張するのは野心的すぎるかもしれない。しかし、深い分析には立ち入らず、「意味」を「それぞれのシンボル同士の関係」というように定義することは可能である。今日私たちは研究者として、観察できるシンボルの間に認められるオリジナルな関係について、そのすべてではないまでも、一部を明らかにできるのではないかと期待することはできる。（松本建速・前田修訳『考古学――理論・方法・実践』東洋書林、二〇〇七年、三九三―四〇三頁）

これが認知考古学の現実だということです。私が知りたいのは、〝人はなぜ死者を穴に埋めるのか〟ということを明らかにする「鍵」としてのシンボルです。レンフルーは、認知考古学を使ってきわめて合理的で直接的なシンボルの読み解きを披露しています。認知考古学の限界を知る意味で、これも紹介しておきましょう。

後期旧石器時代以降、人間の遺体を掘った穴の中にていねいに横たえ、時には装身具で飾って埋葬した例が数多く見つかるようになる。（中略）埋葬するという行為はそれ自体、死者に対するある種の敬意や感情、そしておそらくは何らかの死後の世界についての概念（これを証明するのはさらに難しいが）が存在していたことを暗示している。遺体を飾る行為の存在は、美や地位などを表現するために人間の外見を飾るという考えが存在していたことを示しているようである。（同書、三九七頁）

6．シンボリズムの中核は「月」

エリアーデが象徴の性格を説明するなかで例としてあげたように、月の象徴作用が人類に及ぼした影響は看過できないものがあるように思います。

◇月のシンボリズム――宇宙のあらゆる面を、月が規制している〈ミルチャ・エリアーデ〉

太陽は常に同じで、それ自体不変であり、およそ「生成」というものを知らない。それに反し、月は満ちたり、欠けたり、見えなくなったりする天体で、この天体の「生」は、生成、誕生、死の普遍的な法則に従っている。人間とまったく同様に、月は悲劇的な「歴史」をもつ。というのは、月は凋落して、人間の場合と同様、ついに死をもって終るからである。三晩の間、星空には月が出ない。だが、この「死」のあとに、再生が来る。つまり「新月」である。（中略）

このようなはじめの形への永遠回帰、このはてしない周期性により、月はすぐれて生のリズムをもった天体となる。その意味から、水、雨、植物、豊饒といった、循環的生成の法則に支配されている宇宙のあらゆる面を、月が規制しているというのも、あながち意外ではない。

（久米博訳『エリアーデ著作集　第二巻　豊饒と再生』せりか書房、一九七四年、七―八頁）

すでに前節の引用（「異質の諸現実を一体化させる」）において紹介しましたが、エリアーデは、月のシンボリズムが持っている重要な性質として、月のシンボリズムの「多価性」と「統一性」を強調しています。このことは、さらに、つぎの発言によって、より強められます。

◇**月のシンボリズムが織り成す心的総合**〈ミルチャ・エリアーデ〉

月の「力」を見ぬいていた「未開人のこころ」は、こうした月に関わる諸現象間に、感応と等価の関係を立てていた。そういうわけで、大昔から、ともかくも新石器時代以後、農耕の発見と同時に、同じシンボリズムによって、月、水、雨、女性の多産と動物の多産、植物、死後の人間の運命、加入儀礼などは、相互に関係づけられるようになった。月のリズムを実感することによって、心的綜合が可能になり、それによって不均質な現象は相互に対応づけられ、また統一される。（同書、九頁）

エリアーデは、世界中の神話や民族誌から、月の「多価性」を示すひとつの例として、月が蛇や女性、さらには大地をも象徴することを指摘しています。

◇**女性の髪の毛は蛇をシンボライズ**〈ミルチャ・エリアーデ〉

女性と蛇との関係は、さまざまな形をとってあらわれるが、それらを単純にエロティックなシンボリズムですっかり説明しつくすことなど、とうていできない。蛇は多様な意味作用をもつが、その中でも「再生」こそ、もっとも重要な意味のひとつと考えられる。蛇は「変形する」動物である。（中略）地中海の神々には、手に蛇をもった神（アルカディアのアルテミス、ヘカテー、ペルセポネーなど）や、頭髪が蛇の形をした神（ゴルゴン、エリーニュスたち、など）がいることが知られている。中央ヨーロッパのいくつかの俗信によると、女性から抜いた髪の毛が月の影響を受けると（つまり月経時に）、それは蛇に変ってしまうという。（中略）蛇は大女神の属性として、その大地的性格に結びついた月的な性格（循環的再生という性格）を保持している。月はあらゆる生きた形態の母胎とみなされ、ある段階では、月は大地と同一視された。月と大地は同じ物質でつくられているとさえ信じているような人種もある。大女神は月の聖なる性格とともに、大地の性格をも帯びている。しかも同じこの大女神は葬礼神でもあるので（死者たちは再生して、新しい形をとって生れかわるために、地下や月を通っていく）、蛇は死者の霊魂や先祖、などの化身として、すぐれて葬礼的動物となる。蛇が加入儀式に登場するのは、常にこの同じ再生のシンボリズムによって説明される。（同書、二六―二七頁）

人は、太古の昔から、死からよみがえるものを探し、それにあやかるため崇《あが》めようとしました。それは、エリアーデの唱える呪術宗教的な心のなせるわざです。人間は、グレートマザー元型という心性を持つことで、ことごとく呪術宗教的な存在なのです。そして、人が最初に見つけ出した崇拝すべき存在が、「月」でした。

人は、月を死なないもの、死からよみがえるもの、つまり不死や再生のシンボルと考えました。

それは、人類がホモ・サピエンス・サピエンス（新人）として突然変異を遂げた時からだと思います。フランスのドルドーニュ地方の《ローセルの女神》のレリーフ像にうかがえるように、人類は少なくとも二万二〇〇〇年前の旧石器時代には、月にまつわるシンボリズムを、完成させていたようです。

人は死から逃れ、よみがえりを果たすために、再生のイメージを母なるもののイメージに重ね合わせ、そのイメージを具体的に月として象徴化（シンボライズ）しました。さらに、月と同じ二十九・五日の生理周期を持つことから、月と同格の存在として、女性をも、月のイメージに取り込み、シンボルとしたのです。

月の運行周期と人の生理周期の同一性は、子宮への象徴性をことさら強めたに違いありません。子宮は、まさに母なるものの象徴なのです。このことは、土器の形や本書のメインテーマである墓穴の形を考えるなかで、徐々に明らかになっていくはずです。

その前に、もう一つ解決しておかなければならない問題があります。それは表現方法の問題です。イメージにしろシンボルにしろ、それを何かに表現しなければ、そうした観念の存在すら残りません。幸い縄文人の場合には、土器や土偶に彼らの意思表示を見て取ることができます。そうした意思表示が、無意識の世界に由来する縄文人の考えの一端を表わしたものであることを私は知りました。

最終的には、それが「イメージ（表象）」を具体的に表現したものであることも突き止めました。最も可能性のある表現形は「月」です。しかし、どうでしょうか。私たちは土器や土偶に、月の図像そのものを見つけることはできません。月のシンボリズムの「再生」という文脈からは、女性や蛇も登場してほしいところですが、なかなかリアルに表現されたものはありません。なぜなのでしょうか。

それは、彼らが、「レトリック」という表現方法を使っているからなのです。私たちが、最後に超えなければならないハードルがこれです。これをクリアすると、思ったよりも楽に縄文人の世界観に迫ることができるのです。なぜ人は死者を穴に埋めるのかも、穴の形が何を象徴し、どのようにその象徴を形として表現したかがわかれば、答えは自ずと導き出されるはずです。

7．レトリックが形をつくる

人間は、象徴したものの形をさまざまな器物に図像として描きましたが、その時に、ある大脳生理機能が働いていると考えられます。それが「レトリック（修辞法）」です。なかでも重要なレトリックとしてあげられるのは、「ハイパーボリ（誇張法）」と「メタファー（隠喩法）」です。

レトリックは、アリストテレスが指摘して以来、長い間、言語学の概念として位置づけられていましたが、近年の認知言語学では、「人間の根本的な認知方法」のひとつであり、単に言語の問題にとどまらず、もっと根源的で人間が世界を把握しようとする時には必ず必要となる「カテゴリー把握」の方法と考えられています。

言語学者のロマン・ヤコブソンは、絵画、文学、映画あるいは夢などの表現のなかに、根本的な認知方法としてメタファー（隠喩法）の作用があることを指摘しています。また、言語学者のジョージ・レイコフと哲学者のマーク・ジョンソンも『レトリックと人生』（渡部昇一ほか訳、大修館書店、一九八三年）という著書のなかで、「言語生活のみならず、思考や行動にいたるまで、日常の営みのあらゆるところにメタファーは浸透している」（三頁）と指摘しています。

人間が自然や宇宙、他者を理解するためには、こうした認知機能を働かせる必要がありますが、じつは、だれでも無意識のうちにこの機能が働いているのです。人は絵を描く時に、動物や人間の姿を必ずしもリアルに表現しない場合があります。現代におけるアニメやキャラクターについても同様のことが言えますが、それは単に稚拙《ちせつ》な表現なのではなく、レトリックという手法を使っているのです。いや、その技法しか使えないと言ったほうが適切かもしれません。レオナルド・ダ・ヴィンチやヨハネス・フェルメールのように、リアルに絵画表現しようと思えば、美術学校に通い、遠近法や幾何学のトレーニングを受ける必要があります。

リアリズム（写実）は、紀元前七世紀ころのギリシャに生まれました。その背景には、科学や哲学教義を持った宗教などの文化的な影響があります。つまり、科学や哲学および宗教のない縄文時代には、ものをリアルに表現することがありません。もっとも、リアルに表現しなければならないという哲学的理由も縄文時代にはありませんでした。さまざまな軋轢《あつれき》のない時代には、人は単純にそこに存在しており、「人間とは何か」「生きるとは何か」「死とは何か」「美とは何か」といったことを考える必要がなかったのでしょう。哲学が生まれる背景には、人間を中心とした科学的で合理的な思考方法の確立が不可欠です。一方、ギリシャ以降の写実表現においても、レトリックは使われ続けます。特に隠喩（メタファー）が多用されるのです。すべての表現方法が、リアルに行なわれたわけではありません。

縄文人が好んで使ったレトリックは、何といっても「ハイパーボリ（誇張法）」です。これは、伝えたいことを印象づけるためにものごとの程度を高めて強調するもので、自分の考えていることを表現したいがために、その点を強調して示します。まさに誇張です。場合によっては、滑稽《こっけい》さやユーモアを誘うこともあります。

土偶をつくるとき、月の水を集めるために（という意識をもって）顔を皿状にするとか、再生のシンボルとして乳房やお尻を大きくするとか、お尻を強調するために腰を極端に細くつくるとか、子どもと母体のつながりを強調するためにヘソをことさら大きく表現するなどは、皆レトリックなのです。考古学者は、よく先史芸術とか原始美術などと呼びますが、序列を必要としない縄文人には美醜《びしゅう》を区別するような意識はありません。縄文人のものづくりとは、あくまでも日常的な呪術的行為に過ぎないのです。

なぜ、土偶はあんなにも奇妙奇天烈・摩訶不思議で、しかも時には思わず吹き出してしまうほどおかしな表現なのか、これで理解できたのではないでしょうか。縄文人は、リアリズム（写実）という表現技法を使わなかったのです。

もう一つのレトリックは、「メタファー（隠喩）」です。これは、何かを別の何かになぞらえて表現することです。縄文人の造形で見てみましょう。彼らは、月の運行を「渦巻き」や「山形」の図形にしたり、蛇の生命力を「三角形」や「菱形」の図形にしたり、蛇の不死の力を「長い髪」や

「櫛」になぞらえたりします。月の水を運ぶものとしての蛇が「石棒・石剣・石刀」にもメタファーされています。

縄文人がつくり出したメタファー表現のなかで、最高傑作ともいえるものが「縄文」、つまり縄目の模様だと思います。じつに一万年もの長きにわたり、土器の表面に転がされた縄文は、まさに「蛇の交合（セックス）」をレトリカルに表わしたものだと思います。先に説明したように、縄文人にとって蛇は月とともに人間が生まれかわるために必要な存在であり、蛇がいかに重要な《月のシンボリズム》の一つであったかが理解できましょう。

実際に器物に表現されたものについて一定の了解が得られれば、それは「様式」や「型式」になり定着します。縄文土器の「〇〇式土器」と呼ばれているそれです。研究者間の了解の得られないものもありますし、土偶のようにバリエーションが豊かで型式を構成しにくいものもあります。より個人的なレベルの製作が多いのかもしれません。実際に、土偶は個人的な性格が強いと主張する考古学者もいます。

じつは日本には、明治時代になるまで西洋的なリアリズムの手法がありませんでした。伊藤若冲の絵は写実的ですが、遠近法などの科学性や深い哲学性がありません。「うまい！」だけなのです。よく考えれば、浮世絵や、明治時代以降のいわゆる「日本画」も、リアリズムの手法では描かれていません。すべてがレトリック（隠喩と誇張）だけで描かれているのです。これは、言うなれば縄文時代以来の伝統ではないでしょうか。

日本に、写実絵画の技法が欧米からもたらされたのは明治時代に入ってからなのです。現在、日本の「アニメ」が世界から注目されるのも、縄文時代以来培ってきたレトリック技法が生きているからでしょう。音楽や文学、詩歌、演劇においても、リアリズムの手法が日本にもたらされたのは明治時代以降です。

音楽では、明治時代までは、西洋音楽の階調や旋律に相当するルールがありません。もっとも典型的なのはアイヌ民族の音楽です。アイヌの音楽は、自然の描写あるいは模倣であり、音階や旋律とは無縁です。

文学もそうです。夏目漱石や森鷗外が、英国やドイツのリアリズム文学を学び、「人間とは何か、生きるとは何か、死とは何か」をテーマに書くまでの日本の文学は、どちらかというと哲学性や科学性に乏しいものでした。結局、縄文人のものの考え方をひもとくことは、日本文化の本質がどこにあるのかを考えることにつながるのかもしれません。

なお、シンボリズムとレトリックについては、前著に詳しく述べましたので、それを参考にしていただければ、より理解が深まると思います。

第三章　民族学・民俗学の力を借りる

人間によって微かに手を触れられていたに過ぎなかったこの大陸は、自分たちの住む大陸ではもはや満たされなくなった貪婪な人々に門戸を開放していた。すべてが――神も道徳も法も――、人類が犯したこの第二の罪との関り合いの中で、新世界に持ち込まれようとしていた。すべてが、同時に、しかも矛盾した遣り方で事実としては確認され、建て前としては失効しようとしていた。

（クロード・レヴィ＝ストロース（川田順造訳）『悲しき熱帯』）

1．なぜ日本の考古学者は民族学・民俗学を嫌うのか

縄文人がなぜ穴に死者を埋めるのかを明らかにするためには、民族学（文化人類学）と民俗学の力を借りる必要があります。どうして考古学の研究に心理学や宗教学、民族学と民俗学が必要なのか、いぶかる読者は多いと思います。〝もったいつけずに、考古学者なんだからお墓の事例をたく

さん集めて分類すれば簡単に読み解けるんじゃないの〃と。

第二章では、脳科学と心理学、宗教学、修辞学（レトリック）の助けを借りて、理論武装を行ないましたが、ここからは、読み解きの実践を行ないます。そのためにも、民族学と民俗学の助けがぜひとも必要なのです。

多くの方は、考古学と民族学、民俗学は、同じような学問だと思われているかもしれませんが、違いを簡単に説明しますと、考古学は過去の歴史を扱い、民族学や民俗学は、現代の社会や習俗を扱います。要するに、扱う時代が異なります。

縄文時代は「未開社会」で、縄文人は「未開」の生活をしていたから、同じような暮らしの民族や民俗例を参照しながら研究する、と思っている方がいるように思います。縄文人の精神文化は、「遅れている」というレッテルを貼られがちですが、これは、縄文時代をそのようにしか評価してこなかった考古学者にも責任があります。民族学や民俗学の知見を考古学に生かし、縄文人のものの考え方を読み解く方法が、いまだに定まっていないからです。

縄文文化について研究を進めるうちに、私は、縄文時代と現代とは、時間的なへだたりがあるとはいえ、民族例や民俗例には、人間の「根源的なものの考え方」を読み解くヒントに満ちていることに気づきました。遺跡や遺物を分類・整理するよりも、なぜその道具をつくるのか、また、ムラについても、単なる集落景観や社会構造ではなくその景観がつくられる「原理」は何なのかを知りたいと思うようになったのです。なぜならば、そこに人間が生得的に持っている「根源的なものの考え方」が隠されている可能性があると考えたからです。

民族学者は、「未開」と言われる地域を訪ね、人々の生活だけでなく精神性についての調査や研究を行なってきました。しかしそれらは、当時脚光を浴びた社会進化論的な時流のなかで遅れたものと捉えられ、「人間の根源的なものの考え方」「時空を超えた普遍的な考え方」が基盤にあるとは理解されなかったのです。

そもそも日本の考古学者は、民族学や民俗学を考古学の解釈に使うことを嫌います。〝私たちは、民族学や民俗学の世話にはならない、考古学独自の方法で縄文人の暮らしも、精神世界も明らかにするのだ〟と、斜に構えます。しかし現実には、古くから民族学や民俗学の事例を、遺跡や遺物を解釈する時に援用してきたのです。

たとえば、○○族の道具を参考にすると、縄文の斧にはこのような柄が着けられていたのではないか、△△族の社会にならえば縄文の集落はこんな景観なのではないか、といった具合にです。自戒を込めて言いますが、自分の解釈に都合のいいところだけ民族例や民俗例、場合によっては神話さえもつまみ食いして使ってきたのです。

多くの場合、遺跡や遺構、遺物のさまざまな「型（型式分類）」の意味は、自分の人生経験を参照しながら解釈されています。そこには学問的方法や理論は希薄です。しかし、じつはこれがある意味では正統派の考古学の実態なのです。プロローグに引用した坂本龍一と中沢新一の嘆きは、こうした考古学に対してぶつけられました。

本書のテーマである「縄文人はなぜ死者を穴に埋めたのか」、この問題を解くためには、方法論を持たない今の考古学では無理です。もちろん民族学や民俗学だけでも縄文人の心に迫ることはできません。人間の根源的なものの考え方を理解しなければ、答えは見つからないのです。答えを出すためには、人間の心を扱う学問、哲学や心理学、脳科学、認知科学、宗教学や言語学や芸術分野の力も借りなければなりません。考古学者が掘った遺跡や遺物を解釈するためには、他の学問を援用する必要があります。民族学や民俗学を利用する場合も、そうしたスタンスが必要です。そうしないと、考古学は掘ったものをただ並べるか、現代の事象を過去に当てはめるだけの学問になってしまいます。

私は、一日も早く考古学における民族学や民俗学の活用方法が定まり、さらに心理学や脳生理学など認知科学の助けを借りて、「何でもわかる考古学」が確立されることを望みます。残念ながら今のところは、読者の皆さんには、どうして今の考古学では縄文人の心を読み解けないか、なぜ考古学者は民族学や民俗学を嫌うのか、ということから説明しなければなりません。そのことを理解した上で、私が導き出した答えの信憑性を確かめて下さい。

まずは考古学者の意見を聞いてみましょう。まずは最初に民族学や民俗学に対して、日本の考古学者の考え方をレビューした國學院大學谷口康浩の発言に耳を傾けてみたいと思います。賛成、反対両者の意見が紹介されていて現状がよく理解できます。

◇**縄文と民族誌の接点はあるのか〔谷口康浩〕**

民族誌的類推と民族考古学の広がりは、近年の日本考古学の大きな動向といえる。（中略）縄文時代集落論においても、民族考古学あるいは民族誌的類推は80～90年代の顕著な動向の一つとなっている。羽生淳子、武藤康弘、山本典幸、西秋良宏らが、民族考古学的知見に照らし縄文集落観を見直す意欲的な論考を発表している。特に「生態学的アプローチ」を標榜する羽生は、縄文集落研究における民族誌的モデル援用の有効性を強く主張する。すなわち、人間の文化には環境への適応として説明できる斉一的、普遍的な部分があり、環境・生業・集落の生態的関係には通文化的比較が成り立つという基本的な考え方に基づいて、縄文集落の機能や分布状態を生態的なシステムとして説明するためには、民族誌的モデルを積極的に導入すべきだと力説するのである。（中略）

しかし、このような民族誌的類推を疑問視する意見も少なくない。林謙作は、こうした動向が顕著なものになる以前から、斉一性・普遍性を指向する民族考古学は、縄文集落のような個別特定の対象を扱う考古学には役立たないと批判していた。縄文文化の固有の歴史を重視する山本暉久も、時空を大きく超越した比較類推を認めない。羽生の所説に対する佐々木藤雄の具体的な批判も傾聴すべきである。佐々木は、羽生がL・R・ビンフォードのコレクター・モデルを縄文集落論に適用し、縄文時代の集落・生業システムとアラスカ・ヌナミュートのそれとを比較類推したことについて、縄文人とヌナミュートとがいかに懸け離れた存在であるのか、自然地理的環境・利用資源・生業技術・食料貯蔵の実質・生活領域の規模・人口密度などの相違点を列挙し、比較の妥当性を保証する両者の接点がほとんどないことを具体的に批判している。（『環状集落と縄文社会構造』学生社、二〇〇五年、一七―一八頁）

後半部分に民族学を参考にすることのどこが悪いのかが書かれています。民族学や民俗学が対象としている時代は、あくまでも「現代」です。縄文時代と比べるとなると、もっとも近くても二三〇〇〇年前、遠ければじつに最大で一万三〇〇〇年ほど前の出来事になるわけですが、そんなはるか昔の縄文の社会や経済が、現代の社会や経済と同じだという保証はない——。もう一つは、狩猟とか、採集とか、漁労とか、生活の基盤が同じなら、生活の内容も同じだという仮説（民族誌モデルといいます）にも無理がある、だから安易に使ってはいけない、と言うのが反対派の意見です。

これは、なかなか決着のつかない議論のように思えます。しかし、それよりも、私が気になるのは、賛成派、反対派（慎重派）のいずれの言い分にも「心」が登場しないことです。賛成派が拠って立つ、環境や資源を重視する生態学的アプローチであれ、反対派が擁護する、社会構造や社会組織を中心に語る史的唯物論的アプローチであれ、縄文人が人間である以上、行動の背景にある「ものの考え方」を軸に、社会や経済を考えるべきだと思うのです。

私は、人間として縄文人を見ることを重視します。心、つまり彼らの世界観が知りたいからです。そのためには、考古学だけでは限界があります。そこで、あらためて民族学や民俗学あるいは神話学の知見に、それを読み解くためのヒントを探ります。心理学や宗教学の活用も欠かせないと思います。

〝人間として何を考えていたのか〟という視点で縄文人を見ると、円い穴を掘って死者を埋めることや、壺形や注ぎ口のある土器を何かのために使う彼らの心性は、時間的にも空間的にも、縄文時代から現代まで変わっていないように思います。もちろん、国内にとどまりません。女性の顔の描かれた壺形土器などは、時空を超えてインカ文明をはじめ世界中に見られます。ものの形には「斉一性・普遍性」があることを認め、積極的に他の分野の成果を応用すべきだと思います。

それでは、反対派の批判の矢面に立たされていた、UCLAの羽生淳子の言い分にも耳を傾けたいと思います。

◇民族誌モデルの有効性〈羽生淳子〉

民族誌とは、民族学者や文化人類学者によって観察された、世界中のさまざまな文化の記録・研究である。民族学が、複数の文化の比較や文化一般の解釈・説明などの通文化的な研究をめざすのに対し、個々の文化の研究である民族誌は、通文化的な研究の基礎となる具体的な資料を提供する。

民族学者にとっての民族誌は、研究の基礎となる資料だが、考古学者にとって民族誌は別の意味で重要である。考古学者は、過去の人々が残した物（物質文化）に基づいて、人々の行動や社会組織など、文化の非物質的な側面（非物質文化）の解明をめざす、という宿命を負っている。この目的のためには、物質文化と非物質文化との対応関係を研究し、両者の関係をモデル化するという作業が重要である。しかし、考古資料は物質文化だけから成り立っているから、考古資料自体から物質文化と非物質文化の対応関係を直接見出すことは不可能に近い。これに対し、民族誌では、人々の生活の物質的な側面と非物質的な側面の両方を観察することができるから、両者の関係を研究する絶好の機会が与えられる。したがって、民族誌は、考古資料（物質文化）とその解釈（非物質文化）を結ぶモデルを作る際の重要な情報源なのである。
（『新視点　日本の歴史　第一巻　原始編』新人物往来社、一九九三年、一四〇頁）

羽生は、長く外国で考古学（人類学）を研究しています。日本の考古学者に民族誌モデルへのアレルギーがあるのは、研究基盤の違いに理由があるのではと言います。これまた厄介な問題です。羽生は、次のように嘆きます。

考古学が人類学の一分野とみなされている欧米、とくに北アメリカでは、考古学者と民族学者・民族誌学者との交流は盛んで、民族誌を考古学的な研究に応用する際の理論的・方法論的な研究も積み重ねられてきている。これに対し、考古学が歴史の一分野と考えられている日本では、民族誌の応用についての体系的な研究は少ない。といっても、日本考古学で民族誌との比較が否定されてきたわけではない。じつは、遺跡から発掘された遺構・遺物を世界の民族誌と比較してその用途を推定する試みは数多く、その成果は縄文時代研究のなかでも大きな位置を占めている。しかし、遺構・遺物と民族誌との一対一の対応をこえて、民族誌モデルを用いて縄文時代の社会や文化を論じることには抵抗を示す研究者が多い。（同書、一四〇―一四一頁）

そもそも反対派の意見がどのようなものか、その急先鋒、北海道大学の林謙作に登場いただきます。林は、考古学理論の構築に多くのエネルギーを費やした考古学者のひとりです。ライフワークともいえる縄文集落論は、いまでも高い評価を得ています。ここで紹介するのは、「縄文期のタブー」と題した珍しい論文です。私の知る限り、縄文時代のタブーについて書かれた唯一の論文ではないかと思います。このなかで林は、民族・民俗例の考古学的解釈への応用について、批判的な意見を述べています。

◇本質的にまったく違った作業〈林謙作〉

禁忌とは本質的には社会そのものの性格・構成の投影である。それゆえに、たとえば縄文社会のなかのタブーについて語ることは、縄文社会の基本的な性格・構成がとらえられぬかぎり、本末顚倒のそしりを免れない。個々の民族（俗）誌のなかから任意の事例を引きだし、それに対応するかのような事象を拾いあげることはきわめて容易なことである。しかし、考古学上の事象を観察し、その背後にある行為を復原することと、民族（俗）誌のなかから類例を拾い上げることとは本質的にまったくちがった作業である。考古学上の事象と民族（俗）学上の事例とのあいだに対応がみられるという事実は、その背後にある行為にも対応関係が成立する公算がきわめて高いということを示唆しはする。しかしながら、考古学の分野でとらえられる事象はそれ自体はまず決定論の立場から、いいかえれば事象それ自体の属性の吟味にもとづく復原のこころみが必要である。（『歴史公論』94、雄山閣、一九八三年、八三―八四頁）

そして、興味深い例を披露しています。

極端な話になるが、全世界の未開民族が石斧を「おの」として用いていたとしても、特定の遺跡の特定の層位から出土した石斧が「おの」として用いられていたという保証はない。（同書、八四頁）

林は、現代の斧に似ているからといって、縄文時代の同じような形の製品が、斧とはかぎらないと言っているのです。たしかにそうかもしれませんが、本人の言うとおり極端な話です。民族例や民俗例をまったく無視するとしたら、どうやって私たちは縄文時代の石斧を「斧」だと知ることができるのでしょう。民族例を見て見ぬふりをしながら、ひたすら実験を繰り返して「斧」と判断するのも一つの方法でしょうが、学問的な枠組みのあり方ではなく本質的な議論が必要です。

自戒しつつ述べると、じつのところこれが日本の考古学の現状です。いくら竪穴の発掘をしても、それを「墓」かどうかを認定する方法がないのだとしたら、それが墓だと分かるわけがないのです。

Aタイプの穴、Bタイプの穴、Cタイプの穴と、「人の骨が出てきた穴」を分類できても、それを、民族例や民俗例を使わずに、墓や、墓地、埋葬などと言い切ることは不可能なはずです。考古学者は竪穴を墓であると断定しますが、林の理屈だと、考古学者が「墓」と言っているものも、縄文時代の「墓」だという保証はありません。結局、日本の考古学は、林のように「極端なこと」は言わずに、適当なところで手を打ち、あれほど嫌っている民俗・民族例から答えを導き出しているのです。

林の学問的スタンスは、おそらくヨーロッパの先史学に基盤をおくものだと思います。そこで、ヨーロッパの代表的な先史学者の一人、フランスのアンドレ・ルロワ＝グーランの意見も紹介しておきましょう。残念ながら、「人はなぜ死者を穴に埋めるのか？」という疑問については、何も書かれていませんが、『先史時代の宗教と芸術』は、日本だけでなく世界中で読まれている有名な本です。

◇民族例のつまみ食いはだめ〈アンドレ・ルロワ＝グーラン〉

前世紀末から今世紀初頭にかけて、先史学は一挙に厖大な遺物資料を白日のもとにひき出し、先史学者たちはそれらをことごとく体系化しなければならなかった。当然そこにはいろいろと無理が生じたわけであるが、そんな彼らを一概に責め立てることはできない。むしろ彼らはかなり正確な洞察力をもって、後期旧石器時代人たちが我々と非常に近いやり方で物事を考えかつ行動していたと見抜いているのである。ただ、その際に旧石器時代にもっとも近い現代の未開社会の中から、自分たちの考えを裏付けるのに都合のよい要素をあれこれ選択する、という立証方法しか採らなかった。（蔵持不三也訳『先史時代の宗教と芸術』日本エディタースクール出版部、一九八五年、一五六頁）

林と同様、ルロワ＝グーランも、基本的に文化の時空を超えた斉一性・普遍性ということに懐疑的です。ですから、民族例や民俗例を使おうとせず、考古学独自の方法である型式論と機能論だけで、先史時代の生活にアプローチすべきだと主張しています。

しかし、異なる環境での生活様式には当然違いがあると思いますが、心理学あるいは宗教学的な見地から言えば、「世界（自然や宇宙）」の認知方法は人間の生得的な能力を基盤としてつくり出されており、地域や時代で異なることは基本的にないと私は考えています。

ですから、狩猟や採集道具に違いがあっても、道具作りの背景にある世界観や、象徴に関する原理といった心（精神）の基盤には、共通したものがあると考えます。とくに誕生や成長、結婚、死や埋葬などの儀礼に関わる文化には、より強い斉一性・普遍性がその根幹にあることを見て取ることができます。

たとえば埋葬に際し、死者に添える石の玉は、時空を超えて存在しますが、これは文化として伝播したものではなく、何かを象徴するという意識が、文化的な脈絡を超えて共通しているということなのです。このように、根幹に人間の根源的なものの考え方をとどめていることの多い民族例には、参照すべきものがあるので、私は人間の生得的心性を抽出して考古学に積極的に応用すべきと考えています。

ただし、多くの指摘があるように、考古学への安易な応用は避けるべきです。たとえば、縄文時代の「フラスコ状ピット」「袋状ピット」と呼ばれる、集落のそばの地面に掘られた大きな竪穴は、「室・むろ」のイメージから、考古学者は、これを「貯蔵用の穴」と考えています。しかし、腑《ふ》に落ちない点はいくつもあります。

たとえば、およそ五〇〇〇年前の山形県吹浦《ふくら》遺跡では、四十カ所あまりの「住居」しかないのに、この袋状ピットがなんと百八十カ所も見つかっています。しかも、大きさが平均で深さ二メートル、底の直径二メートル、米俵なら三十俵は入る大きさです。いったい、何を蓄えたのでしょうか。それも明らかになっていません。

前著でも述べましたが、フラスコ状ピットについては、これらの穴から人骨の見つかる場合があることから、「室」に骨（遺体）を入れたのではなく、最初から墓穴として掘られたものだと私は考えています。大きさなどから「室」としての機能は考えにくく、フラスコあるいは袋状の形は、人間の根源的心性である子宮をシンボライズしたものと考えます。

民族例とは、あくまでも現代の暮らしに関わるものです。それらを応用する際、根源的な心性ではなく、表面的事象のみを捉えるならば、縄文時代には希薄だった経済性や合理性といった現代的な解釈になってしまうのは当然です。

じつは考古学独自の方法（型式分類と編年）だけで、この穴を「貯蔵穴」だと結論づけることは不可能です。表面的に民族例を援用して、「室に似ているので貯蔵穴」といったような暗黙の了解があるだけなのです。人骨が見つかる例もあるので、「墓にも転用された」という解釈も一応定説にはなっているようですが、現代的な視点ではない解釈を導き出すためには、人間の根源的な部分として民族例を使う方法も有効であると私は考えています。

2．民俗考古学と土俗考古学の役割

遺跡や遺物の考古学的解釈に、民族学や民俗学の知見を活用すべきだとの主張は、じつは以前からあり、少数意見というわけではありません。国内では、慶応大学と東京大学が、早くから民俗考古学あるいは土俗考古学の看板を掲げてきました。

慶応大学でこの分野を開拓した西岡秀雄は、世界各地のトイレットペーパーの収集家としても有名で、長く日本トイレット協会の会長も務め、民族学関係の多くの著作があります。

慶応大学の民俗考古学の伝統は、西岡以降も受け継がれ、数多くの人材を輩出しました。長く教授を務めた鈴木公雄は、いくつかの著作において民族学や民俗学を応用することの有効性を説いています。ここでは、先史時代人の価値体系や世界観を読み解くために、民族学の活用が有効であることを述べた発言を紹介します。ユーモラスな喩えが何とも印象的です。先ほどのルロワ＝グーランの発言を思い出しながら読んでください。

◇価値観や世界観の復元のために必要〈鈴木公雄〉

ラスコーの洞穴壁画や、縄文時代の土偶などは、まさにそれらの活動の存在を具体的に示すものである。これらの遺物や遺構を作り出した人々の頭の中に存在したであろう価値観や世界観を、そのままの形で知ることはできないが、民族学の事例を通して知りうる現存する狩猟・採集民の精神構造や行動様式などを参考にすることによって、はじめてその意味を十分に理解することができるものである。

考古学者の一部には、このような民族学の事例を参考にすることに対して否定的な見解をもらしたり、考古学資料にのみ基づいて解釈を行うべきだという意見を持つものもいる。しかしそれは民族学と考古学の関係についての正しいあり方を示す意見とはいえない。民族学の事例に目をつむって勝手な解釈を行うよりも、多くの民族事例を参照する方が、はるかに合理的な考古学資料に対する解釈が得られるし、実際存在した文化や社会というものは、考古学資料のみから導き出せるような単純な内容ではなかったはずである。民族学の知識なしに先史時代の歴史を復元するということは、レントゲンに写った骨格写真だけから人間を知ろうとするようなものといわねばならない。（『考古学入門』東京大学出版会、一九八八年、一五八頁）

慶応大学の西岡とともに、この分野の開拓に大きな足跡を残したのは、東京大学の渡辺仁です。渡辺は、「土俗考古学」を標榜し、とくにアイヌ文化の研究と、理論考古学の構築に力を入れました。もともと渡辺は、東京大学の理学部にある人類学教室に在籍し、民族学（文化人類学）研究に力を注いでいたこともあり、そこでの研究が土俗考古学の下地をつくったのでしょう。

渡辺は、土俗考古学の分野において多くの業績を残しましたが、なかでも絶筆となった「縄文土偶と女神信仰」と題する論文は、考古学の理論の確立を目指した、じつに四百三十八ページにもわたる土俗考古学的アプローチの労作で（『国立民族学博物館研究報告』22巻4号、23巻1号、24巻2号）、後に同成社から同一書名で刊行されています。

この論考の最後（「エピローグ」）に書かれた渡辺の言葉は、多くの考古学者が真摯《しんし》に耳を傾けるべき意義深い発言だと思います。

◇小説的推理よりも、土俗考古学的アプローチ〈渡辺仁〉

これまでの研究では、縄文土偶の歴史は、縄文世界の枠を超えることができず、世界の歴史とは無縁で、而も母体としての文化や社会からも遊離した、自閉的な小説的乃至文芸的解釈しかなされ得なかった。これは、日本の新石器時代という時間的・空間的枠組を超越した歴史を追究する手だて即ち方法論がなかったからである。この方法論の不在は、一方では縄文考古学が、要素型式の編年主義に傾倒のあまり、手段が目的に化してしまったこと、また他方では、それと関連して、縄文考古学が、遺物レベルの研究即ち資料の調査・報告に没頭して、理論化という目的を忘れ去っていたことに原因がある。（中略）

土偶論議からみた縄文考古学界の現状は大きな問題を胎んでいる。（中略）その最大原因は、同学界の主流となっている型式・編年のための個別要素追究主義乃至要素解剖主義である。つまり、文化が要素に分解され、すべての縄文文化要素が、新旧順序と時系列だけを問題にし、他要素との相互の関連性即ち機能的・生態的意味を無視して、個別に追求されてきた結果が、以上のような矛盾を生みだし、而もそれを意に介さない学界の体質を育ててきたことになる。これはつまり近代科学の潮流となっている構造的思考の欠乏を意味している。これと関連してさらに危機的なのは、小説的推理による考古文芸的解釈論が、考古学界の権威によって考古学の成果として公表・評価される事態さえ起っていることである。このような現状を打破し、文化乃至社会の学術的（科学的）復原を目指す健全な先史考古学への道を切り開くには、機能的・生態的乃至構造的アプローチ即ち理論考古学の振興以外にない。本研究がこの点でも橋頭堡乃至叩き台の役割を果たせればと祈念する次第である。(『国立民族学博物館研究報告』24巻2号、一九九九年、三九二・三九五頁)

渡辺は、この「エピローグ」の文章の校正を見ることなく、病気でこの世を去りました。渡辺が腐心した日本考古学の方法論である土俗考古学や理論考古学は、その後、宇田川洋、安斎正人、今村啓爾、佐藤宏之らによって醸成され、東京大学の新たな伝統として根づいています。それにしても、「小説的推理による考古文芸的解釈論」とは、いかにも渡辺らしい厳しい指摘ですが、当たっているだけにだれも反論できません。坂本龍一と中沢新一が嘆いたのを思い出します。

土偶について渡辺は、「造形パターンが同地の現代民俗として残る山の神即ち家族の生命と生業の守護神兼産神と共通の点から家神とみなすことができ、また出土状態も、各地の北方系狩猟採集民の民族誌的情報に照らして、家神として妥当と認めることができる」と、あくまでも土俗考古学的な解釈方法で位置づけを行なっています。

民族学や民俗学を用いて解釈した、この渡辺の女神説に異を唱えるものではありませんが、私が明らかにしたいのは、土偶の民俗学的位置づけだけではなく、何のために土偶が存在するか、といった土偶の存在理由・具体的な用途なのです。それをさらに踏み込んで議論するためには、心理学と宗教学の援用が必要なのです。前著でくわしく述べたように、人間の根源的心性である《月のシンボリズム》にのっとって考えれば、土偶は月の水を集めるために使われた像、つまり再生信仰の道具としての意味を込めて形づくられたものと結論を導き出すことができます。

もう一点、渡辺の文章からは、重要な視点を読み取ることができます。それは、先に問題点とされた文化の「斉一性・普遍性」についてです。つまり土偶は、時代や地域により、さまざまな表情に作られるが、基本的な造形パターンは変わらないと言っています。

◇時空を超えて不変であることの意味〈渡辺仁〉

女神像の素材や表面的な形は千差万別で、時代や地域によって変化することはあるが、その真髄ともいうべき基本的造形パターン乃至形枠は、時代と地域を越えて不変であり得ることを、先に示した女神像の系譜が示している。

女神像信仰の伝統が、これだけ広く大陸規模で、而もこれだけ長く最新世から現世までも続いたのは何故かという興味深い疑問が残るが、これについて確実にいえることは、それが一貫して狩猟採集生活即ち山野を舞台とする自然相手の生活に密着していることである。このような生活上の最大の基本的ニーズが何であったかは、現生狩猟採集民の生態から、窺がうことができる。つまりそれは生命の維持と子孫の確保であって、女神像信仰はそのための象徴的技術にほかならなかったのである。狩猟採集民の信仰・儀礼は、彼等の生態即ちヒトと自然の行動的関係に密着しているので、生態の基盤――いいかえれば生計の基礎が変らない限り、その神髄は変化し難いと考えられる。（同書、三八八―三九〇頁）

多くの考古学者が、さまざまな思惑で民族学や民俗学、あるいは神話学などを使ってきました。しかし、反対派の指摘にあるように、「斉一性・普遍性」が担保できなければ都合のいい事例を集めてきただけという〝そしり〟を免れることが出来ません。賛成派の考古学者が、なぜ時空を超えて文化の斉一性・普遍性があるのか、何も語ろうとはしないから、反対派の皆さんから〝嘘くさい〟と批判されるのです。

また、時代的な隔たりがあっても、人間の思考や行動が共通することを証明するには、民族学や民俗学ばかりではなく、心理学、生理学あるいは脳科学など認知科学に基づいた分析によって、まずは人間の根源的な、まさに「斉一的・普遍的」なものの考え方が存在することに気づかないといけません。

今、なぜ、認知考古学がおこってきたのか——。認知考古学や神経考古学と呼ばれる分野が盛んになってきた背景について考えると、かつて出土したものを年代順に並べるだけだった考古学はいま、神経心理学などの認知科学の力を借りながら、先史の心に迫ろうという段階にようやく到達したのだと思います。狩猟採集社会の人たちの行動は、労働と生産だけでは読み解けません。行動の基盤をなしている彼らの心性にまで立ち入る必要があるのです。

そういう意味においても、渡辺の指摘は、きわめて重要だといえるでしょう。それは、羽生淳子が、L・R・ビンフォードの理論にならい打ち出した、「人間の文化には環境への適応として説明できる斉一的、普遍的な部分があり、環境・生業の生態的関係には通文化的比較が成りたつ」という基本的な考え方を保証するようにも思えます。もちろん、「生計の基礎が変らない限り、その神髄は変化し難い」という前提を踏まえた上での話ですが。

3．普遍的認知の見極め

最後になりましたが、民族誌の考古学への援用について、認知考古学の意見も紹介しておいた方がいいでしょう。わが国における認知考古学のトップランナーのひとり、岡山大学の松本直子は、認知考古学の導入にあたっての基本的な考えをいくつか用意しています。

◇普遍的な認知を基盤にする〈松本直子〉

もしも人間の認知や行為にまったく普遍性を認めなければ、考古資料から過去の社会について言及することはほとんど不可能になってしまう。そこで、ある程度の普遍性を解釈や説明の基盤として措定することが必要となるのであるが、そのときに参考となる理論やモデルを認知諸科学は提示してくれる。（中略）人間の認知はまったく恣意的なものではなく、共通した生得的構造や、ある種の普遍的な認知構造の発達を規定する要因がはじめから備わっているからである。（『認知考古学の理論と実践的研究――縄文から弥生への社会・文化変化のプロセス』九州大学出版会、二〇〇〇年、三七・四二頁）

こうした認知考古学の有用性を担保するための一定の作業を経た上で、はじめて考古資料の解釈にも蓋然性が得られるわけですから、当然、民族誌や民族例の援用にも「普遍的な認知」を見つけ出すことが求められます。次の論考では、その点が強調されています。

◇安易な民族誌の援用には要注意〔松本直子〕

世界観の内容とそれにもとづいてなされるさまざまな行為は、程度や具体的な内容の差はあれ、象徴（シンボル）や隠喩（メタファー）、換喩（メトニミー）に満ちている。

考古学資料にもとづいて過去の世界観・宗教・シンボリズムを論じるときには、どのような証拠にもとづいて、どのような前提のもとで、どのような理論や考え方にのっとって議論が進められているのかを明確にすることが重要である。それは、生業や技術などのより一般的なテーマについて追求するときも同様であるが、世界観や宗教的信念のような象徴的領域に関してはとくに留意する必要がある。その理由のひとつは、考古学者自らの認知構造が解釈に投影されやすく、しかも検証が難しいためである。もうひとつは、こうした領域における普遍性と特殊性の関係は非常に複雑であり、そこを曖昧にしたまま安易に民族誌の事例や自己の経験を敷衍することは、解釈の妥当性を損なうからである。（『認知考古学とは何か』青木書店、二〇〇三年、一〇五—一〇六頁）

「安易に民族誌の事例や自己の経験を敷衍することは、解釈の妥当性を損なう」と、手厳しい指摘ではありますが、民族例の援用に際して、きわめて重要な発言だと思います。特に、民族例のなかにシンボリズムの参照例を探る場合にはなおさらだと思います。

民族例におけるシンボリズムの問題に関しては、「恣意性」が排除しにくく、したがって普遍化は難しいとされてきました。たとえば、次に紹介する東京医科歯科大学の板橋作美の論考は、考古学者への警鐘ともとれる強烈な印象を与えています。

◇象徴論解釈の恣意性〔板橋作美〕

象徴論的あるいは構造論的解釈にはある種のうさんくささが常につきまとう。描かれた図式が美事であればあるほど、ますますそうである。そのうさんくささには、解釈という行為そのものに対するもの、結果としての解釈に対するもの、その解釈の手続きと過程に関するもの、その解釈の根拠に関するもの、などがあると思われる。（中略）いわば、象徴論的、構造論的解釈を行う時に陥りやすい危険な落し穴、あるいは甘い誘惑についてである。シンボルの森を夢見るあまり、何でもない木をミルクの木と見誤ったり、バラバラに生えている本来無関係な木々を願望のツルで結びつけ、一つの生態系として相互依存の関係で結ばれた、ありもしないシンボルの森を作り上げてしまうこともあるのではないか、ということである。（吉田禎吾編『異文化の解読』平河出版社、一九八九年、四―六頁）

これも厳しい意見です。しかし、だからと言って民族学や民俗学の援用はあきらめなければならないのでしょうか。そうではありません。「敷衍する」ことの蓋然性を高める努力を惜しむべきではないと私は考えます。

縄文人が、人間として何を考えていたのかという視点で見てみると、死者を円い穴を掘って埋めることや、蛇やイノシシを器物に表現すること、壺や注ぎ口のある土器を特別な用途に使うといった現象は、時空を超え縄文時代から現代まで変わらずにあることを検討する必要があると思います。そうした仮説に蓋然性を付与するためにも、認知考古学や、カール・ユングやエーリッヒ・ノイマンのいう「普遍的無意識」や「グレートマザー元型」も当然視野に入れるべきでしょう。

たとえばどうでしょう。「徳利」や「お猪口」「急須」は、現代の日本では、居酒屋や神社では欠かせない道具（酒器）のひとつです。同様の形の器は、その多くが縄文時代のいわゆる「祭祀場」と呼ばれる遺跡からも出てきます。民族学応用の反対派にしてみれば、それは、単なる偶然の一致でしょうが、私は、縄文時代から変わることなく、「特別な場」で使われ続けている点を重視したいと思います。要は、実用的ではないあんな小さな器がなぜ必要なのだろうか、ということです。

神社は、日常性から離れた特別な場所です。居酒屋も、もともと御神酒であっただろう酒をいただく非日常的な特別な場所と考えれば、酒器としての道具に実用性が備わっていなくても不思議ではありません。つまり、合理性ではなく、心の領域に深く根ざした道具づくりは、縄文時代の徳利とお猪口以来の「心」の伝統を現代まで継承するものと考えることができるのです。「心」の伝統とは、再生や誕生に結びつく象徴（シンボリズム）としての道具への意味付け（なぞらえ）です。酒器の「酒」は、月からもたらされる水（羊水）であり、入れ物の「酒器」の形は、女性や蛇に意味づけられているのです。

これまで考古学者は、縄文人の心性についてほとんど斟酌《しんしゃく》することがありませんでした。けれども、史的唯物論的なものの考え方をするにしても、生態学的アプローチでものを考えるにしても、「心性」を抜きにしては、どうしても人間不在の無機質な社会構造論や生態論になってしまいます。

縄文社会を理解するためには、単に造形技術や経済システムを明らかにしただけでは不十分です。縄文人の心性を解き明かすことも重要な作業であり、むしろ、精神性のなかにこそ彼らの社会の本質が隠されているようにも思えます。そのためには、民族学や民俗学はもちろん、認知考古学など多くの学問の知見を総動員することが必要だと私は考えています。

第四章　土器にみる子宮的性格

女性性の中心的象徴は容器である。発達のそもそもの始まりから最近にいたるまで、容器という元型的象徴が女性性の化身であることをわれわれは知っている。人類にとって——男にとっても女にとっても——女性＝身体＝容器という基本的象徴の等式は、女性性に対するおそらくもっとも根源的な体験に対応するものであろう。

〔エリッヒ・ノイマン（福島章ほか訳）『グレート・マザー』〕

1．土器はなぜ墓に添えられるのか

先史文化の神話的世界観を解明するために、心理学や宗教学だけでなく民族学や民俗学を援用するという、私の基本的な戦略を述べました。ここからは、そうした戦略を使い、具体的にこれまで考古学が単純に「墓」としてきたものを、縄文人の根源的なものの考え方を例にあげながら、本来の意味を読み解いてみましょう。

図4　木古内町札苅遺跡の墓と副葬の土器（『日本の古代遺跡　40　北海道Ｉ』保育社、1988年、より）

まずは墓と土器の関係について考えてみます。私がここで土器をとり上げるのには理由があります。それは、土器には「子宮」的な性格が見てとれるからです。唐突と思われるかもしれませんが、土器という「うつわ」が、死者のよみがえりを期待して、よみがえりの場所を、子宮に見立ててつくられていると読みとることが出きるからです。そのことを端的に物語っているのが、お墓における土器のあり方です。

縄文時代の墓のなかには、しばしば土器が入れられます。考古学者は、それを「副葬品」と呼んで片づけてしまいますが、なぜ土器を副葬品として墓に入れるのか、その理由は十分に明らかにされていません。墓に土器を入れるのは縄文時代だけではなく、弥生時代にも古墳時代にも見られ、外国でもそう珍しいことではありませんが、世界的にみても縄文時代の墓には土器が添えられる例が多いようです。

縄文時代の墓に入れられる土器に、鉢形よりも壺や皿、さまざまなデザインを凝《こ》らした異形の土器が多いのは、土器のもつある性格と墓が深く関わりあっているからだと思います。人が土器を墓に入れ、死者に添えるのは、土器の持つ子宮的性格が死者のよみがえりを象徴するからなのです。

残念ながら、今のところこのような観点から縄文土器を捉えた研究はほとんど例がありません。

では、考古学者は、これまで縄文土器と墓の関係をどのように考えてきたのでしょうか。

◇なぜ、人の死に際して、墓に「もの」が入れられるのか〈広瀬和雄〉

死出への旅立ちに、人びとはどうして「もの」をもたせるのか。そうした行為はいったい、いかなる共同観念のなせる術なのか。人が人であるかぎり、その死は絶対に避けることのできない事実だが、そうした局面にたちいたったとき、人びとはどのように対処してきたのであろうか。（『季刊考古学』第70号、雄山閣出版、二〇〇〇年、一四頁）

この雑誌の特集では、副葬品について、とても魅力的な問題提起がなされています。しかし、監修者の広瀬がテーマとした古墳の副葬品についての論考も含めて、なぜ抜け殻と化した亡き首長の遺骸に、威信財・権力財・生産財などの多種多様の品々が副葬されるのか、という問題提起をしているのに対し、どの論考も、「いまのところ、その意義は必ずしも明らかになっていない」という嘆きで終わっているのです。

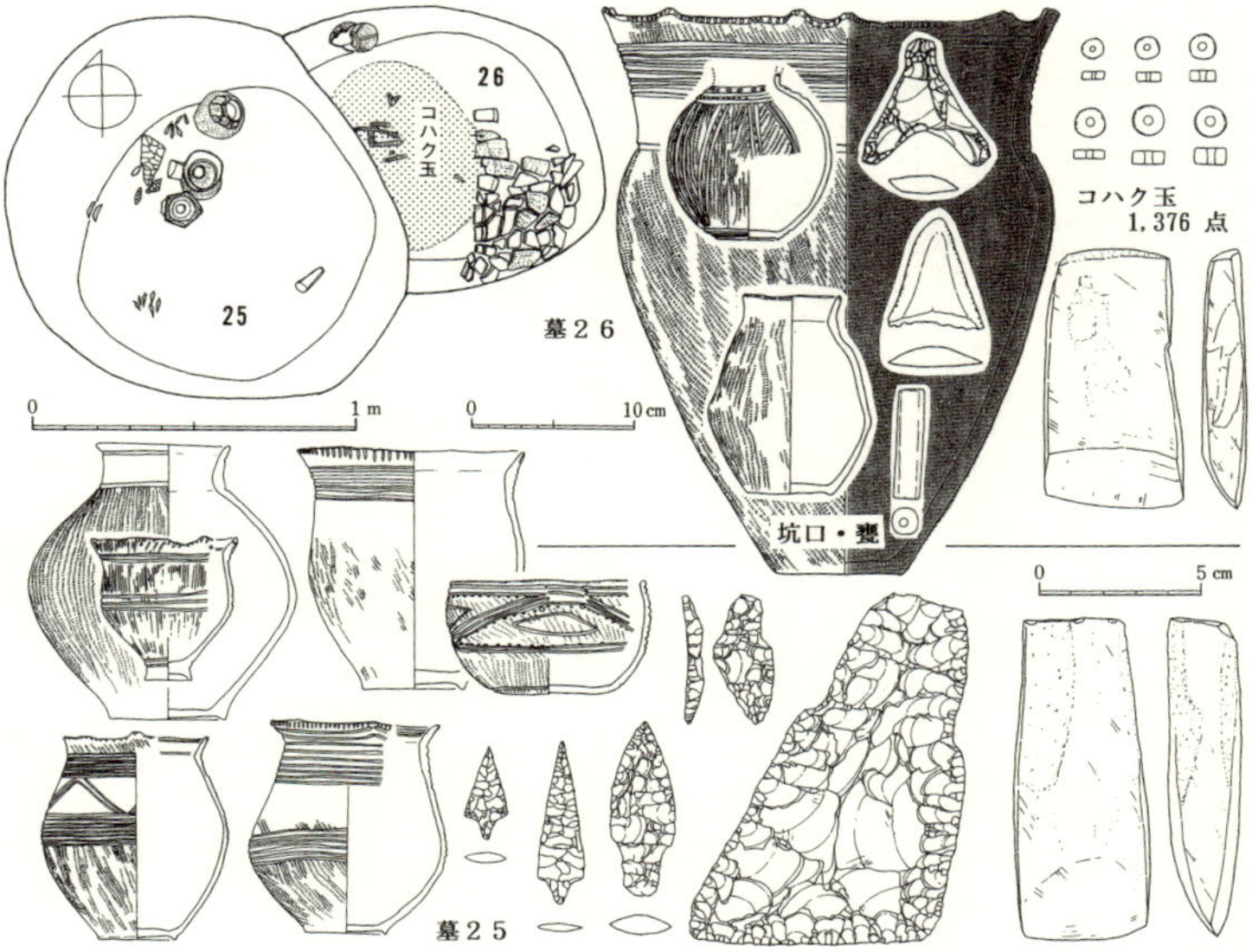

図５　続縄文時代の副葬品：北海道アヨロ遺跡（長沼孝作成、『季刊考古学』第70号、雄山閣出版、2000年、より）

他にも、縄文文化、続縄文文化、琉球縄文文化、さらにはシベリア先史文化の副葬品について、それぞれの専門家が解説をしていますが、土器と墓の関係を、再生あるいは誕生というキーワードで語られるものはありませんでした。そうしたなか、東シベリアの先史文化の副葬品について触れた熊本大学小畑弘己の解釈には興味深い部分がありました。

◇「送り」と共通する再生原理か〈小畑弘己〉

このように死者には手に尖鋭な武器を握らせ、魔除けの動物を供え、食料が与えられる。これは冥界への道程の困難さを克服するようにとの計らいであろう。また、生前の持ち物のすべてを持たせ、死装束も貴重な装飾品を付けたままの状態で遺体に纏わせている。このような状況を考え合わせると、そこに「送り」と共通する死と生の境のない再生原理を看取することも可能である。食料のみならず生活材のすべてを自然の産物（とくに動物）に依拠して生活せねばならない狩猟採集民のもとには、霊魂と物体の二者の世界観が共通してみられ、人間も狩猟動物と共に自然の一部を形成するという考えが存在する。死もまた彼らにとっては変身であり、動物や昆虫に姿を代えて祖先の村へ行くという一過程にすぎない。先史時代に同様な観念が存在したかは定かではないが、この地域の埋葬習俗にみる特性はきわめて示唆的である。

（同書、三七頁）

「先史時代に同様な観念が存在したかは定かではないが」と小畑がことわっているように、アイヌ民族や大陸の先住民にみられる伝統的な「送り」儀礼を根拠あるいは前提として、副葬品について考えていることがうかがえます。同様な例は、縄文文化の副葬品に関する岡村道雄の解釈にもみられます。岡村も同様に、こうした行動の背景には、アイヌ民族や北アジア、北方ユーラシアの先住民に広くみられる「物送り儀礼」があることを述べています。一般的には、こうした解釈に異論が唱えられることはありません。しかし、なんとなく仏教思想の「輪廻転生」という観念をイメージしてしまうのは私だけではないように思います。

◇副葬品はあの世に持たせるため〈岡村道雄〉

墓穴の中からは、弓や矢柄を付けた状態と思われる石鏃、磨製の石斧、石鏃や石斧の素材となる原石・剥片や製作道具である砥石が発見されることがある。これらは、男の遺骸にそえられているし、世界の民族例からみても男の道具・仕事に属す。一方、女性には、製粉や調理に用いた石皿とスリ石・敲き石がそえられる。これらの事実は、男と女の役割分担を教えてくれるとともに、縄文人が死後の世界を信じて、あの世で使う道具とその素材を死者に持たせていたことを示している。（『日本列島の石器時代』青木書店、二〇〇〇年、一八一頁）

岡村は、副葬された道具類が、性別によって異なることに着目して、「あの世」で使う道具として解釈しています。また岡村はこの著書のなかで、土器を使った墓の例を紹介し、子供の墓は特別な思いがあってつくられていることを示唆しています。

一方、早死産児や子供は、基本的には大人の墓地には埋葬されない。彼ら用の墓は、前期から一般化し、穴を掘って深鉢形の土器を埋めたもので埋設土器とか埋め甕、小児用土器棺などと呼ばれる。そのなかから稀に誕生前後から1歳未満ほどの遺骸や骨片、ヒスイの大珠などが発見される。前中期には住居群に隣接・混在した位置、あるいは中部山地や関東を中心に竪穴住居内に設置されることが多い。母の使った土器を母の胎内または母と見立ててそのなかに納めて日常生活の身近に置き、母親の胎内に再生することを願ったものと考えられる。（同書、一八五―一八六頁）

じつは岡村は、別の箇所でも同様の指摘をしています。ただし、いずれにおいてもなぜ土器を母に見立てるのか、なぜヒスイの大珠を入れるのか、といった点について根拠を示していません。岡村はどうしてこのようなことを思いついたのでしょうか。案外、岡村の普遍的無意識のなかの「グレートマザー元型」が意識の世界を刺激して、そうした発想が生まれたのではないでしょうか。岡村の「母親の胎内に再生することを願った」とする解釈は、人類の普遍的認知を根拠とする私としても同感であり、興味深く思います。

2．土器は単なる鍋か

縄文土器が、死者に添えるために「子宮」を象徴させてつくられたと主張するのは、多少唐突のそしりを免れえないかもしれません。では、そもそも、土器は何のためにつくられたのでしょうか。まず、岡本勇の含蓄のある発言に耳を傾けてください。

私が学生時代を送った一九七〇年代前半、岡本は考古学を学ぶものにとってヒーロー的な存在でした。なによりも私たちが岡本にあこがれたのは、マルクス史観の旗手だったからです。そういう時代でした。

その時代、私たち学生にとっての教科書は、河出書房から出されていた『日本考古学講座（全七巻）』（一九五六年刊）と、出版されたばかりで、やはり河出書房の『日本の考古学（全七巻）』でした。岡本は、じつに二十四歳と三十五歳の時に、この両講座の縄文文化を同じ出版社で分担執筆していたのです。まさに私たちにとっては、あこがれの考古学者だったのです。ここに紹介するのは、岡本が五十九歳の時の、明治大学が主催した市民向け講座での講演録です。あらためて読み、一般向けでありながら、「本質論」を語るところはさすが岡本だと、なつかしく思いました。

◇縄文土器は、煮炊きのためにつくられた〈岡本勇〉

土器の発明は人間が物の化学変化を自覚して利用した最初のできごとであるということを、かつてチャイルドというイギリスの考古学者がその著書の中で述べたことがあります。（中略）土器の出現の意義をチャイルドは端的に教えてくれたわけですが、その土器は何のためにつくられたのかといえば、これは煮炊きのためであったといってまちがいないであろうと思います。

副次的に他の目的で利用されたことはあったにせよ、本来の目的・役割というものは煮沸であったと思います。このことは、日本の土器の始まりを考える上でも無視できないことだと思っています。

縄文土器の始まりを問題にするということは、縄文文化がどういうものであるかということを理解する上で不可欠なことです。ものの本質を知ろうとするためには、そのものがどうして生まれたか、あるいは始まったかということを知らなければなりません。それと同じように、縄文時代の文化を理解する上で、その始まりが何であったか、どうであったかということが大事だろうと思います。そういう意味で、縄文文化の起源を解明していく上では土器が大きな手がかりになることはいうまでもありません。（『考古学ゼミナール　縄文人と貝塚』六興出版、一九八九年、五九—六一頁）

縄文土器が煮炊きのためにつくられたということに異を唱える人はいないでしょう。ただし、〝ただの鍋ではない〟と、独自の起源論を展開する人はいます。國學院大學の小林達雄です。

◇アク抜きに威力を発揮した〈小林達雄〉

縄文土器は、飾って、眺めるために作られたのでは勿論ない。土器の内外面には、しばしば、食物の残り滓が焦げついて薄膜状に付着したり、煤の付着あるいは火熱による二次的な変色が底部にみられたりする。容器の形態をしてはいるが、単なるモノを一時的あるいは長期にわたって貯えたりしたものではなく、ほとんど全てが食物の煮炊き用に供されたことを物語っている。それ故、こうした事実を十分踏まえて縄文土器の製作、使用の実際と、それによってもたらされた歴史的意義について、考える必要がある。（中略）

土器との関係で問題となるのは、煮炊き料理であり、その意義の検討が必要とされる。そもそも自然界にある食料には、火を通さずに口にすることのできるものは限られている。獣類、魚貝類の大部分は生で食され美味でもあることはよく知られている。しかし、植物性の多くは、生食には適さず火熱を通して初めて食物となるものが多い。（中略）

人間の消化器官が生理学的に受け入れない代物を火熱によって化学変化を誘発して消化可能にする作用は、さらに重要な分野に好影響をもたらした。つまり、渋みやアク抜きあるいは解毒作用にも絶大なる効果をもたらした。ドングリ類がやがて縄文人の主食の一つに格付けされ、食料事情が安定するのは、まさに土器による加熱処理のお蔭である。（中略）

それにしても、植物食の開発と利用の促進によって食料事情は旧石器時代の第一段階当時とは較べものにならないほどに安定した。まさに第二段階の縄文社会が、大陸における農業を基盤とする新石器社会の連中にも負けをとることなく、堂々と肩を並べるほどの、文化の充実を保障した有力な要因は、煮炊き料理の普及にあったのである。土器の絶大なる歴史的意義は高く評価されねばならない。（『縄文の思考』ちくま新書、二〇〇八年、五〇―五五頁）

縄文土器がなぜ登場したか。それは、煮沸の必要性からだ――。どうやら、煮沸の動機は灰汁《あく》抜きらしい。科学や合理性を背景とした思考方法のなかでは、だれもが納得する解釈だと思います。しかし、どうでしょう。縄文時代の思考方法が神話的であるとしたら、はたして煮炊きだけの理由で縄文土器がつくられたと考えて良いものでしょうか。この問題は、次に述べる土器の形の意味とも密接に関連しています。

3．縄文土器の形はどのように決められたのか

縄文土器が、科学的年代測定の結果、世界最古の位置が与えられてから五十年が過ぎました。その間、年代的に、すぐそこまで迫った他国の土器もありましたが、どうやら最古の位置は、日本列島に落ち着きそうな状況にあるようです。

そうなると、ちょっと気になることがあります。縄文土器が、狩猟採集の社会のなかで生まれたという点です。農耕や牧畜の社会に入った西アジアでも、土器がつくられたのは、栽培が始まってからしばらく後のことです。農耕や牧畜も行なわないのに、なぜ狩猟採集の日本列島に、いち早く土器が生まれたのでしょうか。これについて説得力のある見解を出したのも小林達雄です。

前節で紹介しましたが、小林は、縄文土器は単に煮炊きのためにつくられたのではなく、デンプンを含んだ植物の「灰汁」を抜くために最初から深い鉢形につくったことを述べました。旧石器時代にはアク抜きができないことから、ワラビやゼンマイなどの山菜は食べることができませんでしたが、それが土器の発明でアク抜きが可能になり、食べることができるようになったというのです。

ただし問題はそれでは終わりません。であれば、なぜ土器を「あのような」形につくったのでしょうか。そこにも何か合理的な理由が隠されているのでしょうか。

この点について小林は明快なる回答を用意しました。一九九四年に刊行された『縄文土器の研究』には、「はじめにイメージありき――二つの形式：円形丸底土器と方形平底土器」と題して、土器の形が決められたいきさつがくわしく述べられています。

◇「はじめにイメージありき」〈小林達雄〉

最古の縄文土器群に、二つの形態すなわち2形式の存在することは重要であり、そこに縄文土器の由来が大きくかかわっているものと考えられるのである。（中略）

成形の容易な円形丸底土器だけではおさまらず、全体のバランスのとりにくい方形平底土器の形態にも強くこだわり続けた理由あるいはその背景の事情とは何であろうか。そこにたとえば、土器以外の容器すなわち編籠や樹皮籠とのかかわりをみる。つまり、粘土を用いてはじめて容器をかたちづくろうとしたとき、すでに保有していた容器のかたちをそのまま踏襲したのではなかったかと考えるのである。彼らにとっての容器とは、それまで製作し使用していた編籠や樹皮籠のかたちそのものであった。だからこそ、容器の材料としてははじめての粘土細工するに際しても、やはり編籠や樹皮籠などのかたちのイメージを実現することが必然のなりゆきであったとみる。それ故、方形平底土器のかたちを粘土でバランスよく実現することが、いかに困難であろうと、容器のかたちとして、そうあらねばならないという信念と伝統が断固として方形平底土器にこだわりをみせた理由と考えられる。もう一つの円形丸底土器にもモデルがあり、編籠などのほか、獣皮袋が想定される。（『縄文土器の研究』小学館、一九九四年、五四―五六頁）

もうこれ以上議論の余地がないようにも思われる小林の見事な解釈です。小林によれば、形も模様も、すでに先人によっていくつかの仮説が披露されているようですが、このように土器の起源の動機から、形と模様の由来まで、体系的に捉えたのは小林をおいては他にいないように思います。しかも、アメリカ先住民の民族学や東北地方の民俗例が論述を助けています。そうしたなかで、ちょっと面白いと思われるのは、尖り底の土器の由来についての藤森栄一の解釈です。小林よりも十年ほど前の論考です。

藤森栄一は、長野県が生んだ、著名な考古学者の一人です。学歴や学閥とは終生無縁でしたが、諏訪を拠点に、数多くの論考を発信し続けました。学生社から出された著作集は全十五巻です。名著『かもしかみち』（学生社）や、『縄文の世界』（講談社）は、私も学生時代、何度も読み返したものでした。

◇なぜ尖り底の土器を作るのか〈藤森栄一〉

世界各地のそれぞれ発生期の土器といわれる古い土器も、また日本の縄文時代早期の土器も、その大部分が尖底、または丸底といわれる不安定な形をしている。（中略）

> では、何のために底が尖って作られたか。
> もっとも本質的な答は、平面上に置く必要がなかったからである。（中略）縄文早期にはまだ家は確立安定していなかった。家は仮泊地であり、そうでなくても、キャンプ・サイトの火に集まる集団でしかなかった。土器はまだ煮沸の道具ではなしに、他の道具であった。それは運搬具である。これなら置く必要はすくないから、あの砲弾形の尖底という形態は縄をかけて頭から背へ吊っても、手でさげても、もっとも丈夫な抵抗力をもっている。置くときは、枝へかけてもよし、それこそ、軟らかい地面なら、つきたててもいいのである。（中略）早期の尖底土器が、ひどく硬い良質の焼成ではじまっているということは、その水の運搬を考えてもいいだろう。（中略）
> 尖底土器にほどこされた文様は、たしかに装飾のために発生したものではない。器面を調整するための副産物である。とすれば、施文は、同時に、土器の可搬性のための滑り止めにも役だったものと考えてもいい。事実、早期も後半に入ると、明瞭に滑り止めといってよい施文が増え、また明らかに縄止めと思われる段をつけたものも現われてくるようである。（『縄文式土器』中央公論美術出版、一九六九年、三九―四二頁）

土器を、垂直に置かずに立てかけるという発想は、古代ヨーロッパで使われたアンフォラを思い出させます。尖った底のアンフォラは、もっぱらワインやオリーブ油の運搬用に使われた陶器で、重ね置きができることからこの形が発想されたようです。ですから、縄文土器の尖り底を同様に考えるのは少し違うような気がします。

創価大学の後藤和民の考えは、小林とは微妙に異なります。小林は、イメージが先にあると考えましたが、後藤は、あくまでも合理的な発想に基づいて、ある意味では究極の煮沸容器として尖底の土器が生み出されたのだと持論を展開します。

◇尖り底は、縄文土器の本来の形〔後藤和民〕

縄文土器の初源的様相として、「尖底土器」と呼ばれる形態が多い。底部が細く尖ったり丸くなっているので安定が悪く、平坦な床面上では使用不能である。この種の土器は、おもに煮沸に用いられ、使用時には炉の灰の中に底部を沈めて固定し、周辺から火を焚きつける。実際に実験した結果、器内の底部が砲弾状になっていると、内部における熱の対流が底部まで及び煮沸しやすいことがわかった。したがって、この煮沸用土器も、前期以降になると平底になるが、その底部は相変わらず細くなっており、しかも内面においては尖底または砲弾状を呈しているのである。

このような煮沸用土器でも、口に蓋をして煮沸すると、中の液体が泡立って吹きこぼれてしまう。落し蓋にしても同様で、当時は蓋なしで煮沸していたものと思われる。それでも火力によっては吹きこぼれるので、前期から中期にかけて、鉢形に開いていた口縁部がしだいに直立するようになり、後期から晩期になると口縁部が内側に向かって肥厚したりやや内反するものが顕著になる。これは、中で沸騰する液体が内側に反転するように考案されたものである。

このように、同じ煮沸用土器でも、時期によって少しずつ改良が加えられ、口縁部と胴部と底部とのバランスがよく、全体がナイーブな曲線を描き、調和のとれた形になる。これは「煮沸」という機能をより合理的・効果的に果たすために試みられた縄文人の知恵であり技術である。そこに形態的な美を感ずるなら、それはまさに「機能美」であろう。

この底のつぼまった「尖底土器」は、初源の早期から出現し、煮沸用土器として晩期まで伝統的に継承されている。このことは、土器の本来的な存在意義は煮沸機能にあり、尖底土器こそ縄文土器の本来的な形態であったことを物語っている。（『考古学による日本歴史12　芸術・学芸とあそび』雄山閣出版、一九九八年、二〇―二一頁）

ここまで完璧に機能的、合理的に土器の形を解釈されてしまうと、神話的な思考の出る幕がありません。じつは、これは、年代的には小林達雄の「イメージありき」説が出た後の論考です。一瞥《いちべつ》すると、小林説は水も漏らさぬような仮説に思えますが、こうした機能至上主義的な説が出るということは、小林説といえども、まだまだ万人を納得させることは難しいのかもしれません。

ところで、尖り底の土器の対極にあるのが、東北北部から北海道南部にかけての地域で、五〇〇〇年ほど前につくられた円筒土器です。その名のとおり、口と底の径がほとんど違わない、煙突のように細長い土器です。これについては、かつて名古屋大学の渡辺誠が、底の大きな筒型に作り上げたのは、ドングリなど堅果類のアクを抜くために考え出された合理的な形だと結論づけました。煮沸するのではなく、容器に水を入れて攪拌《かくはん》するのだそうです。後藤の解釈と合わせて考えれば、ますます縄文人の合理的モノづくり精神が、浮き彫りになってきます。ただし、北海道の縄文人は堅果類をあまり食べていなかったことは、私の縄文人骨における虫歯の研究によって明らかにされています（「北海道の古人骨における齲歯頻度の時代的推移」『人類学雑誌』第104巻、一九九六年）。

私が考える縄文土器の起源は、そうした合理的な理由によるものではありません。この章の最初で指摘したように、縄文土器は子宮的な性格を持っています。つまり、子宮になぞらえて土器がつくられた背景には、それが、死者のよみがえりや、新しい命の誕生を願う際の道具としての性格を強く持っていたからだと考えます。もちろん、煮沸用の鍋としての機能を併せ持っていたことも否定しませんが、合理的・機能的な視点からのみ考えたのでは、彼らの「心」は浮かび上がってきません。

しかし、後藤は、縄文土器の立体的で彫刻的な造形について「土器本来の機能からきた必然的なものとみるより、はるかに実用を超えた精神的な要素が多分に表現されているとみるべきである」とも述べており、何がなんでも合理的に考えるということではないようで正直なところ少しホッとします。

4. 縄目模様（縄文）はなぜつけられたのか

どうして土器に縄目の模様がつけられるのか。おそらく、縄文文化だけでなく考古学に関心のある方ならだれもが知りたい疑問の一つではないでしょうか。しかし、私の知るかぎり、この問いに

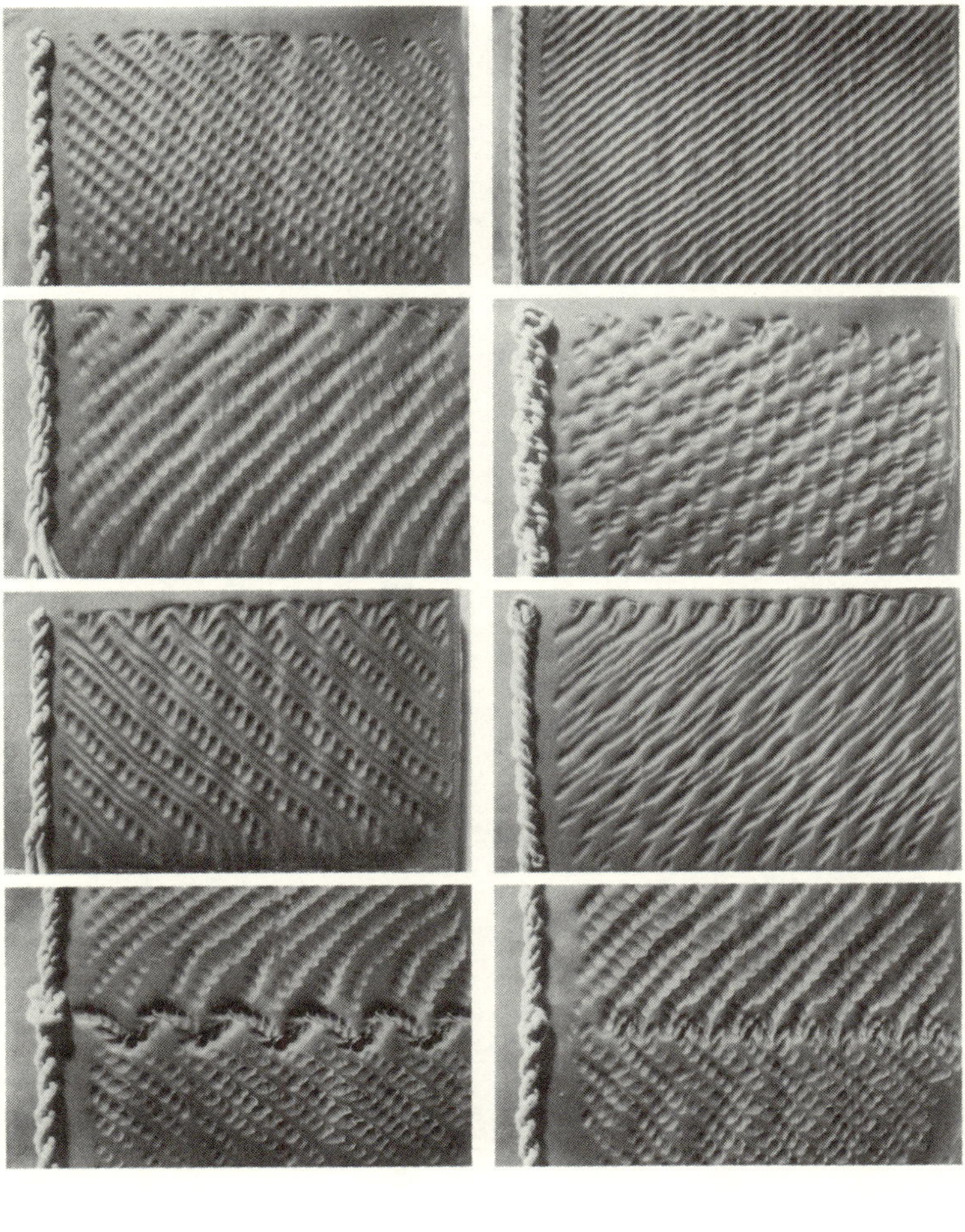

図６　縄文のいろいろ（『古代史復元３　縄文人の道具』講談社、1988年、より）

対する答えを提示した学者は、創価大学の後藤和民一人だけです。わが国最大の縄文事典、『縄文時代研究事典』（東京堂出版）にも、その点については何も書かれてはいませんでした。

そもそもの話になりますが、いわゆる「縄文」が、植物の繊維を撚り合わせてつくった細い縄を土器の表面に転がすことでつけられる模様であることが分かったのは昭和に入ってからでした。解明にはずいぶんと時間がかかっていますが、おそらくその時点からなぜ縄文がつけられているのだろうか、といった疑問は考古学者のだれもが持ったでしょうし、読者の皆さんもそう思っているに違いありません。しかし、いまだにその謎は解けていません。

考古学者に言わせれば、そうした問題は本質的ではなく、それが明らかになったところで、縄文の社会構造解明に役立つわけではないとうそぶくのです。本当にそうでしょうか。

◇なぜ縄の模様（縄文）がつけられるのか〈後藤和民〉

縄文土器の象徴である「縄文」（縄目の文様）にも、コイルに撚糸や縄を巻きつけたものを転がしてつける「撚糸文」や、縄をいろいろにより合わせた原体そのものを転がしたものなど、その種類は数多く駆使されている。（中略）ことさら撚糸文や縄文をつけなければならなかった製作上の必要条件は何であったか。いまのところ次の3点が考えられる。

イ　成形後の器面をひき締めるため

ロ　器面の表面積を拡大して、乾燥を早め、焼成時や煮沸時における熱吸収をよくするため

ハ　土器を持ち運ぶ際の滑り止めのため

このような実用的な効能を考慮に入れてみても、前期の羽状縄文とか、中期から晩期にわたってしきりに用いられる「すり消し縄文」などの技巧は、そんな実用性をはるかに超えた作意的な意匠によるものであることは否めないであろう。

ただ、注意しておきたいのは、精製土器は別にしても、明らかに煮沸に用いられた粗製の深鉢形土器の中には、器面に装飾を施しても無意味だと思われる火の当たる器面の全面や胴部にわざわざ粗い縄文を施したものが多いことである。これをむしろ、装飾として捉えるよりも熱吸収のためだと考えるならば、元来縄文土器が煮沸用を根源とするように、縄文こそが文様の機能的原点だったともいえよう。（同書、二二―二三頁）

やはり、ここでも、機能的な視点から縄の意味が語られています。

縄文時代や縄文土器の名前の由来ともなった「縄文」ですから、本当はこの縄の模様ほど、縄文土器を理解する上で重要な意味を持つものはないはずです。しかしこれほどの期間を経ても、だれもその意味を明らかにはしていません。

縄文は、文様あるいは紋様と呼ばれて、時代的・地域的に細かく分類され、「土器型式」の大きな特徴とされてきましたが、結局、それらは単なる「模様あるいは文様」であって、それ以上でもそれ以下でもありませんでした。百歩ゆずって、それが模様だとしても、およそ一万年もの間、沖縄を除く日本列島のほぼ全域において、断続的にこの模様が使われ続けた背景には、おそろしいほど大きな意味が隠されているに違いありません。

私は、『月と蛇と縄文人』と『縄文人の世界観』において、カール・ユングやネリー・ナウマンの主張を取り入れて、縄の模様（縄文）が、「再生」をシンボライズする蛇の交合をモデルとしてレトリカルに表現されたものであることを指摘しました。蛇は、世界中の神話的世界観のなかでは、月から生きる水を運ぶ使者に見立てられていて、まさに《月のシンボリズム》の文脈のなかに位置づけることが可能なのです。縄文が、長い間にわたって使われ続けたのも、おそらくそう簡単には変えることのできない、《月のシンボリズム》に根ざした構造的な「ものの考え方」が横たわっていたからではないでしょうか。

縄文が蛇を表わしているとしたら、土器の読み解きも、それほど難しくはありません。女性に見立てられた縄文土器に縄の模様をつけるのは、女性の身ごもりを期待して、月からの生きる水を運ぶ蛇を巻きつける、と考えられるからです。じつは、こうした「ものの考え方」は、なにも縄文土器にかぎったものではありません。世界中の新石器文化の器に、蛇は描かれ続けています。その意味するところは、あくまでも「神話的世界観」における「再生」のシンボル表現だと思います。

ところで、土器と墓の関係については、とても興味深い事例があります。青森県つがる市の五月女池《そとめやち》遺跡は、縄文時代の終わりころの遺跡です。新聞報道などによると、たくさんの墓が見つかっていますが、それらは、土器の「すて場」と呼ばれる場所に墓穴が掘られていて、墓穴にはちゃんと土が盛られた状態もわかるのだそうです。さらに、土を盛り上げてつくった墓の上には、ふたたび土器がすてられているようです。

ただし、こうした解釈は、あくまでも現代の考古学者によるもので、縄文人が、本当に土器を

「すてた」かどうか、いろいろな視点から考えてみる必要があるように思います。少なくとも、土器のなかには、完全な形に復元できるものもあるわけですから。じつは、青森県の三内丸山遺跡も同じような状況です。時代的には、五月女池遺跡よりも古いようですが、ここでは、土器の「すて場」に、「赤ちゃんの蔵骨器」と考えられている土器が、ところ狭しと埋められているのです。

私は、ふたつの遺跡とも、《月のシンボリズム》に則って、土器は、月＝女性＝子宮＝生きる水＝月から水をはこぶ蛇、という文脈で捉えられると考えています。すてたように見える土器のかけらにも蛇になぞらえた縄の模様がついています。また、赤ちゃんの骨を入れたと考えられる土器も、それは子宮に見立てた器であり、その表面に、蛇に見立てた縄文がつけられているわけですから、おそらく「再生」の意味が付加されているのでしょう。つまり、五月女池遺跡も三内丸山遺跡も、決して「すて場」ではなく、新しい生命のよみがえりを期待するという呪術的性格を持った場所と解釈するべきではないでしょうか。

5．縄文土器と世界観

小林の土器論は、起源や用途にとどまりません。縄文土器には、煮炊き用の器としての顔のほかに、もうひとつの顔があるというのです。もっとも、そのことを先に気づいた人物がいたことを、後に小林が述懐しています。それは、画家の岡本太郎でした。まずは、小林の話を聞いてみたいと思います。

◇世界観を表現するキャンバスだ〈小林達雄〉

縄文土器は煮炊き用として作られ、単純な深鉢形態を基本とした。やがて、形態にさまざまな変化が生まれ、時期ごとや地方ごとに特色を発揮し、次々と流行を追っていった。底から胴部を経て口にいたるプロポーションにも複雑な屈曲がつけられる。口縁は水平ではなく、むしろ上下に波うつ波状口縁や、大仰な突起がつけられたりする。口縁の大型突起は、煮炊きする具の出し入れにはかえって邪魔になる。そして、小さな底部に大きく開いた口とその大突起は、土器全体の重心を押し上げて、不安定にしている。（中略）つまり、縄文土器は使い勝手に不都合な形態をつくっているのである。つまり現実の用途にかなった器というよりも、別の意図や理由から形はつくられていたものといわねばならない。実は縄文土器の形態には、用途一辺倒ではなく、縄文人の思惑が表現されているのである。換言すれば、縄文土器は単なる容器や煮炊き用のナベ・カマではなく、縄文人の世界観（イデオロギー）が表現されるべきキャンバスでもあったといえる。（『縄文人の文化力』新書館、一九九九年、一二六頁）

しかし、小林は、縄文土器に彼らの世界観が描かれていることは分かっても、その世界観の内容を知ることはできないというのです。これは、とても重要な発言です。すでにそのことは、一九八八年ごろから主張していました。

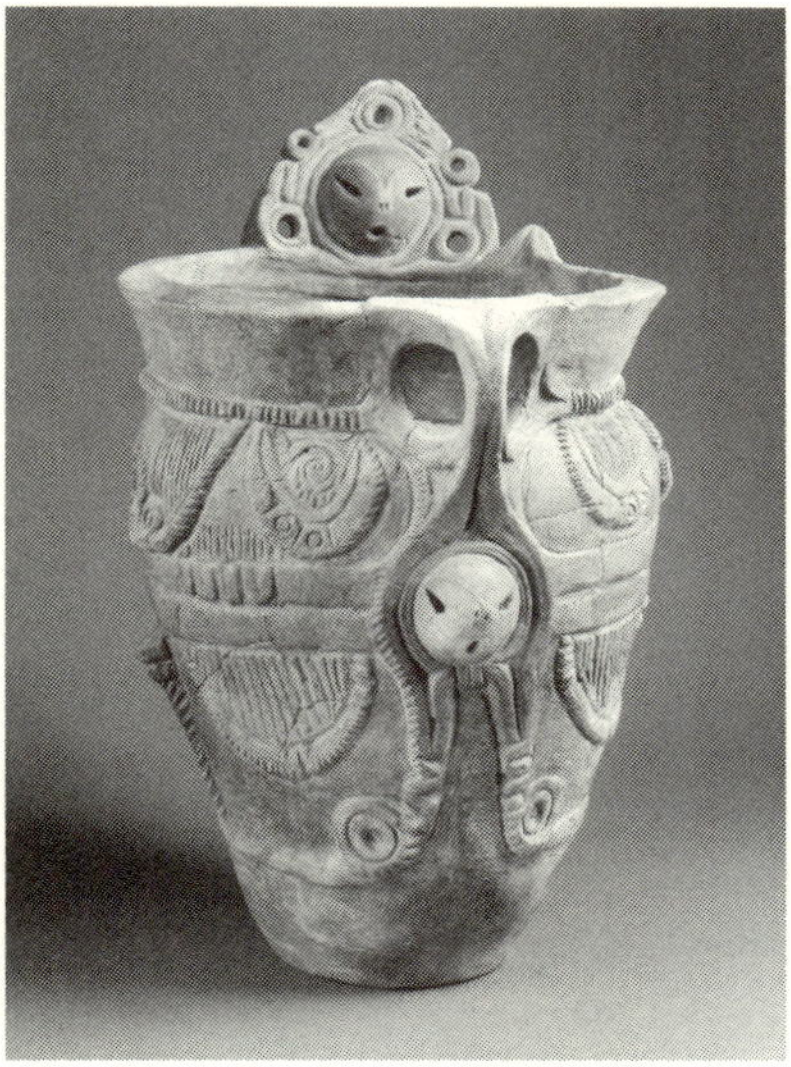

図7　土器は世界観を表現するキャンバス：津金御所前遺跡出土　顔面把手付深鉢（平成21年度の修復以前）（写真提供：北杜市教育委員会）

◇世界観の内容は、現代人にはわからない〈小林達雄〉

ひとたび獲得した幾何学的な文様モチーフに、縄文人は自らの信念を投影しながら好みのかたちに変形してゆくようになる。そして対称性を故意に崩したり、デフォルメや省略に理屈を与えて、かたちは縄文人の意志に密着する。換言すれば、縄文人の意志が文様のモチーフを決定し、意味づける。つまり、ここにいたって、縄文土器の文様は、装飾性とは別に、第一義的に縄文人の意志を反映した特別な観念すなわち世界観を表現することになったのである。これを物語性の文様と呼んでいる。特に、この物語性文様は、中期の関東・中部地方の土器様式に発達し、勝坂式土器や火焔土器その他に典型をみる。

それでは、物語性文様のモチーフに、いかなる世界観、物語が隠されているのであろうか。その解読に果敢な挑戦を試みる研究者も少なくない。しかし、残念ながら、その成功は悲観的である。熱意や努力を惜しんでのことではない。（中略）縄文土器に表現された物語を知ることは、縄文世界観の門外漢にはとうてい無理である。むしろ、この壁の限界を認識することこそが、縄文土器の正しい理解につながる道なのである。（『縄文土器の研究』小学館、一九九四年、一九頁）

これは、もともと読売新聞の夕刊（一九八八年）に連載された一文ですが、同じ年に小学館から刊行された大著『縄文土器大観2〈中期Ｉ〉』には、次のような興味深い意見も述べられています。

◇考古学者が理解できないのはやむをえない〈小林達雄〉

しかしでは一体、縄文土器の物語性文様のそれぞれがいかなる具体的意味をもつものであるかという肝心な点ともなると、まったく知る術を心得ていないことを躊躇なく表明せねばならない。このことは、物語性文様モチーフのそれぞれのかたちが意味する観念との対応がきわめて恣意的であるからである。つまり、物語性文様のモチーフは、装飾性文様モチーフの慣用からしだいに意味を付加してきた事情が重要である。だからこそ個人ひとりの意志ではなく、集団の慣用の過程で対応する意味が一般的同意を得てゆくのであって、もともとモチーフと特定の観念との対応に必然性がないのである。換言すれば、それぞれのなりゆきの偶然の結果にす

> ぎないのである。それ故、なりゆきに自らも関与した者か、そのなりゆきを知る者以外には、モチーフが意味する観念あるいは特定のモチーフが特定の観念を意味する関係を理解し得ないのは当然のことといわねばならない。（中略）縄文文化の具体的実態を知らない者にとって理解しがたいのはやむをえないことなのである。（一八五―一八六頁）

たしかに、ここで小林が力説するように「文様モチーフ」が、人間の根源的なものの考え方ではなく、生活環境のなかで培われて変容する「恣意《しい》的」で、「なりゆきの偶然の結果」であれば、読み解きは不可能かもしれませんし、読み解いたところでその意義は小さいかもしれません。しかし私が考えているのは、そうした現代的とも思える思考方法ではなく、あくまでも人間の根源的な思考能力として誰もが持っていたと考えられる神話的思考から生まれた世界観、いわば普遍的認知なのです。だとすれば読み解きの意義は大きく、ぜひともアプローチすべき課題ではないでしょうか。

そもそも縄文人の「世界観」の存在に最初に気づいたのは、画家の岡本太郎でした。プロローグでも少し触れましたが、縄文土器に精神世界を投影するという、考古学者には思いもよらない解釈を披露したのが岡本だったのです。しかし、当時（一九五二年）は、考古学者は誰一人として彼の解釈の意義に気づくことがなかったし、せっかくの論文も、忘れ去られてしまったようです。

第二次大戦の影響で、パリから帰国せざるを得なかった岡本を待ち受けていたのは、精気を欠いた日本の芸術でした。そんな失意のなか、たまたま遭遇したのが縄文土器だったのです。上野の東京国立博物館のガラスケースのなかに、いわゆる火焔土器を見つけたのです。

◇縄文の世界観は四次元を指し示す〈岡本太郎〉

その私が思わずうなってしまったのは、縄文土器にふれたときです。からだじゅうがひっかきまわされるような気がしました。やがてなんともいえない快感が血管の中をかけめぐり、モリモリ力があふれ、吹きおこるのを覚えたのです。たんに日本、そして民族にたいしてだけではなく、もっと根源的な、人間にたいする感動と信頼感、したしみさえひしひしと感じとる思いでした。（中略）

多くの人はこのような事がら、風俗は、ものの因果、理屈を無視した原始的で野蛮な迷信、考えかただと片づけてしまうでしょう。だが笑ってはいけない。今日だってなおさかんに、大まじめにおこなわれているのです。鰻供養、鶏供養をはじめ、針供養など、かなり仏教的に演出されているものの、やはり原始的な心性の残存です。（中略）原始時代においては物質的、また精神生活のすべてが宗教によってささえられています。もちろん、あらゆる美観も、ちょうど今日の美形式が、すべて資本主義的生産様式の上に成りたっているように、ここでは宗教的意義を負っているにちがいない。土偶、土面、土版などはもちろんですが、日常の用具である土器の形態から紋様にいたるまで、厳格なイデオロギーをになわされていると考えなければなりません。それが実用的な目的だけで作られているのではないことは、形態を見れば一目であきらかです。そしてまた、あの複雑で怪奇な縄文式模様が現代の〝芸術のための芸術〟のように、たんに美学的認識によって作りあげられたのではないこともたしかです。それは強烈に宗教的、呪術的意味を帯びており、したがって言いかえれば四次元をさししめしているのです。
（『日本の伝統』知恵の森文庫、二〇〇五年、七七・九一―九二頁）

もともと、『みずゑ』（一九五二年二月）という美術雑誌に書かれた「四次元との対話――縄文土器論」と題するこの一文は、すぐに詩人の宗左近を縄文のとりこにさせたほどで、多くの文化人に衝撃を与えました。しかし考古学者、わけても土器型式論者の意識を喚起させることはありませんでした。そのへんの事情を小林達雄がユーモアたっぷりに語っています。

◇考古学者は呆気にとられただけだった〈小林達雄〉

岡本太郎が縄文土器、土偶や縄文人をあの眼力で発掘した。考古学の分析対象、素材としてではなく、縄文土器および縄文土器を作った縄文人に、人格を与えたのである。しかし考古学の研究者の多くは、縄文土器が別人のように堂々と美の世界に足を踏み入れて歩き出す姿を、呆気にとられてただ眼で追って来ただけであった。考古学の領域から離れて勝手に動き出した縄文人を追いかける暇も余裕もない。というよりも、考古学的にも追求する価値のあることに依然として気がつかなかったのだ。確かに縄文土器の新しい一面を見直しはしても、美の関係者の動向を眼端に捉えながらも、まともに対峙することはなかった。せいぜい太郎問屋から卸してもらって、なるほどと合点して済せて来た事実は否めない。

考古学の研究者は、この点を反省しなくてはならない。（中略）考古学の側は投げ返された球を受けとめかねて、太郎の問題、芸術界に起った事件だと解釈して相変わらず、縄文土器のカタチや文様の分析に熱中したままで、頭をもたげようとしなかった。（『「岡本太郎と縄文展」図録』ＮＨＫプロモーション・川崎市岡本太郎美術館、二〇〇一年、八頁）

と、岡本の縄文土器論以後およそ五十年間のブランク、つまり縄文土器の精神性研究の空白を総括するのでした。そして、「いま必要とされているのは、太郎の鋭い感性と考古学的考察の総合によって、縄文の本体に迫る姿勢である。これに十分応える力の不足を自覚せざるを得ないが、挑戦の価値はあろうというものである」と結んでいます。

私もまったく同感です。一日も早くそうした視点からの縄文土器研究が、行なわれることを望んでやみません。

6．子宮的性格についての考古学者の発言

前節において、縄文土器に表現された彼らの世界観について、岡本太郎と小林達雄の考え方を紹介しましたが、残念ながら、岡本と小林の文脈のなかには、子宮とのつながりを見出すことはできませんでした。そこで今度は、他にそのような考え方をしている考古学者がいないかどうか、探してみました。縄文土器が、「甕棺」として用いられているのではとの発想から、民俗学的な解釈を試みた学者が斎藤忠でした。

◇埋め甕は母体と同一視〈斎藤忠〉

縄文時代の住居跡を発掘すると、床面またはその付近に、「埋め甕」の発見される例が多く、その性質自体については、研究者によって論議されている。たとえば、木下忠氏は、戸口に胎盤を埋める出産の習俗に関連する問題を考えている。この種の「埋め甕」について、すべて同一の用途のみに限定することは無理であり、あるいは、胎盤を納めたものもあったであろう。あるいは、再葬墓的な性格のものもあったかも知れない。しかし、これらの中には、幼児棺にあたる深鉢もまた多かったのでなかろうか。たとえ、その骨は消滅していても、埋め甕といわれているものの多くは、この種の幼児棺であることを考えたい。（中略）

幼児棺葬の意義については、死産児を一個の人格とみとめず、母の一部分であるという考えのもとに甕に入れたということも考慮されるであろうが、酒詰氏のように、「甕に収納すると云う心情は、原始共同体の段階における共同体内部の乳幼児に対する取りあつかいを示している。一個の人格として未だ認められぬ乳幼児は、母系制社会にあって当然のことながら、母の監督、指示下におかれたことであろう。甕そのものに対するマジカル・パワーが母体と同一視され、そこに人格認定以前の乳幼児が収納顕現されると云う現象がされて来たことであろう」という考えも参考とすべきであろう。一方、民俗学の立場で、幼児の場合、ひたすら邪霊の近づくことをおそれ、普通の墓に葬らないという考え方のあることも考慮すべきであるが、特に幼児を丁重に取扱い、常に母のそばにこの遺骸をおき、その再生を念願する心情があることをも無視すべきではないであろう。「埋め甕」といわれているものに、この種の棺が多いとすれば、案外成人の屈葬・伸葬と同じく、幼児棺葬は普遍的な埋葬と見てもよい。(『日本史小百科 4〈墳墓〉』近藤出版社、一九七八年、九五頁)

同書で斎藤が紹介した木下忠は民俗学者です。文化庁の調査官をつとめ、長い間この問題にとり組み、大著『埋甕――古代の出産習俗』(雄山閣、一九八一年)をまとめました。考古学者の評価は冷ややかですが、さりとて真っ向から否定する学者もいないようです。酒詰仲男は、同志社大学の教授をつとめ、貝塚研究をライフワークとした人です。これらの研究には、「土器は子宮」という直接的な表現は見られませんが、おそらくは、土器(甕)が、母胎、つまり子宮的な性格を持っていることをイメージしていたのではないかと思います。

つぎに、最近の考古学者の意見に耳を傾けたいと思います。国立歴史民俗博物館の山田康弘は、縄文時代の子供の墓に長く取り組んでいる考古学者です。解剖学的な知見や民族的な解釈を積極的に導入している学者です。ここでは、宗教学者のミルチャ・エリアーデの論考を引用しながら、土器の子宮的性格を論じています。

◇母体に見立てられた(エリアーデを引用)(山田康弘)

縄文時代には、このように生まれて間もない、あるいは長くても生後一年以内の赤ちゃんの遺体を土器の中に入れて埋葬するという「土器棺墓」の風習が存在した。(中略)この土器棺墓の風習は縄文時代の前期ころ、おそらく東北地方から始まり、中期から晩期にかけて全国的に広まったと考えられている。

土器の中に子供の遺体を入れて埋葬するという風習は、何も縄文時代に特有のものではない。続く弥生時代や古墳時代にもみられたものだし、諸外国においても同様の風習の存在が報告されている。著名な宗教学者であるM・エリアーデ氏はその著書『生と再生』のなかで、世界の諸民族において土器が、なかでも壺などのように胴部が張る器形のものが、その形態的類似から女性の身体、特に母体に見立てられることが多いことを指摘している。このことから類推するに、縄文時代の人々が土器の中に赤ちゃんを入れて埋葬したのも、おそらくは墓をつくって「あの世」に送りこむためというよりも、もう一度母体に回帰させるという「再生観念」によるところが大きかったのではなかろうか。（『生と死の考古学――縄文時代の死生観』東洋書店、二〇〇八年、六二頁）

民族学を援用したとても説得力のある解釈だと思います。同様に、縄文土器が母胎に見立てられているという解釈を行なっているのが岡村道雄です。亡くなった子供の再生を願う気持ちからだといいます。山田のようにエリアーデの考えに触れているわけではありませんが興味深い解釈です。

◇母の母胎に見立てた縄文土器〈岡村道雄〉

科学が発達していなかったつい最近まで、説明できなかった不可思議なこと、超自然的現象に対して人びとは、ただ祈り、祭るしかなかった。集落や人びとは死霊、祖霊に守られ、万物には精霊が宿ると考え、万物の精霊を神格化・人格化してその心を静め、災いを避けるために祈った。(中略)

例えば縄文土器は、女によって作られ、貯蔵・加工・調理に用いられ、食料の豊かさ・豊穣を生み出し、豊かさを測る物であり、同時に女あるいは女体を意味する生命を宿した器でもあった。死亡した乳児や死産児を葬る際にも、その再生を願って、母の胎内に見立てた土器に納めて埋葬した。中部山地から南関東の中期を中心として分布している土器で、口縁部に女の顔を把っ手に付け体部から赤ん坊が生まれ出そうとしている「顔面把っ手付き土器」は、このような縄文人の観念を端的に表していよう。(『日本列島の石器時代』青木書店、二〇〇〇年、二三六頁)

さらに、同様の解釈を披露しているのが渡辺誠です。渡辺は、小林達雄とともに長い間縄文文化の精神性をテーマに研究を重ねてきた考古学者で、その総決算ともいえる著書のなかで、単に土器や土偶といった遺物だけの解釈にとどまらず、貝塚や墓なども取り上げながら、縄文人の「精神世界のありよう」を読み解いていきます。

◇縄文人の精神世界の中核は、死と再生の観念〈渡辺誠〉

この結論は、筆者にとっては人面・土偶装飾付土器などの研究によってたどりついたものだが、研究史的には先行する先人たちの業績があったことはすでに述べたとおりであり、（中略）以下にその要点をまとめておこう。

第一は、貝塚における埋葬である。貝塚はゴミ捨て場ではなく、魂送りの場である。人も動物も再生して豊かな恵みをもたらすことを祈る場であったからこそ、食料の残滓と共に肉親を埋葬することができたに違いない。

第二は、土偶である。女性の出産能力に象徴される女神の霊力を宿した土偶は、あらかじめ壊すことを目的としてつくられ、新たな生命の復活とムラの甦りのために、意図的にバラバラにして葬られていたのである。

第三は、埋甕の風習である。竪穴住居の入口下に、甕に入れた死産児を埋葬し、常にそこをまたいで通る母親の胎内に再生することを願った。入口下に埋めた理由は、そこが魂の通り道だったからである。（中略）

第四は、人面・土偶装飾付土器である。女神の顔または身体を口縁部にもち、土器の本体は女神の身体を意味している。（『よみがえる縄文の女神』学研パブリッシング、二〇一三年、一八〇―一八一頁）

縄文人の精神世界の中核が「死と再生の観念」にあるとする渡辺の結論には、おおいに賛意を表したいと思います。土器についても、「本体は女神の身体を意味している」と述べています。「容器」としての形状から、土器が子宮に見立てられていると判断しているようですが、器面につけられた縄文などの模様が、具体的にどのように子宮を象徴しているのか、そうした造形の意味には触れていないのは、ちょっと残念なところです。

一方、弥生土器について子宮的性格を論じたのは、奈良大学の小林青樹です。認知考古学的分析を行なっていますが、縄文土器の形を考える上でも重要な研究です。

◇再生装置としての壺の象徴性〔小林青樹〕

そのほかに大陸から日本列島に流入した祭祀・儀礼の象徴媒体で重要なものは壺である。弥生時代に大陸の影響を受けて形成された壺は、亀ヶ岡系文化など縄文文化の影響を受けつつも、韓半島系の流儀を受け継ぎ、口のすぼまった器形に表面を赤く塗って磨き込む壺を誕生させた。伝大田の異形銅器や伝高崎の狩猟文鏡に描かれた壺の象徴的な図像表現などからみて、壺が弥生時代の祭祀・儀礼の中心に位置する最も重要なものであると考えてよいだろう。そして、おそらく壺は、祭祀の中心である祭殿の内部に、翌年の種籾を収納・保管するために用いられ、幾度かの祭祀を経ながら大事に奉納、崇拝されるのであろう。この壺の祭祀的機能は、単に種籾を収納・保管するだけではない。稲と人の生長過程を、相同関係にあるものと考えれば、壺の本質的な祭祀機能が理解できる。種籾は、稲を刈り取るいわば稲に死を与える行為の後に得られるものであり、脱穀して食してしまえば本当の死を迎えるが、再度、地面に蒔けば復活再生する。したがって、壺に収納される種籾の期間は、生死をさまよう状態であり、この期間に行なわれる祭祀はまさにこの状態を「生」の状態へと導く再生の祭祀である。

壺をこのように再生の装置とみなせば、東日本の再葬用土器棺が壺であることの理由も理解できる。（中略）人面土器のなかには、常陸大宮市泉坂下遺跡の壺自体を人体に見立てるものがあるように、壺自体が再生の象徴であるとすれば、壺棺は子どもを胎内に宿す女性を象徴的に表現しているのであろう。東日本の再葬墓地帯は、縄文系文化の影響を強く残していたが、稲作文化の概念世界は変容しつつも到達していた。（『季刊考古学』第122号、雄山閣、二〇一三年、五五頁）

小林青樹の見解には私も賛同します。ただし小林は、弥生の壺を「再生の象徴」と考える観念は、大陸からもたらされた世界観であるとしていますから、縄文土器には、そうした象徴表現を見てとってはいないようです。

私は、壺の形が、縄文時代の古い段階（八〇〇〇年前の鹿児島県の上野原遺跡など）に出現している点に着目しています。この時期、すでに壺を子宮に見立てる象徴観念が芽生えていたことを示しており、そうした縄文の心性が、その後も失われることなく、弥生土器にも受けつがれたと判断するのです。そして、何かを子宮（母胎）に見立てる象徴心性は、人間の根源的なものの考え方に由来している可能性があり、それゆえ時空を超えた広がりを見せるのだと考えています。

7．縄文土器は再生のシンボル

第二章においてくわしく述べたように、私は、カール・ユングやエーリッヒ・ノイマンの指摘する「グレートマザー元型」に着目し、そこから生まれる再生の「イメージ」が、子宮を容器である土器の形になぞらえるという「シンボリズム」に結実したのであろうと考え、そこに縄文人の心性を重ね合わせました。とくに重要と考えたのが壺のシンボリズムです。拙著『月と蛇と縄文人』では、壺の意味について、つぎのように解釈しました。

◇壺形土器は子宮を象徴〈大島直行〉

上野原の壺だけでなく、壺形土器そのものが何をシンボライズしているのかを考えるうえでヒントになるのは、北海道で作られた北斗市茂辺地遺跡の「人形装飾異形注口土器」と名づけられた壺です。同じ形の壺は、青森県の十腰内遺跡や小形遺跡からも出土していますが、これらに共通しているのは、細い頸の部分に人の顔が描かれていることです。

茂辺地遺跡の壺は、頸が途中から左右に分かれていて、そこにも顔が描かれています。そして、ドーナツ状の胴部には、これを抱え込むように大きな腕と手が描かれているのです。つまり、壺は、頸の部分が顔、胴の部分がお腹としてデザインされており、それはとりもなおさず身ごもる女性の姿＝顔とお腹（子宮）を表現していると読み取れるのです。

このように考えてくると、あの上野原遺跡の二つの壺も、まだ人の顔は描かれてはいませんが、やはり月のシンボリズムにのっとって子宮をシンボライズしたものだと考えられるのです。壺の口はもちろん月の水が注ぎ込まれるようにデザインされているのではないでしょうか。口と頸を細くデザインすることで壺の形が生まれるわけですが、おそらくそれは、月から子宮に水を運ぶ蛇の通り道に見立てられているようにも思えます。（六四―六五頁）

そして、こうした壺を子宮に見立てる象徴心性は、時空を超えて広がりを持つことも指摘しました。

壺が月と女性（子宮）をシンボライズするという考えから作られていると思われる例は、縄文土器だけでなく、インカ文明や先コロンビア期などの農耕文化の土器にも顔付きの壺が数多くあり、同様のシンボリズムが時空を超えて普遍的な広がりを持つことに驚かされます。もちろん日本でも、弥生文化の土偶や「土偶形容器」「人面付壺形土器」にその伝統が受け継がれていることはいうまでもありません。土偶形容器には、神奈川県中屋敷遺跡のように、中に子供の骨が入れられていた例もあります。おそらく、単なる「骨臓器」というのではなく、縄文土偶と同様に月のシンボリズムにのっとって作られた再生信仰のための祭祀道具だったのではないでしょうか。

じつは、古墳時代の埴輪にも気になる造形がいくつもあります。弥生土偶の造形意識が古墳時代にも引き継がれていると考えたのは、考古学者の野口義麿や永峯光一です（「土偶から埴輪へ」「呪的形象としての土偶」）。千葉県芝山古墳の埴輪に見られる耳や目の表現が、弥生の「容器形土偶」のそれと類似していることを指摘したのです。しかしそれは「特殊性」として片付けられてしまい、造形理念にまで踏み込んだものではありませんでした。

頭に壺を頂き子供を背負った姿の茨城県高戸出土の人物埴輪に代表されるような造形は、たしかに弥生時代の土偶や「人面付壺形土器」からの造形理念が感じられます。また、茨城県舟塚古墳の「楯持人」と名付けられた埴輪には、頭に二つの容器状の突起があり、縄文の中空土偶（北海道函館市の国宝土偶）の造形理念そのままに作られているとさえ思えます。（六五—六六頁）

これらにみられる共通性は、あくまでも《月のシンボリズム》の確固たる意味が受け継がれていることから生じているもので、月になぞらえられた子宮や、その子宮に、生きる水を運ぶ蛇などがさまざまな形で象徴的に、そしてレトリカルに描かれていると考えるべきでしょう。

旧石器時代の世界の状況をながめてみると、すでに後期旧石器時代には、フランスはドルドーニュの「ローセルの女神」などに見られるように、《月のシンボリズム》が確立していて、月＝女性＝子宮という文脈で、世界（宇宙・自然）の認識も行なわれていたに違いありません。縄文人もそうですが、月も女性も子宮も、世界中の狩猟採集の社会では、人間が生きていく上で欠かすことのできない大切な意味を持っていることは、第二章で述べました。世界観は、そうした重要な意味を持った象徴（シンボル）を核としてつくられたもので、それは、日常生活のさまざまな局面で、さまざまな形で表現されていきます。

日本列島でも、後期旧石器時代の二万年ほど前には、穴に死者を埋葬する心性が根づいていることからも、ヨーロッパと同様の世界観が生まれたと見ていいでしょう。死を認識し、死を乗り越えるために必要な象徴は、ここでも月＝女性＝子宮という文脈で語られたに違いありません。象徴を表現する行為も盛んに行なわれていたとも考えられます。そうした行為のひとつとして生まれたのが、ヨーロッパの「ヴァレンドルフの女神」であり、日本列島の縄文土器や土偶だったのではないでしょうか。

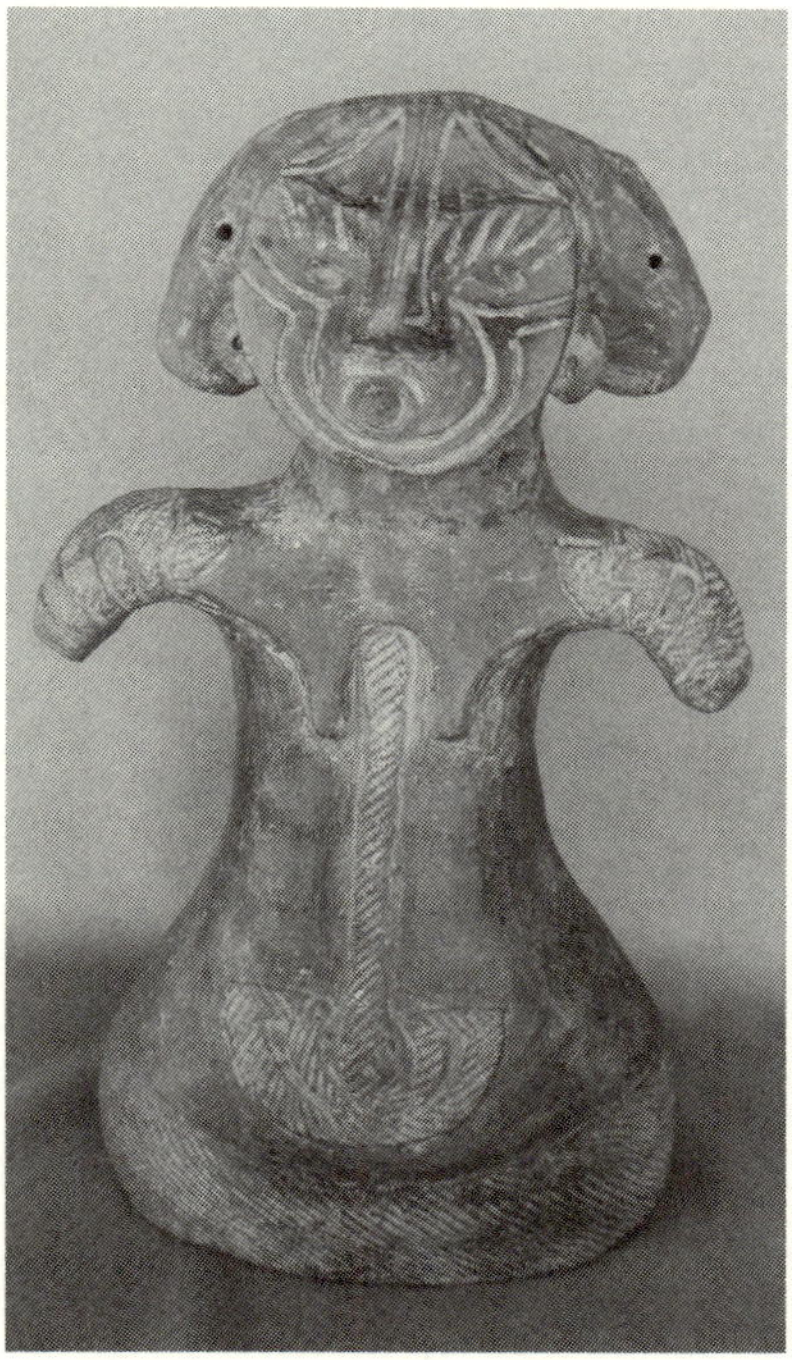

図８　弥生時代の土偶：国指定重要文化財土偶形容器　個人蔵（土偶形容器は、東日本の弥生時代の墓地から発見される人面付き土器とも密接な関係がある。この土偶の“胎内”からは、幼児骨が納められたまま出土した。そこには、土偶そのものを“母”の体とした“よみがえりの世界観”を、彷彿とさせる。――『日本の美術』第345号〈土偶〉、至文堂、1995年、より）

西アジアで、農耕や牧畜にしばらく遅れて土器が出現した状況や、日本列島でも、尖底、壺、深鉢、複雑な器形、波状口縁、混和剤、そして縄や貝殻の模様など、どれも、その合理的な解釈には頭を悩ませ続けていることを考えるにつけ、これまでの解釈を否定するということではありませんが、再検討の余地もずいぶんあるように思います。

小林達雄は、縄文土器の文様には〝彼らの世界観が表現されている〟と指摘しましたが、その世界観の内容は、少なくとも何かを象徴していることと深く関わりあっていることは明らかでしょうから、心理学的あるいは宗教学的に人間の生得的心性を斟酌《しんしゃく》するならば、その謎は解明できると思うのです。

ですから、尖底土器や壺形土器が、《月のシンボリズム》のなかで、子宮に見立てられ生み出された形と考えるのも、あながち間違いではないような気がします。おそらく、煮炊きするというよりも重要な造形上の動機だったのではないでしょうか。そして縄文土器は、「再生」を象徴する子宮的意味を持っていたからこそ、死者の埋葬に際して、死者に添えられたのでしょう。

これまでの考古学研究においては、土器を死者や埋葬と関連づけて考えることは、ほとんどありませんでした。土器と墓の関係は、これまでは単に「副葬品」としての意味しか与えられませんでした。したがって、その有無や多寡や見栄えが重要視され、集団における死者の地位のみが議論の対象となってきたのでした。このことは、「死」が何らかの社会的な意味を持っているはずだという前提や仮説、あるいは私たち現代人の常識があったからにほかなりません。副葬品を威信財としてみる見方は、そのことを端的に物語っています。

しかし、《月のシンボリズム》が示しているのは、死者の「死」ではありません。むしろ、死者の「再生」や「誕生」、「よみがえり」こそが彼らの関心事であったことが、土器の解釈（分析の視点）を変えることで見えてきます。

これまでほとんど問題とされることのなかった「縄文」の縄の意味や、壺や盆、お猪口、徳利、片口などの「かたち」が持っている象徴的意味を吟味するならば、土器という造形が、死を乗り越えて再生をシンボライズするため、いかに現実的意味をはるかに超越した神話的世界観の表出行為になっていたかが理解できます。言葉を変えて言うならば、人々の再生・誕生のために、穴に入れ、死者に添えることこそが、土器の本質的な意味であり役割ではなかったかと思います。そのような解釈に立ってはじめて、まさに小林達雄が主張する「第二の道具」の本領を見ることができるのです。

第五章　ムラや家の子宮的性格

クレタの宮殿は、大地の力に適合するように建てられていた。理想的な場所は、宮殿がその中に建つ、まわりを囲まれた谷や、宮殿の北か南にある円錐形の丘や、その丘の向こうにいくらか離れて位置している、より高い双つの頂きをもった山を含んでいた。まわりを囲まれた谷は、自然のメガロン〔ヘレニズム時代以前のギリシア建築で一般に住居として用いられた建物〕、すなわち保護してくれる子宮であった。円錐は大地の母としての形態を象徴していた。双つの頂きをもった山は、角あるいは胸を暗示していた。

（イーフー・トゥアン（小野有五ほか訳）『トポフィリア』）

1．旧石器時代のムラも環状なのか

遺物から遺構に話題を移します。

遺構とは考古学の専門用語で、家やお墓、貯蔵のための竪穴、貝塚やストーンサークルなどといった、大地の上につくられたさまざまな施設の跡のことです。最近は、ゴミ捨て場や道路、貝の養殖場、作業場、落とし穴、でんぷん質植物の水さらし場なども見つかったと報じられています。

縄文土器が子宮になぞらえられていたことは、神話的思考（月のシンボリズム）のなかから無理なく引き出すことができました。最初から縄文土器を「煮炊き用の鍋」と決めつけて、合理的、機能的に解釈しようとすれば、尖り底や縄目模様など、説明のしにくいことが数多くあることに気づくはずです。そこで今度は、遺物から遺構に目を転じ、縄文時代のムラ（集落）にも形のあることに着目したいと思います。

ムラの形とは、住居の配置の状態をいいます。形は一般的に円形あるいは環状になっています。では、なぜ、彼らは環状に家を配置したのでしょうか。それが、どのような考えから生まれたのかを読み解いてみたいと思います。ここでも、やはり、《月のシンボリズム》を考えの基本に据えたいと思います。つまり、月＝女性（子宮）＝生きる水＝水を運ぶ蛇、という文脈のなかに、ムラのデザイン原理を位置づけることができるかどうか、ということです。

さっそく縄文時代の代表的なムラの形、環状集落について考えますが、その前に、最近は縄文時代だけでなくその前の旧石器時代のムラも、どうやら円環という「形」を成しているらしいということが分かってきました。そういった事情から、何人かの考古学者に話を聞いてみましょう。まずは、北海道大学の小杉康の報告を見てみましょう。

◇獲物の解体や分配が円を生む〈小杉康〉

後期旧石器文化における遊動生活をおくる集団の規模は2〜3世帯ほどの小さな規模のものでした。しかし、1980年代前半の下触牛伏遺跡（群馬県）の発掘調査によって、その認識は改まります。この遺跡が属する前半期ナイフ形石器群期の古日本島には、そのようなブロックが数個から数十個、環状に配され、その規模は直径数十メートルにも及ぶ環状ブロック群と呼ばれるものが存在することが明らかになりました。縄文文化の環状集落遺跡に匹敵する規模です。（中略）それらの複数のブロックの多くが、同時存在していたこともわかってきました。（中略）このことから、《ナウマンゾウやオオツノジカのような大型哺乳動物を共同で狩猟するために、多くの世帯集団が結集したキャンプ村》、あるいは一歩踏み込んで《仕留めた大型哺乳動物を取り囲むようにしていくつかの世帯集団が占拠して、しばらくの間、獲物の解体と分配、消費を行った結果、個々のブロックが形成されて、全体として環状ブロック群が形成された》、と考えるのならば、（中略）しかし、これに反する仮説を立てるのに有利な資料も存在します。落とし穴です。（『はじめて学ぶ考古学』有斐閣、二〇一一年、一六六頁）

この説明からは、おそらく誰もが、縄文時代と同じような円形あるいは環状のムラの形をイメージするでしょう。しかし小杉は、「縄文文化の環状集落遺跡に匹敵する規模」と言っていますが、同じ原理が働いていたとは断言していません。

一方、国立歴史民俗博物館の松木武彦は、もっと積極的に環状ブロックの意味を考えています。

◇親密なコミュニケーションをはぐくむ〈松木武彦〉

重要なのは、このブロックやその群が、環を描いて並ぶという点だ。おそらく、小屋掛けやテントのような、痕跡をほとんど残さない簡単な施設が数基から十数基、広場を真ん中にして円く並んだキャンプ地のような外観だっただろう。（中略）それらが環になるという現象には、深い意味がある。環になって顔を見せあうことは、ヒトがその進化の初期から獲得したと思われる、もっとも親密なコミュニケーションのとり方だ。対等の話し合いを円卓会議というように、環のまわりは、本来はどの場所も区別がない。親しみと対等性を醸し出す、自然な位置関係といえる。三万年前のヒトが、居場所を環に並べたことは、かれらの間でそうした対等の関係が意識され、ホモ・サピエンスならではのアナロジーの能力によって、その関係を空間的な形に表現した結果といえるだろう。

世界各地の例や歴史上からみても、環の形をした集落や村は、比較的単純で古い、共同意識の高い社会に多い。ホモ・サピエンスの脳が普遍的に生み出す社会認識と物質表現との結びつきを、そこに読みとれる。また、環の形、すなわち円形原理の物質世界が、こんどはそこに生まれ育つ人びとの認知に働きかけることによって、親密で対等な社会関係を強めるような日常行為や儀礼を生み出していったとも考えられる。（『全集　日本の歴史　第1巻　列島創世記』小学館、二〇〇七年、四一―四二頁）

松木は、人類の思考の進化の過程で、コミュニケーション能力が高まった結果、こうした「親し

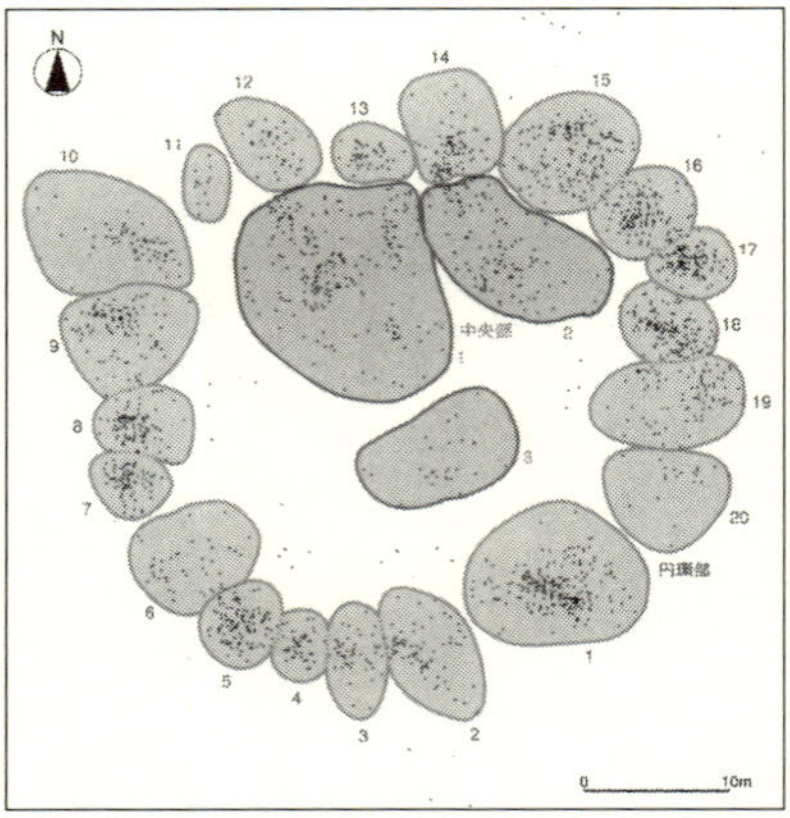

図９　旧石器時代の環状ブロック：群馬県下触牛伏遺跡（『赤城山麓の三万年前のムラ・下触牛伏遺跡』新泉社、2006年、より）

みと対等性を醸し出す」ものとして円形あるいは環状の形が生み出されたのだと述べています。次節で縄文時代のムラの形を考えるにあたっても、とても参考になる興味深い解釈です。じつは、この点に関しては、面白い話があります。

一九九〇年の秋、私は、北海道千歳市の柏台遺跡の調査を見学しました。新千歳空港の近くにある約二万年前の旧石器時代の遺跡です。遺跡は、最後の氷河期のころにできた古い台地の上に位置しますが、その後に降り積もった火山の噴火による軽石や灰が四メートルにも達し、現在の地表面からは、信じられないくらい地下にあります。

私は、地下四メートルで行なわれている発掘調査の様子を、地上から眺めることができましたが、そのとき説明してくれた調査員の話におどろきました。なんでも、ここからは、十五カ所の「ブロック」と名づけられた、石器の集中する場所が見つかったというのです。しかも、それぞれのブロックは、五メートル前後の円形の範囲に石器が散らばっていて、それらブロック同士の間には層位的な差はなく、「石器群はすべて同じ文化層のもの」であるといいます。そして、何より十五カ所のブロックは、全体として、環状をなすように位置していたのです。

さらに私をおどろかせたのは、それぞれのブロックには、中央に「炉跡」もあるというのです。

のちに調査者の畑宏明は、「これらブロックは住居とはいえないまでも、当時の人々の生活の場とみなしてよいだろう」（『新・北海道の古代〈旧石器・縄文文化〉』北海道新聞社、二〇〇一年、三八頁）と、述べていますが、私は、「住居」説および「定住」説には疑問を持っていますので、額面どおり了解することはできません。しかし、従来の言説を前提にして考えるならば、それは「住居」以外の何物でもないし、環状の「ムラ」の形は松木武彦も述べているように、すでに旧石器時代につくられていたのだと思いました。

もしそうであれば、このことは、旧石器時代の社会や思想を考える上で、とても重要な意味を持つと思います。つまり、日本列島の旧石器時代、人々はすでに「定住」していた可能性が指摘されているからです。

世界的には、定住生活は、新石器時代の農耕・牧畜とともに始まったとされますが、新石器時代になっても農耕や牧畜を始めなかった日本列島には何か深い事情があったに違いありません。おそらく、土器づくりや矢尻づくりだけでなく「暮らし方」も世界に先駆けて、しかも旧石器時代に始まったということになります。だとしたら、世界的にも稀な「定住型の狩猟採集社会」と見える現象は、旧石器時代からの伝統という考え方も成立します。

当時から定住生活が始まっていたとしたら、今後は「定住」の中身、彼らがどのような世界観で、どういった暮らしをしていたのか、それは現代に暮らす私たちの「定住」とどう違うのかといった点について明らかにすることが課題の一つと考えます。

2. 縄文ムラはなぜ環状なのか

縄文時代のムラの形が環状をなすことは、古くから知られていました。戸沢充則監修の『縄文時代研究事典』（東京堂出版、一九九四年）には、「中央の広場を囲んで住居跡が環状に配置されるものであって、環状集落あるいは馬蹄形集落とも呼ばれる。中央の広場には、貯蔵施設のほかに、屋外の共同調理施設・埋葬施設・祭祀的な施設とみられる遺構がともない、この中央の広場が各種の共同作業や行事・祭祀の場としての役割をもっていた。そして、この中央に広場をもつ集落形態こそが、縄文時代を他の時代の集落遺跡と区別する最大の特徴となっている」（勅使河原彰、九一頁）と書かれています。

こうした集落の形は、今から六〇〇〇年ほど前の関東地方を皮切りに、その後、広く東日本に見られるようになります。前節での旧石器時代に対する松木の解釈が正しいとすれば、当然、縄文のムラが円形あるいは環状をなすのも同様な原理が働いていたからと予測することが可能です。しかし、縄文時代の早い段階には、そうした形が今のところ見られないようです。

つぎに紹介する小林達雄の考え方は、コミュニケーションの確立を目指すことが円形や環状のムラを作り上げることの原動力になる、という松木の解釈と符合します。

◇手をつなぎ環を作る決意と心を象徴〈小林達雄〉

それぞれの竪穴住居は、自らの主体性を確保する一方で、公共的な中央広場を囲むという一定の形式を維持することで、いわゆる社会的な契約を結ぶ。東北新幹線の建設工事にともなって発掘調査された岩手県紫波町の西田遺跡では、この形式を見事に表現した縄文中期のムラの跡が検出された。中央広場を囲んで、二〇〇基近い墓穴群、その外側に掘立柱住居群、さらに外側に多数の竪穴住居、そして貯蔵穴群が同心円状にめぐっていた。

こうした縄文のムラの形式は、縄文社会の基本的単位の一つを表す姿であり、各竪穴住居に住む家族の独立性は強まりながらも、勝手気儘に場所を選ぶのではなく、全体が一つの環を作る形態の中に組み込まれているところに、強固な社会的規制の働きを見るのである。

竪穴住居が円形に展開するこの様子は、あたかも手をつないで環を作る、という縄文人の決意と心を象徴しているように思われる。こうしたムラの設計を、私は「縄文モデルムラ」と呼んでいる。（『縄文人の世界』朝日選書、一九九六年、一二四―一二五頁）

小林は、その後の論考では、ムラやストーンサークルなどのいわゆる「記念物」を円形につくるのは、かれらの宇宙観や世界観と深く関わりあっているからだとも述べています。

◇円形は宇宙観や世界観に裏付けられている〈小林達雄〉

なぜ円く家が並ぶのかということもたいへん重要なことです。おそらく彼らの世界観、宇宙観と深い関係があったというふうにみることができます。いろいろな世界の民族例をみましても、そういう例はたくさん挙げることができます。アメリカ大陸の先住民の人たち、そういう人たちが丸い広場を囲んで家を並べていきます。あるいは、アフリカのブッシュマンの人たちは円形に家を並べていきます。そしてそれは実は完全な形の円なんだという、そういう宇宙観、世界観に裏付けられておりまして、そしてそれはそのまま彼らの小屋の形を円くするというようなことにも連動しております。（中略）さらにアメリカの先住民の中には、今度はそういう円形ではないけれども、大体円形に展開するときに、特別な星を自分たちの家族一つ一つが、一家族、一家族が星に対応させながら、全体として宙天に浮かぶ星座の位置をお互いに取り合うというような、そういう宇宙観もあったりします。

縄文人が円く中央広場を囲んで家を展開するというのには、これは偶然ということではなくて、やはり彼らのそういう世界観の裏打ちがあったとみるべきだろうと思います。あるいは、そういう展開の中でそれを理屈づけるといいましょうか、それでいいんだという確認は、後追いしながらでも理屈としてその世界観が形成されていくとみていけるのではないかと思います。（中略）「ストーン・サークル」であるとか、環状の土手であるとか、円形の土手であるとか、そういうものの設計における円、丸です。サークルというものと密接にかかわっている。縄文時代にとっての円、丸というのは、重要な彼らの世界観のキーポイントになっていたということです。（國學院大學日本文化研究所編『祭祀空間・儀礼空間』、雄山閣出版、一九九九年、一八一―一九頁）

しかし、小林は、円を描かせる世界観や宇宙観がどのようなものなのかは述べていません。これも、縄文土器と同じように、世界観の内容は縄文人でなければ理解できないという諦めも感じられます。

小林はこのなかで、円形にかかわるアメリカ先住民の宇宙観について触れていますが、その具体的な例は、民族学者の大林太良によってくわしく述べられています。北アメリカのスー族の一派であるオグララ族の興味深い宇宙観です。

◇円は自然の万物の象徴（大林太良）

彼らは円が神聖であると信じているが、それは大精霊《グレート・スピリット》が、石を除く自然界のすべてのものを、丸く作ったからである。石は破壊の道具である。太陽も天も、大地も月も楯のように円形だ。（中略）呼吸をしているものは万事、植物の茎のように丸い。大精霊が万物を丸くしたのであるから、人間は円を神聖なものと見做さなくてはならない。と言うのは、円は、石以外の自然の万物の象徴だからだ。世界の縁と、したがってそこに吹く四つの風との象徴もまた円である。だから円は一年の象徴でもある。昼間も夜も、また月も天高く円形をなして運行する。したがって、円はこれら時間区分の象徴であり、これによって、すべての時間の象徴である。

これらの理由によって、オグララ族は、彼らのティピ（円錐形テント）を丸く作り、彼らの野営地ではテントを円形に配列し、さらに儀式の時には円形に坐る。円はティピや蔽いの象徴でもある。もしもひとが装飾のために円をつくると、それを決して分割してはならない。それ

は世界と時間の象徴として理解されなくてはならない。（『日本古代文化の探求・家』社会思想社、一九七五年、四五―四六頁）

「大精霊が万物を丸くした」というのは、ちょっと乱暴な理屈のようにもみえますが、シンボリズムというものの考え方には、個別的な象徴としての月や太陽や星だけでなく、それらを包括した「宇宙」という象徴のあったことも視野に入れておくことは必要かもしれません。ただし農耕社会以降においても、さまざまな図像表現のなかに宇宙を「円」として表現されることが稀なこともまた事実です。

それでは、認知考古学を標榜する、岡山大学の松本直子の解釈はどうでしょうか。

◇世界の中心という認識があったから〔松本直子〕

どうして集落が環状になるのかという問題については、これまでいくつかの説が出されてきた。ひとつは、中央の広場が重要であったという説である。広場はただの空き地ではなく、そこで埋葬儀礼やその他の儀礼や祭り、舞踏などが行われるムラの生活にとって大切な場所であり、その広場を維持するためにはその中に住居などのよけいな施設を建てるわけにはいかない。そこで、広場の中は避けてその近くに住居などを繰り返し建てていった結果、広場を中心とする環状の構造ができるというわけである（小川岳人『縄文時代の生業と集落―古奥東京湾沿岸の社会』二〇〇一年）。

環状の集落は、平等主義的な社会を象徴する構造であるとも考えられる。環状に配置された各住居は、集落の中心からだいたい等距離になり、ムラの構成メンバーの間に格差ができない構造だからである。上野佳也は、こうした環状の構造を、「情報のもっとも流れやすい形」と評価している（上野佳也「環状集落・環状貝塚についての一研究」『長野県考古学会誌』第57号、一九八八年）。中央広場で行われる埋葬やその他の儀礼は、世界の成り立ちや人と人の関係、生きていくためのさまざまな知識などの、縄文社会において重要な情報を確認し、伝達する営みであっただろう。みながその場所からほぼ等距離に住む環状集落は、そういう点で平等主義的な社会を示しているかもしれない。環という形は、一部の突出を許さない、あるいは少なくとも目立たせない性格をもつ。（中略）

環は、突出を生まないが、中心と周辺という構造をもつ。それと同時に、内と外という区別ももつ。イギリスの新石器時代から青銅器時代にかけてさかんに作られた、ストーンヘンジなどのストーンサークルや、溝と堤によるヘンジなどのモニュメントも、環状の構造をもつ。これらのモニュメントの意味について、特定の場所が世界の中心であるという認識があったのではないかと考えられている。その信念にもとづいて、それを体感できるようなモニュメントを人工的に作り上げたのではないか、というのである。（『先史日本を復元する2　縄文のムラと社会』岩波書店、二〇〇五年、五五—五六頁）

まず、中央の広場を確保するために、必然的に集落が広場を囲むように環状をなしたとする小川岳人の解釈を、つぎに、東京大学の上野佳也による平等主義の象徴的構造という解釈を紹介しています。そして最後に、自説として、イギリスのストーンヘンジや、縄文のストーンサークルを例にあげ、「世界の中心」という観念の存在を指摘しています。

残念ながら、どの説にもこれといった根拠が示されていません。なぜ中央の広場に埋葬儀礼の場所をつくるのか、また、なぜ「世界の中心」という考え方が発生するのか、といったものごとに対する人類の認知方法を知ることは、認知考古学のもっとも力を発揮できる領域ですから、今後、ぜひとも議論してほしいところです。

さて、縄文の環状集落研究の第一人者は、なんといっても國學院大學の谷口康浩です。谷口の解釈に耳を傾けたいと思います。

◇環状集落は、社会進化を反映している〈谷口康浩〉

人間の社会と文化にも、環境（自然・社会）の変化に対する適応、すなわち進化の過程があったとする考え方がある。この進化主義の思想にたつ人類学者E．R．サーヴィス（1979）は、未開社会の進化の過程をバンド社会―部族社会―首長制社会の3段階に区分する有名な仮説を提唱している。（中略）

この考えを日本列島の原始社会にあてはめて理解するならば、旧石器時代は数家族からなるきわめて小規模な移動性のバンド社会の時代、弥生時代は首長制社会ないし首長国の段階にあったとみることが許されよう。そして、その間にはさまれた縄文時代の約1万年間には、バンド社会から部族社会を経て首長制社会へと移行する社会進化の過程がまさに進行したものと予測される。未開社会では一般に親族関係が社会関係に中心的な役割を果たしており、それは縄文時代諸社会においても同じであっただろうが、社会の統合形態は、人口密度や基礎的な生産力、経済システムの発展とともに歴史的に変化していたに違いない。（中略）
常に等質、平等で、歴史的発展を生むポテンシャルをもたない、という未開社会像を縄文社会に押し付けている限り、縄文時代のいかなる考古学的変化も歴史的に理解することはできない。環状集落に表れた諸々の変化も、社会構造とその進化に関連させてこそ、縄文時代の歴史的事象としての意味をもちうる、と考えたい。（『環状集落と縄文社会構造』学生社、二〇〇五年、一二一―一二三頁／初出は一九九八年）

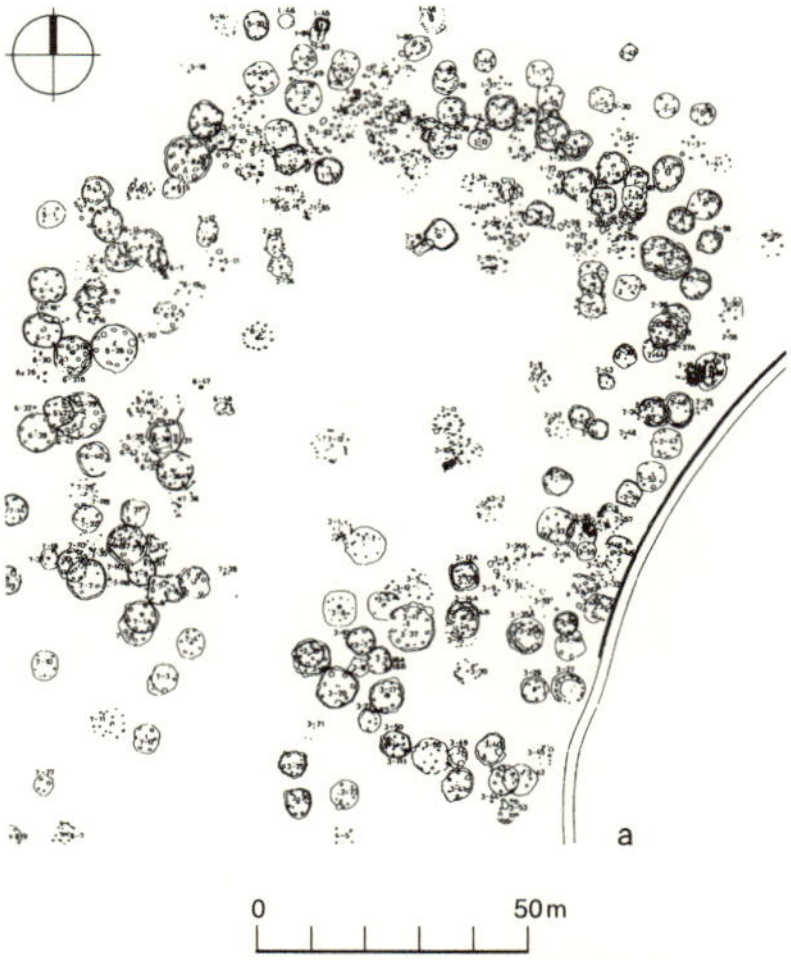

図10　縄文時代の環状集落：群馬県三原田遺跡（『環状集落と縄文社会構造』学生社、2005年、より）

谷口は「常に等質、平等で、歴史的発展を生むポテンシャルをもたない、という未開社会像を縄文社会に押し付けている限り、縄文時代のいかなる考古学的変化も歴史的に理解することはできない」と述べています。その主張は、筑波大学の西田正規が『縄文の生態史観』（東京大学出版会、二〇〇〇年）で、縄文社会を「発展しない社会」としたのとは、まったく対極にある考え方です。それでは、なぜ縄文のムラは環状になっているのでしょうか。発展史観からみた環状集落の形の意味がどのようなものか、その答えが気になります。

◇納得のいく説がない〔谷口康浩〕

「環状」の形態は何に由来するのか。この根本的な疑問については依然として納得のいく説明は得られていない。[9] しかし、定型的な構造を具現させる何らかの規則・観念・原理が存在したことは一般に予想されている。特にそれが本質的に社会組織に由来し、環状集落の分析を通じて社会構造への接近が可能であるという考え方も、以上の研究史の中で広く支持されてきた。

9）環状構造に原理的・本質的な意味を認める説として、情報が最も流れやすい生活空間の形として認知されたものとする上野佳也の説、強い統合の機能と統合の象徴としての役割を根元的な理由と考える丹羽佑一の説、日常の面接関係をとり結びさらに葬送をはじめとする各種の儀礼・呪術などの場でもある広場を中心として集団を統合するスペース・デザインとみる小林達雄の説などがある。また、ある種の機能的な理由を想定する説として、害獣・害虫などの侵入を阻止し集落の安全を守るための防衛上の構成とみる村田文夫の説、密度の濃いクリの自生地を独占し囲い込んだ結果と推定する石塚和則の説がある。一方、環状の構造に特に意味を認めず、消極的な評価を下す意見もある。西田正規は環状集落に似たピグミーのキャンプを例に挙げ、それが強い規制や計画性に基づくものではなく、キャンプ地の形や人間関係や気持ちによって、結晶が析出するように形作られることを示し、小林達雄のスペース・デザイン説に疑問を呈している。そのほか、窪地を避けて住居を配置した結果とみる岡崎文喜の見解や、細長い舌状台地の形に規定された形とみる林謙作の説などがある。（同書、三九・四七―四八頁）

これまで出されたさまざまな解釈が注の部分で紹介されていますが、結局、どの説も「納得のいく説明」ではないとしています。ただし谷口自身も、なぜ縄文人はムラを環状につくったのかという問題には具体的に答えていません。発展史観で捉えるのであれば当然、「未開社会」だからというのが回答なのかもしれませんが。

ところで、この問題に関して、興味深い議論が行なわれていることを知りました。これは、《国境なき考古学へ――考古学と民俗学の競合関係》と題する魅力的なテーマでの座談会で、民俗学者の赤坂憲雄が企画したようです。

◇円環は平等社会を保つための精神的な仕掛けだ〈岡村道雄・泉拓良・赤坂憲雄〉

赤坂　環状集落は人口密度が高まった時に集中的に出てきて、分散すれば消えていくというような波があると説く研究者がいます。人口密度が高まり多数の人間が同じ場に暮らす時どうして環状集落が多く営まれるのか。僕は円環の持つ平等性にこだわりたいと思っています。環状集落の中心は広場や墓地のような公共の空間です。そこでしばしば祭りが行なわれます。もちろんそれが普遍的ではないのかもしれません。

そういう円環構造を持った集落を作っていくのは、抽象的に言えば、平等の原理だと思います。中心と周縁ならば階層的で不平等になるからです。しかし円周状に並ぶのはお互いが突出した集まりではないことを意味しますし、そういう力学が働いたことの結果だと思います。そして村が分散して消えて行く時、環状列石というモニュメントが東北北部を中心に登場してきます。その時もなぜ円環なのか。おそらくそれは、縄文の人たちの精神世界やコスモロジーと何らかの形で繋がると思っています。環状集落から環状列石への移行を辿りながら議論できればと思います。（中略）強いリーダーが出現して集落の統合が行なわれた時に環状集落が現れる。それが解体した時に環状列石という形でモニュメントが作られる。その環状というものを考古学者はどう考えるんですか。

岡村　私は平等社会を保つための精神的な仕掛けだと思います。真ん中に村を築いてきた人たちの祖霊を合葬して、それを祀ることがいくつかの村の要素を一つにし、リーダーが裏付けを得るんですね。

赤坂　するとその墓地は、その時代の階層を表象するのではなくて、祖先を祀ることで中心を作っているわけですね。

岡村　そうです。もちろんリーダーが王位継承を儀式化するような意味もあったでしょうが、それもリーダーが中心になるわけではありませんね。

泉　イアン・ボッダーという学者がやったことですが、現代の環状的な構造を持つ集落の親族構造をコンピュータで分析すると、環状という形態はひじょうに合理的だということが分かると言います。ですから意識して環状にしたのではなくて、意外と平等がうまく保たれる社会では自然に環状になるんじゃないでしょうか。

　また、レヴィ＝ストロースが現地の人に自分の村の絵を書かせると、丸く描くそうです。ところが実際は丸くはない。つまり現実の形態は環状ではなくても、意識の中では丸く平等であるのかも知れません。（『東北学』vol.２、東北芸術工科大学東北文化研究センター、二〇〇〇年、二五二―二五五頁）

　民俗学者赤坂の鋭い指摘に、二人の考古学者はちょっと答えにくそうです。とくに泉は、考古学ではなく文化人類学（民族学）の知見を持ち出すあたり、考古学がいかにこうした問題に弱いかということを示しているようにも思えます。もちろん、使い方にもよりますが、民族学の援用は必要です。

「平等」も、じつは差別や区別を背景とした合理的な現代人の概念です。私は、レヴィ＝ストロースのエピソードも含め、意識のうちに描く「円環」は、合理性ではなく、カール・ユングが説く普遍的無意識のうちの「グレートマザー元型」の働きによるもので、「子宮」がヒエロファニー（聖体顕現）として顕在化したと考えるべきだと思います。

　こうして見ていくと、「円環」という観念は、相当に重要かつそれぞれの文化・時代の本質的な意味を内包していることは、誰もが気づいているようです。また、円や環の観念は、日本列島の人々だけが持っているわけではありません。

これほど大きなテーマでありながら、未だにその「原理」を明らかにできないのは、方法論の欠如も問題の一つと考えています。そういう意味においても、従来の形式論ではなく、新しく登場した認知考古学などの解釈による課題解決に期待したいと思います。

3．ムラと家は子宮を象徴

考古学の長い歴史のなかで、先史時代のムラや家の形のありようが、精神的な視点から議論されたことはほとんどありません。ムラや家は、もっぱら発展史観に基づいた集落あるいは社会構造論の材料として議論されるだけでした。

一方、民族学や民俗学では、ムラや家が子宮に見立てられているという事例が多数挙げられ、なかば常識的なこととして理解されています。単に時代や地域がかけ離れているからということで議論を避けるのではなく、縄文人の思考方法が神話的であるならば、人間の根源的なものの考え方という視点から検討することが必要なのではないでしょうか。

アイヌ民族の家（チセ）が子宮的な性格をもつと指摘したのは民俗学者の田中基です。田中は、アイヌ言語学の知里真志保の家に関する論考に触れ、つぎのように述べています。

◇アイヌの家は子宮〈田中基〉

知里真志保氏によると、例えば屋根のことをチセ・サパ（家の頭）、側壁のことをチセ・ツマム（家の胴）、屋内のことをチセ・ウプソル（家のふところ）といいます。（中略）
　またこの家の神は女性か男性かと問えば、祈禱の言葉の中で家のことをケンル・カッケマツ（家・婦人）といい、ユーカラの中では立派な家を形容して「家の頭はきれいになでつけてあり、家の胴はきりっとしまっている」と謡うような表現があるところからアイヌ民は家屋を女性の姿と考えていることがわかります。しかし、屋内を示すチセ・ウプソルを知里氏は〈家のふところ〉と柔らかく訳されていますが、ウプソルは子宮の意味があり文字どおり子宮と訳したほうが、屋内のもっている暗闇空間と、その中で寝起きする人間の意味を端的に表わしていると思われます。（中略）
　女性の子宮は新しい人間の生命が生み出される容器ですし、炉は生命を育む食物を加工、変容させる源で、生命をつかさどる重要な家・炉・女性子宮をむすびつけたアイヌ民の世界観の深さには驚かされます。（『縄文のメドゥーサ――土器図像と神話文脈』現代書館、二〇〇六年、四八―五〇頁）

　竪穴住居が「女神の身体」を表わし、そのなかにつくられた炉が「子宮」を表現していることを指摘したのは田中が最初ではないかと思います。田中は、一九八四年に刊行されたある雑誌に、「呼吸する縄文家屋――母胎としての家」と題する魅力的なタイトルの論文を発表し、縄文の竪穴住居が、子宮的性格をおびていることを指摘したのです（『ライフサイエンス』第11巻）。

田中のこうした研究に刺激を与えたのは、ある二人の学者です。ひとりは、長野県の井戸尻遺跡の調査研究を生涯にわたって続けた在野の考古学者武藤雄六です。武藤は、一九七五年から同人雑誌に、「中期縄文土器の文様解読」と題する論考を連載して縄文土器の図像研究に乗り出しました。武藤は、民族学や民俗学などを援用して図像を解釈したわけではありません。独特の勘をたよりに読み解いたのです。田中は、この武藤の研究に大きな刺激を受け研究を始めましたが、田中の研究に確固とした方法的な後ろ盾を与えたのが、ドイツの日本学者であるネリー・ナウマンです。その方法とは、世界的な視野からの図像解釈です。

じつは、武藤雄六が図像研究を開始した一九七五年は、ネリー・ナウマンが日本の専門雑誌に、彼女の最初の縄文研究の成果である、「縄文時代の若干の宗教的観念について」（渡辺健訳『民族学研究』39巻4号、日本民族学会）という論文を発表した年でもありました。しかし、武藤や田中らがそのことを知るのは後のことで、田中がナウマンの研究に触発され、「縄文人と精液」という最初の図像解釈の論文を雑誌に書いたのは一九八一年のことでした。いずれにしても、縄文図像の神話的解釈研究は、日本とドイツにおいて、奇しくもほぼ同時に開始されたということです。さて、縄文の竪穴住居と子宮を結びつけた、田中の縄文に関する初めての図像解釈は、つぎのようなものです。

◇縄文の竪穴住居は女神の子宮（田中基）

井戸尻文化の土器には蛙・蛇・猪・巨魚などの動物神が表現に盛り込まれていますが、特に重要なのは女神の身体を模した人面付深鉢と呼ばれるものです。この土器は食物の煮炊きに使用されたもので、内側には煮こぼれの跡がみられます。この女神像土器で祭儀に料理された食物のことを考えますと、女神を表わす土器の胎内で火による変容を受けた食物を食べることによって自分たちの生命が育まれるという考え方が縄文中期の前半に存在していたと思われます。

（中略）

ところが、曽利期になると、このように土器に集中的に表現された女神や動物神が姿を消し、空間的に転位し、大地を穿った竪穴住居そのものが女神の身体として表現されてくるようになります。この期になると生命を育む食物を女神が生み出すだけでなく、半地下式の住居の内側で寝起きする縄文中期の人々全体を包み込む容器そのものに女神が大きく変容しています。文字どおり住居が、大地を穿った地母神の身体を表現するようになったと思えます。その円形の竪穴の中央にある大型化した炉は、女神の陰部ないし子宮を意味したと思われ、特に曽利文化の始まりに見られる土器埋設石囲炉は真上から眺めると縦長の炉の中央に土器の丸い穴が一つないし二つあり、形状からも女性性器を想わせます。（同書、四四―四六頁）

ネリー・ナウマンの研究に刺激を受けた学者は田中基だけではありませんでした。長野県富士見町の井戸尻考古館を拠点に厖大な数の発掘資料を整理し、ナウマンと同様に象徴を基盤とした図像解釈学を駆使して縄文の神話的世界観の読み解きを行なったのが樋口誠司です（『山麓考古』第17号、山麓考古同好会、一九八六年など）。

樋口は当初、同館の先輩の小林公明とともに、もっぱら縄文土器の図像解釈に取り組んでいましたが、後に石皿の形が女性器を象徴したものであることを突き止め、ついで環状集落や住居、配石、さらには次の節で取り上げる「柄鏡形敷石住居」の形の意味をも読み解いたのです。もちろん答えは女性器あるいは子宮であり、それは《月のシンボリズム》の文脈のなかで語られています。

ただし、気になるのは、樋口が中期の前半に「土器」に表われた世界観が、後期になると敷石のあるなしに関わらず、住居という「空間」に移動したと述べている点です。そして、その前後の時期である「晩期の世界観も、前期の世界観もどういうものかまったくわかっていない」と結論していますが、縄文人の世界観が揺れ動く様はどうも合点がいきません。私は、縄文時代の初め、早ければ旧石器の時代から、すでに《月のシンボリズム》が彼らの世界観の中核にしっかりと据えられていたと考えています。

ところで、竪穴住居のなかにつくられた炉の意味についても、いくつかの考えが示されています。まずは、田中基の考えから聞いてみましょう。田中は、先に紹介した論考のなかで、長野県の曽利文化にみられる土器を埋めた石囲炉が、女性器や子宮を意味すると述べ、さらに、この時期に中部地方などで数多くつくられた香炉形土器は、「女神のランプ」とも称すべきものと同じ意味を持つと考えています。そして、その根拠を神話に求めています。

◇火は女性の身体から生まれる〈田中基〉

女性の身体、なかんずく陰部から火と文化が生まれるという神話はオセアニアや東南アジアの古い神話に残っています。この火を生み出す女神が同時に冥界の女神でもあることは、日本でも、火を生むことによって死に、冥界に下降して多くの蛇がたかった姿の女神となるイザナミの神話が示しています。

これらの古い神話の造形的表現はこの縄文ランプの表裏の形と一致しています。これは、以前には人面付深鉢という女神の胎内を表わした、女神の胎内から料理されたものが生み出されるという神話が、女神の胎内の中から火が生み出されるという神話へと強調点が転換したことを示しております。この女神ランプの神話的思考と女性の陰部の形をした土器埋設石囲炉から火が生まれるという神話的思考は同じで、ランプは女神像土器から竪穴自体へ女神の身体が転化していったことの過渡的な様相を示しております。（同書、四七—四八頁）

一方、子宮に触れてはいませんが、火の象徴性についてていねいに論じた小林達雄の論考にも注目したいと思います。

◇囲炉裏は暖房用なのか？〔小林達雄〕

つまり縄文住居の炉は、灯かりとりでも、暖房用でも、調理用でもなかったのだ。それでも、執拗に炉の火を消さずに守りつづけたのは、そうした現実的日常的効果とは別の役割があったとみなくてはならない。火に物理的効果や利便性を期待したのではなく、実は火を焚くこと、火を燃やし続けること、火を消さずに守り抜くこと、とにかく炉の火それ自体にこそ目的があったのではなかったか。その可能性を考えることは決して思考の飛躍でもない。むしろ、視点を変えて見れば、つねに火の現実的効果とは不即不離の関係にある、火に対する象徴的観念に思いが至るのである。火を生活に採り入れた時点から、火の実用的効用とは別に世界各地の集団は、火に対して特別な観念を重ねてきた。その事例は、いまさらながら枚挙にいとまがない。縄文人も例外ではなかった。炉と炉の火に聖性を見出したのである。炉は単なる住居の一施設ではなく、住居の象徴であり、住居空間に肉体の居心地良さを与える空間以上の意味をもたらしたのが、他ならぬ炉と炉の火の象徴性なのであった。炉の火は体を暖めるものではなく、心を暖め、目に灯かりをもたらすものではなく、心の目印となるのである。だからこそ、炉は、住居の存在を保障し、やがて家＝イエ観念と結びつくに至るのだ。炉に石棒を立てる理由もここにある。（『縄文の思考』ちくま新書、二〇〇八年、九四―九五頁）

小林の論考のもっとも重要な部分は、炉に石棒を立てる理由に言及している点です。小林は特別な観念（「聖性」）の存在を、世界各地の集団に求めていますが、それは民族誌や民族例によるものです。場合によっては日本の民俗例をも含んでいるかもしれません。

しかし、小林は、そうした聖性の内容については、「心の目印」と表現するものの、炉や石棒が具体的に何を象徴しているのか、惜しいかなそれ以上立ち入ろうとはしません。具体的に「陰部あるいは子宮」と解釈する田中の考えと大きく異なるのはこの点です。

さて、これまで主に家の子宮的性格について検証してきましたが、私は最近、遺跡の見方にも新

図11　水場の祭祀場：北海道北黄金貝塚

たな視点を導入しています。縄文人がムラ（集落）を構えるときには、当然何らかの考えに基づいて場所の選定が行なわれているはずだ、という前提に基づいた視点です。それは、従来の解釈にある合理的、経済的、科学的な選定原理ではなく、彼らの神話的世界観によるムラの選定原理が働いていると考えるからです。

日本全国をながめてみても、縄文時代の初期と中頃と終末期のムラは、大雑把ではありますが、川との関係や、丘の大きさや形など、何かしら共通した立地の要件を見てとることができそうです。例えば、私が長い間調査を行なってきた北海道の国指定史跡北黄金貝塚は、海に向かって突き出た大きな台地が二列並び、山側では二つの丘は結ばれていて、全体としてU字状になっています。そして、二つの丘の内側は平坦な広い沢地形ですが、そのもっとも奥の山裾の部分には湧水があるのです。

図12　続縄文時代の遺跡：北海道大黒島遺跡

同様の地形は全国各地で見られることから、つまり、縄文人は、二つの丘からなるこの地域を「子宮」に見立てたばかりか、新しい命が生まれ出る場所として湧水をも「子宮」に見立て、再生のシンボリズムを強く意識したのではないかと私は考えています。湧水の周りには、「水場の祭祀場」と呼んでいる場所がありますが、そこにはおびただしい数の石皿と擦り石が集められています。《月のシンボリズム》では、石皿は子宮であり、擦り石は蛇になぞらえられます。まさに再生のシンボリズムに関わって、この場所が選ばれたのではないかと疑っています。

もう一つ、同じく北海道室蘭市の大黒島遺跡を紹介しましょう。室蘭港の入口に浮かぶこの島は、周囲約七百メートル、高さ三十五メートルのこんもりとした饅頭形の小島で、戦前、灯台が建設された際、明らかに墓に副葬されていたと想像できる見事な続縄文時代の土器が見つかっています。

図13　高台の遺跡：鹿児島県上野原遺跡（写真提供：鹿児島県立埋蔵文化財センター）

水がないことから考えてもムラを構えるには不向きな島です。おそらく、饅頭形の島そのものを「子宮」に見立て、墓をつくることで再生のシンボルとしたのだと思います。

鹿児島県の史跡上野原遺跡もかなり興味深い立地です。巨大なシラス台地上（標高二百六十メートル）の遺跡ですが、台地上には縄文時代の初めから近世に至るまで連綿と続いた生活の痕跡を見てとることができます。なかでも重要なのは、どの時代にも、呪術的あるいは祭祀的な色彩の強い遺物が出土している点です。つまり、ここに遺跡が継続的につくられた理由は、このシラス台地そのものが「子宮」に見立てられたからと考えられます。縄文から近世まで、おそらくこの遺跡を読み解くキーワードが「祭祀」だとしたら、遺跡そのものだけではなく、遺跡の立地にも重要な意味があるのではないでしょうか。こうした視点からあらためて遺構や遺物、さらには遺跡そのものを検討してみることも必要だと思います。

こうした研究は、まだ始まったばかりですが、同様の視点を導入するならば、面白いようにムラのシンボリズムが顕現すると思います。なお、このような視点からのアプローチは、すでに小林達雄によって試みられています（「縄文世界から神社まで」『日本の聖地文化——寒川神社と相模国の古社』創元社、二〇一二年、一八二—二一三頁）。

4. 廃屋墓と敷石住居の謎

この章を締めくくるにあたって、大切な所見を取りあげておくことにします。それは、「廃屋墓」と「敷石住居」です。いずれも、家を「子宮」に見立てることで、家が再生の場所として捉えられていた可能性が高いからです。

廃屋墓は家屋墓とも呼ばれるように、「竪穴住居」のなかに死者を葬ったと考えられる、要はお墓です。縄文時代の中頃（五〇〇〇年前）に関東地方を中心として登場しますが、東は青森県から西は愛知県まで見られます。

この墓の研究に取り組んだ山本暉久や高橋龍三郎は、「貝塚につくられた竪穴住居に遺体を葬れば骨となって遺るけれど、貝塚のない内陸部の遺跡では、遺体は腐って残らない点を考慮して、竪穴住居からそれらしい状況で土器や石棒が発見される場合、廃屋墓の可能性を考えたほうがよい」と述べています（高橋龍三郎「縄文時代の葬制」『原始・古代日本の墓制』同成社、一九九一年）。私も

図 14　廃屋墓：千葉県姥山貝塚（写真提供：東京大学総合研究博物館）

その意見に賛成です。そういう観点から精査してみれば、未だ発見のない北海道や西日本でも、廃屋墓が存在した可能性も否定できません。結局、高橋が述べているように、「廃屋墓は中期を代表する特徴的な葬制」なのでしょう。

これまでの研究によれば、縄文時代の住居の数は、「中期」と呼ばれる時期（約五〇〇〇年前）がもっとも多いようです。普通に考えれば、住居が多ければ死者の数も多く、したがって墓の数も一番多くなるはずです。しかし実際には（実数を精査したわけではありませんが）、墓の数は「中期」以後の方が多いようなのです。亡くなった人々は、どこに葬られたのでしょうか。どうやら、そうした謎を読み解く鍵を握っているのが廃屋墓だと思います。

問題はなぜ家に死者を葬るかです。読者のみなさんは、もうお気づきでしょう。そうです。縄文人は家（竪穴住居）を子宮（母胎）に見立てているのです。第二章で説明したように、子宮に死者を戻すことによって再生を願うという行為は、脳が作り出した神話的世界観の実践です。縄文人にとって竪穴は、単に住むための施設ではなく、再生を願う祭祀的意味を持った墓でもあったのです。

一方、「敷石住居」はどうでしょうか。祭祀的、宗教的な施設として長い間抽象的に捉えられてきた敷石住居ですが、なぜ住居の床に石が敷き詰められているのか、その理由について説得力のある説はこれまでありませんでした。そうした研究に一石を投じたのが長野県の樋口誠司です。樋口は、敷石住居の特徴のひとつである「柄鏡形住居」（住居の一カ所に入口様の張り出しがある）に目をつけ、考古学では思いもよらない解釈を披露しました。

◇住居と敷石の関係は母とその子〈樋口誠司〉

張出しを有する住居のかたちと、敷石や配石の意味について明らかにするために、図像学的方法をもちいて土器の図文と比較した。その結果、柄鏡形住居にも土器とおなじ蛙・女性器・月という意味があることがわかった。

そして岩の上3号や新山22号の敷石の形態が胎児であることから、住居と敷石の関係は母とその子であり、母胎としての住居の意味もかさねられていることがわかり、埋甕や小竪穴がおよそ時間の流れに対応して住居から外に移動するのは、出産をあらわしたものであると解した。

（『山麓考古』第18号、山麓考古同好会、一九九五年、四一頁）

さらに樋口は、敷石住居に普遍的にみられる「埋甕」にも触れています。

住居が埋甕を産む。これは母親が子供を出産することであった。生まれ出る子と分身としての胎盤はつねに一緒だから、生まれ出る子としての埋甕に納まるべきは、後産として排出される胞衣以外にあり得ないことになる。そのように考えると、底の欠失した埋甕または輪積のところなどで故意に割られ工作してあるのは、胎児を包んでいた容器としての卵膜の破れを表徴しているのかもしれない。

住居内に石を敷くこと、意味ある形に配置することの背景は、女性器または子宮という再生装置とでもいうべき黄泉の世界をあらわすことだったのであり、それには永久に不変な石が使

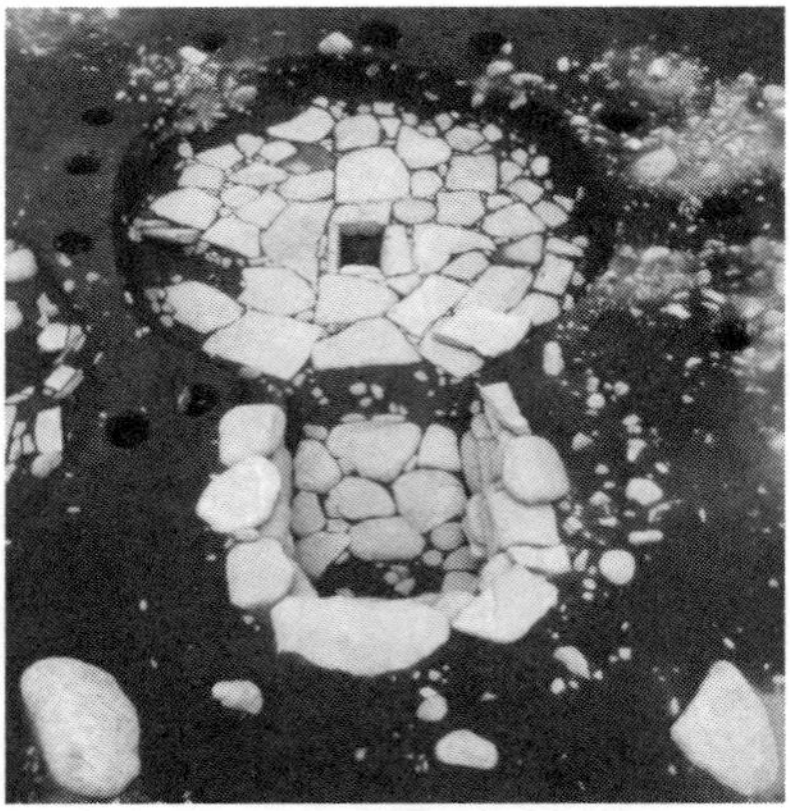

図15　敷石住居：長野県平石遺跡（写真提供：佐久市教育委員会）

われる必要があったと判断される。（同書、三九—四〇頁）

敷石住居になぜ石を敷き詰めるのかという疑問に答えた研究者は、樋口だけかもしれません。図像学的な解釈ではありますが、縄文人の世界観へのアプローチとして評価されるべきと考えます。廃屋墓や敷石住居が子宮をシンボライズしていることは間違いないでしょう。ただし、「黄泉の世界」や「女神イザナミ」、あるいは「祖先の墓を守り」については、そのような観念が狩猟採集を基盤とした社会にも存在するかどうかも含め、彼らの世界観としてふさわしいかどうか再検討の余地がありそうです。

いずれにしても、確実に遺体が発見される敷石住居は墓としての可能性が高く、これまでのように漫然と「住居」という視点だけで見ることは改めなければならないようです。また、縄文時代の多くの竪穴についても、出土品の位置や数、種類にあらためて注目する必要があると考えます。山本や高橋の指摘は重要な意味を持っています。彼らが指摘するように、少なくとも「中期」と呼ばれる五〇〇〇年前後の時代の墓は、これまで考古学が「住居」としてきたものの数に比べて圧倒的に少ないわけですから、その理由を明らかにする意味でも、それらが実は墓だったのではないかと疑うことも必要だと思います。

拙著『月と蛇と縄文人』、『縄文人の世界観』においては、「フラスコ状ピット」も墓であった可能性を指摘しました。これまで考古学では、単に手頃なサイズの「土坑」だけを墓としてきましたが、今後は、縄文人が死者を再生するためにどのようなシンボリズムとレトリックを使っているのかという視点で精査することが望まれます。

第六章　ストーンサークルにみる子宮的性格

円は人類が所有するもっとも古い象徴のひとつ（中略）円は外側から人間に対峙するのみならず、すでに原型として人間の魂の内部に錨をおろしていたということがわかり、かならずしも厳密に意識されなかったが、二つの円――すなわち、神の知ろしめす宇宙という円と私たち自身の生という円のそれぞれの中心を符合させることによって、生存在の不調和と不確実性から脱出することが、幾千年もの間の人間のもっとも深い憧憬であった。

〔マンフレート・ルルカー（竹内章訳）『象徴としての円』〕

1. なぜ縄文人は記念物をつくるのか

つぎは、ストーンサークルと呼ばれる縄文時代の遺構にも、《月のシンボリズム》として子宮が表現されていないかどうか、吟味したいと思います。

図16　ストーンヘンジ（『ストーンヘンジの謎は解かれた』新潮選書、1983年、より）

考古学で使われている記念物という用語は、古くからヨーロッパの考古学で使われていたMegalithic monumentを、巨石記念物と訳したことに由来するようです。巨石記念物とは、この方面の研究に多くの業績を残した、東京大学の駒井和愛によれば、ストーンサークル（環状列石）、メンヒル（立石）、ドルメン（支石墓）などの種類があり、広くヨーロッパからアジアに広がりを持つといいます。

現在の考古学では、巨石記念物という用語はほとんど使われず、単に記念物あるいは英語のモニュメントと呼ばれるようです。しかし、記念物とはどのようなものか、と改まって質問されると、案外答えに窮するのではないでしょうか。では、縄文時代の記念物はなぜつくられたのでしょうか。小林達雄の説明では、縄文人の集団の意志が、暗黙の了解のうちに世界観をはぐくみ、それが何かの動機によりある形に表現されたのが記念物だといいますが、その動機とは一体何なのでしょうか。

◇多目的祭祀の場のシンボル〔小林達雄〕

記念物は、概して規模の点だけからみても、日常的な生活が必要とする各種施設とは明瞭に区別される、目立つカタチをもつ存在であり、それ自体の主体性には歴然たるものがある。その実現の背景に要求される労力や長期に亘る年月によっても、縄文人の生活あるいは縄文社会に占める物理的意味からも、その現実的な意義の破格性を如実に示している。しかも日常的な損得勘定とは別次元にあるところに、記念物がその象徴性を強く示唆する根拠がある。象徴性の強味は、具体性の追随を豪も許さぬ、高次元の認識にかかわるが故に、記念物の存在感にそれだけ磐石の価値が生ずるのである。

しかしながら、記念物はそれ自体のカタチのみで自己完結するものではない。縄文人集団の意志によって実現し、維持され、そして存続を保障されるのだ。

記念物を有するムラなかや、記念物の周辺からは土器、石器が大量に出土する。とくに、いわゆる儀礼や呪術即ちマツリにかかわる、いわゆる「第2の道具」が多種多様出土し、その量も多い。それぞれの第2の道具の種類に対応するマツリの数々が考えられ、その多様さは、記念物を中核とするマツリの各種がとり行われていたことを物語っている。つまり、記念物とは、多目的祭祀の場として機能するシンボルであったのだ。（『縄文ランドスケープ』アム・プロモーション、二〇〇五年、一四一一五頁）

小林の説明によれば、どうやら、ストーンサークルではマツリ（祭り）が行なわれていたようです。その背景には、縄文人をマツリに向かわせる何か「高次元の認識」があり、おそらくそれは、小林の得意な「世界観」の鼓舞《こぶ》なのでしょうが、しかしそれは、残念ながら「具体性の追随を豪も許さぬ、高次元の認識」なのだそうです。つまり、ストーンサークルの円環が何を象徴しているものかは、わからないということです。このことについては、小林は別の機会に、とても意味深長な発言もしています。それは、「象徴性」について述べたものです（「縄文時代の記念物」『縄文ジャーナル』vol.5、たちばな出版、二〇〇四年、二〇―二三頁）。

小林は、縄文人が記念物を生み出す背景として、つぎのようなプロセスが必要だといいます。まずは、「自然の中に新たに築いたこの人工的空間としてのムラ」がつくられます。それは、旧石器時代の「自然的秩序からの分離独立の具体的な宣言であり、縄文人が人間としての主体性確立の象徴である」と。そのことは、表現を変えれば、「近代以降の自我意識に先立つ、人間意識の萌芽」であり、「自然と一線を引いた縄文人の人間宣言である」と持ちあげます。そして、そうした人間宣言の象徴として生まれたのが記念物だというのです。

◇**記念物は人間宣言の象徴**〈小林達雄〉

縄文人の人間宣言とは、生命体を維持するための食料獲得の身体的運動とは別に、象徴的世界を頭の中に創造することを意味するのである。この象徴性こそが人間の脳だけに許された特有の能力であって、手や足の身体運動においては人並み以上に優れた能力を発揮する動物のい

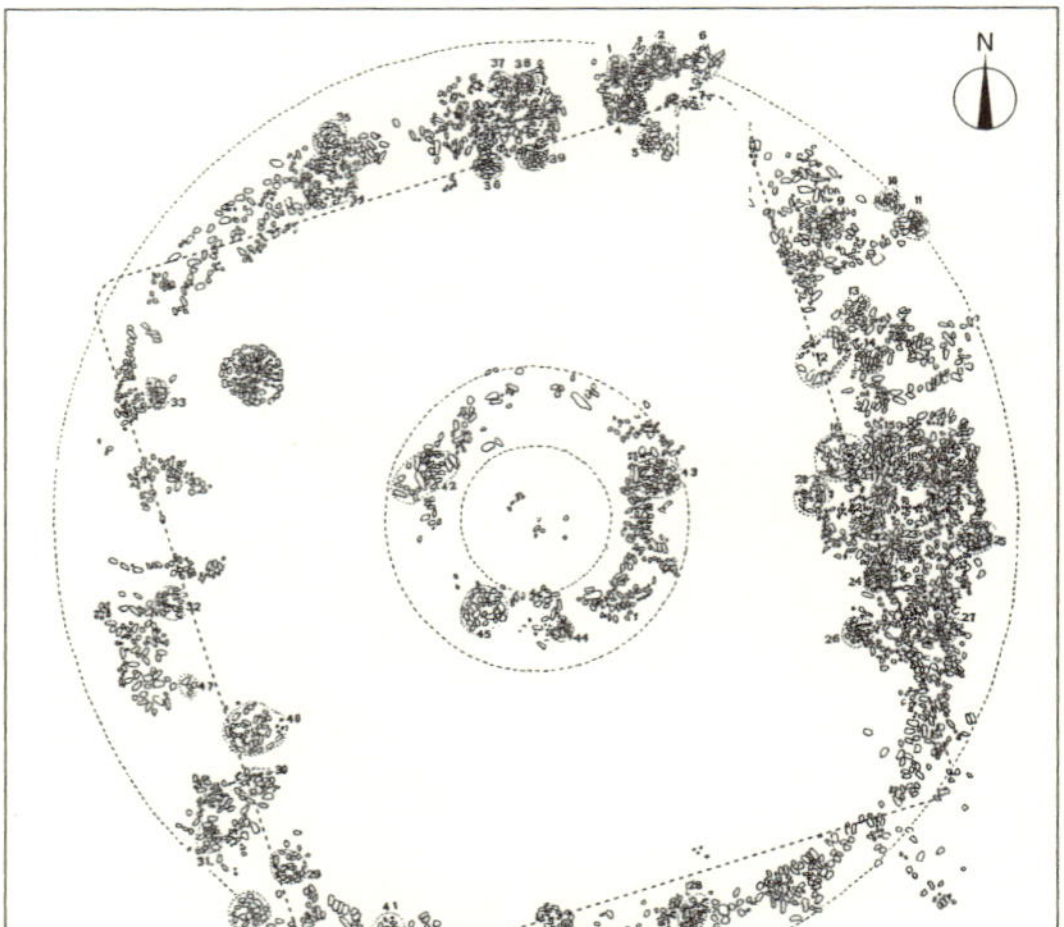

図17　ストーンサークル：秋田県大湯遺跡（［上］写真提供：鹿角市教育委員会
［下］『列島の考古学　縄文時代』河出書房新社、2011年、より）

> かなる種といえども、到底太刀打ち出来ない領域に属するのである。
> 象徴性にかかわる創造の主体は、ことばである。ことばによってイメージが沸々と湧き出し、さまざまな幻想、夢、興味など目には見えない心の動きを促し、限りなく拡大させた。残念ながら、それらの大部分は物理的なカタチをとることなく、それ故に少なくとも遺跡の発掘や遺物の観察や分析など考古学本来の方法で確認することは極めて困難である。
> 人間宣言の最も象徴的な主張が記念物の建立である。（『縄文ジャーナル』vol.5、たちばな出版、二〇〇四年、二二頁）

ここには、とても重要な発言があります。それは、「象徴性こそが人間の脳だけに許された特有の能力」だと言っている点です。さらに、重要なのは、「それらの大部分は物理的なカタチをとることなく」と述べている点です。つまり、人間にはいろいろなイメージを象徴する能力は生得的にあるけれど、「それらの大部分は」、具体的な形あるものとしては表現していないと言うのです。私は、そうは思いません。日本の縄文土器の形や模様に見られるように、長い間継続して同じ形と模様の組み合わせにこだわるのは、そこに重要な「象徴」的意味があるからで、イメージのほとんどが具体的な象徴形として造形表現されていると考えるからです。

さて、象徴性について議論するとなると、この方に登場していただかなくてはならないでしょう。そうです、認知考古学の権威コリン・レンフルーです。英国を代表する巨石記念物「ストーンヘンジ」はなぜつくられたのか、聞いてみましょう。

◇記念物は「共同体」を象徴する〈コリン・レンフルー〉

答えは単純明快だ。あらゆる巨大建造物が必ず備えている人を感動させる力、その物質としての存在感で私たちを圧倒し、ここが特別な場所であるという意識を高める力を、ヘンジも宿しているからである。（中略）どんなに単純な記念物でも、それを作る行為には、私たちの気持ちをひきつけ、とらえる何かがある。これも、自然世界・物質世界との関与の一つのあり方である。現実に役立つ行動というより、象徴的な行動なのだ。

しかし、象徴が担う基本的な関係は、まだ少し不明瞭なままだ。（中略）なぜなら、建設された物が実際何を象徴しているのか、初めはまったくわからないからだ。物は物にすぎない。しかし、その際立った存在感により、これを作った者たちの行動を記し、作った者たちが忘れずにいたいと願ったものを残す標識として機能する。そもそも、それが記念物というものだ。やがて、この記念物はさらにはっきりとした意味を担うようになり、この記念物をきっかけに生まれることになった共同体を代表し「象徴する」ことになるのである。（小林朋則訳『先史時代と心の進化』武田ランダムハウスジャパン、二〇〇八年、二一八―二一九頁）

コリン・レンフルーが主張するのも、象徴の重要性です。しかし、肝心な象徴の中身を読み解くことは難しいようです。一方、小林達雄は、ストーンサークルなどの記念物をつくりあげる動機について、つぎのように述べています。

◇連帯意識が高められ、生きがいになる〈小林達雄〉

何百年もかかるこういう記念物を造りながら、それはムラに生きる人たちの連帯意識というものをさらに高めていきます。そしてその一方で腹の足しにもならないようなことを営々とやるということが生きがいになります。人間というのは何か生きがいがないとだめです。子供に生きがいをもったり、惚れた男に生きがいをかけたりとか、女にかけたりとか、何かないとだめなんです。縄文人は記念物に世界観を表現することにかけていたのです。彼らの世界観、つまり彼らの、縄文人の存在自体が記念物してるということです。彼らのアイデンティティーの問題です。そうやって記念物を造ることによって自らの自然ではない、われわれのスペースであるということを確認しながら、彼らの世界観をそこに物化していくんです。そうやって縄文人の主体性というものが固まっていくんです。（中略）

それで縄文人たちのアイデンティティーに安心感といいましょうか、記念物というのはそういう安堵を自分で持つためにやるのです。たとえば、エジプトのピラミッドとか、インドネシアのボロブドゥールとか、マヤの神殿だとか、ああいうものもわれわれが教科書で習ったときは、上に立つ独裁者がいて、そして鞭を振るわんばかりにして強制労働に駆り立ててああいうものを造ったとされています。しかし、事実はそうではない。たとえば、「仁徳天皇陵古墳」なんかでもそうです。私たちは古墳時代をイメージするときに、相当の権力者がいて、そして正直者の人民をこき使って、ああいう四七五メートルもの「仁徳天皇陵古墳」を築いたというふうに教えこまれてきたのですけれど、そうじゃない。あれは彼らの世界観の表現です。ちょうどストーン・サークルだとか環状の土手を造るのと同じです。あるいは、高い柱を立てるのと同じです。そういう大仕事、馬鹿みたいな仕事というのは、ことごとくそういった世界観にかかわって、そして腹の足しにもならないからこそ、みんな滅私奉公して造りあげた共同の記念物ということになるわけであります。そういう意味からしても記念物というのは、最も人間味あふれた人工的なものです。最も人工的なものなのに、それを自然の空間の中にうまくはめ込んでいる、組み込んでいる。（國學院大學日本文化研究所編『祭祀空間・儀礼空間』雄山閣出版、一九九九年、三〇―三二頁）

読者の皆さんは、この小林の発言におどろかれたと思います。日本のストーンサークルだけでなく、エジプトのピラミッドやマヤの神殿、さらには日本の古墳時代の仁徳天皇陵も、「腹の足しにもならない」、生きがいのための「滅私奉公」による壮大な土木事業の結果だというのです。ピラミッドを実際に見たことがなくなんとも言えませんが、日本の古墳については、「権力の象徴」という考古学者の説明には私も疑問を持っていました。最近の調査では、大阪府高槻市の今城塚古墳のように、ものすごい数の埴輪が墳丘の裾に並べられていることが分かっています。その埴輪を見ても、「笑う埴輪」や「力士埴輪」など、権力のイメージとは何となく結びつかないからです。

しかし、そうなると逆に、なぜあのように「前方後円」などといった厳密な規格のお墓をつくったのか気になります。理由は明確にできなくとも、そうした一定の形をつくりあげた背景には何かイメージがあり、それがあのような具体的な形（前方後円）としてつくられたのではないでしょうか。それがまさに、小林が指摘したような世界観の表現なのです。言葉を変えて言えば、具体的に表現された形が、「何かの象徴形」なのです。

心のなかにイメージがないまま決まりきった形が描かれるとは考えにくく、ましてや、権威の誇示や権力の継承が、具体的な形を生み出すことはありません。小林が懸念するように、「考古学本来の方法で確認することは極めて困難」でしょうが、他のアプローチを駆使すれば、おそらく読み解けるものも少なくないはずです。私が取り組む象徴研究もまた、そうしたアプローチの一つと考えています。

縄文文化の象徴研究に関しては、秋田県埋蔵文化財センターの小林克が、とても重要な発言をしています。小林克は、小林達雄の「太陽運行説を基礎としたランドスケープ論」が景観論であることを指摘し、「そうした景観論から導かれるシンボリズム」に言及しています。それは、ストーンサークルと竪穴住居との象徴関係についてです。うれしいことに、二重のサークルの意味にも迫っています。どんな答えが導き出されているでしょうか。

◇ストーンサークルは竪穴住居を象徴〈小林克〉

筆者は環状列石のうち東北地方北部から北海道南部にかけてのそれが、ある種、この竪穴建物とも共通する、大型不整形土坑や「竪穴墓域」に示される墓地上に造営された、聖性を帯びた遺構であると考える。（中略）東北北部〜北海道南部にかけての環状列石は、特徴的に中心配石があるか、外側と内側の二重の環で構成されている。（中略）外側の環には内部と外部を繋ぐ、出入り口とも思える石列、あるいは角状に延びた石列が附属する場合がある。ところが、関東〜中部の環状列石には内側の環はなく、あるのは外側の環のみである。また、環から離れて並行に延びる列石はあっても、内部空間へ連絡口となる石列もない。両者の構造は明らかに異なっている。竪穴建物の象徴性は前者において強く表現されている。

既に述べたように当該地域の石囲炉には環状列石との相似で象徴性を強調する例があるが、採暖や調理などの実際的機能以上に男女両性をシンボライズする例が、青森県田面木平遺跡や秋田県向様田D遺跡で認められる。石囲炉が竪穴建物の中心であることを考えれば、環状列石の中心配石あるいは内帯などは聖性を帯びた空間のなか、それが最も強く込められた遺構であろう。（『遺跡学研究』第7号、日本遺跡学会、二〇一〇年、一〇三—一〇四頁）

私の知るかぎり、ストーンサークルの「形」が、何を象徴的に表現したものかを具体的に分析したのは、小林克のこの発言が唯一のものではないかと思います。小林の推測が正しいとするなら、ストーンサークルの「環状」あるいは「円形」の形は、竪穴住居の形に由来することになるわけです。しかし、肝心な、竪穴住居の「円形」の形が、何に由来しているかが明らかにできていませんから、結局、ストーンサークルがなぜ環状なのかは分からないことになります。

ストーンサークル研究には、長い歴史があります。他の学者の意見にも耳を傾けてみましょう。

近年、イギリスに生まれた認知考古学を導入して、日本の先史・古代史を読み解いている国立歴史民俗博物館の松木武彦に登場していただきます。注目すべきは、モニュメントが生まれる背景には、太陽の運行や季節の移り変わりとの密接な関係があると主張している点です。

◇太陽の運行と密接な関係〔松木武彦〕

モニュメントと土製フィギュアに、縄文の儀礼の内容を明らかにする手がかりを探してみた。それらを整理してほぼ間違いなくいえるのは、モニュメントは太陽の運行や季節のめぐりとの密接な関係を認識しながら設計・施工されたこと、および、土偶を含む各種フィギュアは、生命や生殖の力を表わしたり、それを想起させたりするものがほとんどだということだ。

太陽の運行や季節のめぐりと、生きることや生命を宿すこととは、互いに密接な関係があるだろう。太陽軌道の変化によって季節は移り変わる。植物の発芽や稔り、動物の繁殖などは、進化の結果として季節の移り変わりに応じてそのメカニズムが働くようになっている。自分たちを取り巻くさまざまな環境や世界のなかで、一年を一周期として回帰する天体と季節と生命の営みに対する関心が、モニュメントや土製フィギュアに映し出された儀礼内容のもっとも中心にあったことは、ほぼ間違いない。（『全集　日本の歴史　第1巻　列島創世記』小学館、二〇〇七年、一四二―一四三頁）

松木が、「ほぼ間違いない」と太鼓判を押す太陽の運行とモニュメントとの関わりは、別の著作のなかで、秋田県の野中堂と万座という大湯の二つのストーンサークルを例に、具体的に述べられています。

◇ストーン・サークルは儀礼場〈松木武彦〉

野中堂のサークルは、環が南側でわずかにとぎれ、そこに向かって外側から石の通路がつけられている。この入口からサークル内に入って中心に立ち、となりにある万座のサークルの中心を望むと、その延長線上に夏至の太陽が沈む。しかも、野中堂の「日時計」はこの線上に乗っているので、夏至の日没の瞬間には、日時計の中心の立石が、沈む太陽を見る者に向かってまっすぐに黒い影を落としてくる。逆に、万座の中心に立って野中堂の中心を望んだ延長線上には、冬至の太陽がのぼる。大湯の二つのサークルが、昼間が長くなりはじめる日の太陽をむかえ、夜が長くなりはじめる日の太陽を送るまつりの場だったことはうたがいない。

大湯以外にも、山頂などの大地の形と太陽の運行とを関連づけるべくセッティングされたらしいストーン・サークルが、いくつか指摘されている。また、ストーン・サークルと同じころ、イギリス新石器時代のヘンジと似た環状盛土とよばれる儀礼場が作られるが、そのなかにも、太陽の運行やまわりの地形と密接な関係をもって配置されたとみられる例がある。縄文の儀礼場は、その内側に入って、大地と天体とが織りなす時空のなかに自分たちを置いてその存在を確かめ合う、行為型のモニュメントだったと考えられるだろう。（『進化考古学の大冒険』新潮選書、二〇〇九年、二〇二—二〇三頁）

要するに、ストーンサークルや盛土遺構はいわゆる夏至祭や冬至祭のためのまつり場あるいは儀礼場だと考えているようです。すでにお気づきのように、この説は、あの小林達雄の有名な「ランドスケープ論」に基づいたもので世界の農耕や牧畜を基盤とする新石器社会によく見られます。小林のランドスケープ論は、記念物あるいはモニュメントという用語とともに、最近は多くの考古学者によって支持されています。

小林は、国立歴史民俗博物館の阿部義平の助言もあって、「記念物と特定の山頂と日の出、日の入りが春分、秋分や夏至、冬至と関係すること」に注目し、すでに古くからそのことを指摘する学者のいることにも刺激を受けて、一九九五年に開催された雄山閣考古学賞の受賞記念シンポジウムにおいて、「縄文ランドスケープ論」の骨格を発表しています。

◇縄文時代の「自然の社会化」〈小林達雄〉

こうやって一つのモデルとしての観念、イエ、ムラ、ハラ、ヤマの空間が区別される。こうして一つの縄文人の景観、縄文人的なランドスケープというのが成立していったというふうに見てはどうかと考えるわけです。（中略）

とにかく、縄文人はモニュメントの建設において日の出、日の入りを意識しています。そして夏至とか冬至、春分、秋分の日を意識している。大工原さんの発表にあったように、墓を作るときも頭の位置をどこに向けるかなんかは、エイヤッーと適当に決めたわけではなくて、ちゃんとした基準に則って決めているわけですね。太陽の運行や季節というのが意識されています。季節の移り変わりは寒い、暖かいという気候のほかに、植物が緑になって、そして色が濃くなって、花が咲くという変化を伴い、ワラビやゼンマイが出てきたり、サケが遡ってくるというさまざまな事柄がかかわっています。さらに太陽と地球との関係で、日が長くなったり短くなったりします。世界的にも、夏至と冬至の節目には古くから気がついております。少なくとも新石器時代には、ヨーロッパでこの夏至や冬至についての認識、そしてそれを記念物、モニュメントの設計の中に取り入れるなんてことは普通のこととしております。相当長い間、それに対する考古学者の反対はありました。あるいは懐疑的な見方はしょっちゅうありましたけれども、実際に資料をよくよく分析していけば、新石器時代人はすでにはっきりと冬至と夏至、春分、秋分をちゃんと心得ていたことがわかってきました。(「縄文時代における自然の社会化」『季刊考古学』別冊6、雄山閣出版、一九九五年、七六・七九頁)

そして、次の、「なぜ夏至とか冬至とかいうものを正確に彼らは読んでいたのか」についての発言がとても重要です。

このことについては縄文時代だけを見ていてもなかなか答えは出てこないかもしれませんが、先程例に出しましたトーテムポールを立てた連中とか、あるいは宮沢りえ嬢が話題の写真を撮ったサンタフェの一帯に住んでいるプエブロの人たちは、重要なまつりを夏至とか冬至に行なうのですが、つまり一年中の重要な節目に当てているのです。そういう節目に彼らのおまつりをすることは世界中にひろがっております。（中略）
とにかくそうやって無事まつりを特定の日に正確に繰り返していくわけです。クリスマスは、キリスト教にハイジャックされた冬至のまつりにルーツがあるのではないかともみられます。それからヨーロッパにメイポールというのもあります。これは夏至のまつりです。もうそんなことを言ったらたくさんあるんですよ。そうしたことが縄文時代が一万年続いた中でもおそらく次第に決められ、そしてこのまつりを規則正しく繰り返すことこそが、縄文文化を固定し安定していく働きをしたのです。毎年その時が来たら同じことをすることになったのでしょう。だから縄文文化は安定し、どんどん充実していくんです。（同書、八〇―八一頁）

残念ながらここには、縄文時代になぜ夏至や冬至といった概念が必要だったのか、理由は述べられていません。何となく同じ日にまつりを繰り返すことが目的のようにも読み取れますが、しかし、事例としてヨーロッパやアメリカの民族例を持ち出していますから、結局は農耕社会の祭りの原理をあてはめようとしているようにも思えます。

たとえば、例にあるプエブロ族も、スペイン人の入植の始まった十六世紀には、すでにトウモロコシ栽培を基盤とした定住社会が確立していて、宗教行事も作物の収穫祈願や雨乞いなどから構成されていたといいます。こうした農耕社会では夏至、冬至にまつわる祭りも当然かと思いますし、そうであれば、太陽を信仰の中心とすることも理解できます。しかし、農耕の収穫感謝祭的な性格の強い祭りが、狩猟採集生活を営んだ縄文時代に同様のかたちで存在したかどうかは、さらに議論が必要かと思います。存在したと考えるにしても、確固とした根拠が必要ではないでしょうか。それについては、小林のその後の発言も見てみましょう。

◇縄文ランドスケープと縄文カレンダー〈小林達雄〉

つまり、春分、秋分には、真東から太陽が昇り、真西に沈む。春分が過ぎると日毎に日の出、日の入りの位置は北にずれてゆき、その北の極限が夏至に当る。夏至の翌日から1日毎に南に移動して、秋分には再び真東から真西に落ちる。やがて秋分後は、秋の日の釣瓶落としの譬え通りに、日足は急速に短くなり、稔りの秋を過ぐる頃には木枯しが吹き、冬将軍の到来となる。その間、日の出、日の入りは南へ動き続けて、南の極限が冬至となるのだ。冬至こそが世界の再生の起点ともなり、そうした信念、観念が冬至のマツリを促し、世界各地にみる。

縄文人は、こうして二至二分を知ったわけであるが、決して太陽の動きを天文学的動機から追うのが目的だったのではない。むしろ、朝日、夕陽を観察することで、天気予報を知り、仕事の段取りを相談する。二至二分だけでなく、細かく山並みのシルエットで、夏至の10日とか5日前などの日の出、日の入りの位置を知ることも出来たはずである。まさに東や西の連峰がそのまま日暦みと同じ働きをしていたのだ。（中略）

縄文人は、そうした日の出、日の入りの位置を縄文人の年間スケジュールの基準として縄文カレンダーを作成し、記念物もまたそれに一役買って、象徴性の意義を高めたものであった。

（『縄文ランドスケープ』アム・プロモーション、二〇〇五年、一六―一七頁）

ランドスケープ論の発表から十年以上が経ちましたが、結局「冬至こそが世界の再生の起点ともなり、そうした信念、観念が冬至のマツリを促し」ということで、農耕社会の祭りの原理がそのまま当てはめられているように思えてなりません。そもそも小林が、こうしたランドスケープ論をまとめ上げたのは、英国ケンブリッジ大学での留学中だったようです。ヨーロッパに広く分布する、イギリスのストーンヘンジをはじめとする多くの記念物をつぶさに観たことが、ランドスケープ論の構築に役立てられたことは言うまでもありません。

その後、松木武彦の解釈にも見られるように、ランドスケープ論は、多くの研究者の賛同を得るわけですが、しかし、ランドスケープ論の中核をなしている「二至二分」（夏至、冬至、春分、秋分）については、ほとんど触れられることのないまま、結論だけが一人歩きをしている状態なのです。

小林の言うように、「冬至こそが世界の再生の起点ともなり、そうした信念、観念が冬至のマツリを促し、世界各地にみる」ことが現代の民族例としては事実だとしても、一方では、ミルチャ・エリアーデの指摘にあるように、月の満ち欠けを再生の象徴として捉える考え方が世界中にあることもまた事実なのです。なかなか悩ましい問題です。

蛇足ですが、農耕社会に二至二分の観念ができたのは、森が切り払われ、太陽の運行のメカニズムを目で確認できたからで、縄文時代には森があるために見晴らしが悪く、太陽の運行メカニズムを正確に把握できなかったのではないか、というシンプルな疑問も排除すべきではないように思います。

縄文人にかぎらず、世界中の人々が記念物をつくったわけですが、そこに「なぜ人は記念物をつくるのか」という大きな問題が、解決されないまま横たわっていることに気づかされます。そういう意味で、日本の縄文時代から古墳時代の人々の、記念物（モニュメント）に対する意識の変化を指摘した松木武彦のつぎの発言は、とても興味深いものです。

◇縄文と弥生・古墳の、儀礼原理は違う〈松木武彦〉

社会のなかにともに埋め込まれていたはずの序列原理と平等原理のうち、儀礼を行なう場であるモニュメントが、後者の平等原理をより力強く演出する姿につくり整えられたことは、古墳というモニュメントの大きさや形に序列原理を表現した、のちの古墳時代と比べた際に、縄文の社会と文化の性格をとくにきわだたせるものだ。

また、同じく儀礼に用いられたらしい、お腹のふくらんだ土偶や動植物のフィギュアなどは、命やその営みをかたどったものである。見る人の心に力や脅しを呼び起こす弥生時代の武器形などの儀礼用具と並べたときに、これらもまた縄文時代の文化や社会を織りなしていた心性を浮き彫りにするものといえるだろう。（『全集　日本の歴史　第1巻　列島創世記』小学館、二〇〇七年、一四四頁）

一方、鈴木克彦は、ストーンサークルは、「先祖崇拝」のための祭祀場であると主張します。ただし、縄文時代に祖先崇拝があったという根拠は述べられていません。

◇アニミズムに基づいた自然崇拝、豊穣祈願、祖先崇拝の葬祭霊場〈鈴木克彦〉

東日本ではこういった伝統から新しい思考原理で円・環の形態が再生されたとすれば、恵みをもたらす自然への感謝の自然崇拝と豊穣祈願の信仰祭祀行為と死者（親族）に対する哀悼を根源に生死の輪廻の思想に基づく墓という祖先崇拝の葬送儀礼が複合した祭礼施設として発展し、前期から中期に多い統合原理に規制された環状集落、環状墓の影響によって形成されたステイタス・シンボルとして不滅で身栄えのする石造施設が墓の上位または周囲に区画するように構築されるようになったのではないかと考える。（『季刊考古学』第101号、雄山閣、二〇〇七年、一六頁）

専門用語ばかりでわかりにくいのですが、要するに、自然崇拝と豊穣祈願の信仰祭祀行為と、生死の輪廻の思想に基づく墓という先祖崇拝の葬送儀礼が、複合した祭礼施設として発展し、環状集落、環状墓の影響によって形成されたステイタス・シンボルとして不滅で見栄えのする石造施設がストーンサークルなのだ、ということなのでしょうか。アニミズムと儒教と仏教、そして現代感覚がごちゃまぜになっているような印象も受けます。

少なくとも現在の考古学では、遺跡や遺物から「祖先崇拝」や「輪廻の思想」の存在を直接言い当てるのは難しいと思われます。民族誌や民俗例を援用しながら読み解くしかないわけですが、民族学や民俗学はあくまでも近現代の事象であり縄文時代とは時間的隔たりが大きいため、その点に注意しつつ解読することが必要と考えます。

2. ストーンサークルはなぜ円いのか

問題の核心に迫ってみましょう。

ストーンサークルやウッドサークル、盛土遺構は、基本的には環状をなしています。なぜでしょう。すでに、小林達雄や松木の「なぜ記念物をつくるのか」についての解答のなかで、おおよそ述べられてはいますが、他の学者の意見も含めて、あらためて整理しておきたいと思います。この問題についても、小林の発言抜きでは進めることができません。

◇**環状列石の二重の輪の意味は今後の課題〈小林達雄〉**

やがて後期に入ると、配石墓はムラとは別の場所に、一定の設計の下に営む方式を確立し、東北各地の環状列石（ストーンサークル）の形となって実現された。秋田県鹿角市の大湯環状列石は、配石墓群が二重に円を描く。この円形にも、縄文モデルムラの円形とも共通する根強い縄文世界観の伝統が表れている。なぜ二重の輪を作るのか、この点にも重要な問題が含まれているのだろうが、これは今後の解明を待たねばならない。（『縄文人の文化力』新書館、一九九

九年、四二頁）

小林は、ムラの形についても述べていたように、縄文人がつくりだしたものの「カタチ」には、彼らの世界観が表現されていると指摘しています。ストーンサークルが円形（環状）をなしているのも、そうした世界観の表われなのです。問題は世界観の中身ですが、土器や土偶と同じように、やはり理解することは難しいようです。そうしたなか、二〇〇八年に書かれた著書には面白い記述があります。

◇ひょっとすると、踊りの環に関係があるかも〈小林達雄〉

縄文モデル村において、住居が環状に配置されることをはじめ、滋賀県杉沢遺跡の十一基の墓が円形に並んで一つのまとまりを形成すること、秋田県大湯ほかのストーンサークルの円、栃木県寺野東遺跡の環状土盛り、能登半島の真脇遺跡を代表とする円形巨木柱列などの各種記念物＝モニュメントにおいて「円」形が共通して認められる。単なるカタチとしてではなく、縄文人の世界観の中核に位置付けられた「円」としての意義が重要である。

記念物は祭りの場でもあった。まつりには古今東西ほとんど例外なく、歌と踊りがつきものだ。踊りはしばしば輪をつくり、しばしば廻る。円に象徴される世界観の中の踊りの輪は、やはり右廻りか左廻りのどちらかにこだわっていたかもしれない。イザナギ、イザナミの二神が天の御柱を廻るのも、その後のさまざまな民俗行事の中で廻るのも、縄文以来の記憶につなが

る可能性がある。（『縄文の思考』ちくま新書、二〇〇八年、一六三―一六四頁）

「その後のさまざまな民俗行事の中で廻るのも、縄文以来の記憶につながる可能性がある」という、この解釈は非常に面白いと思います。風俗史家の下川耿史によれば、そもそも現代の盆踊りも、古くは『万葉集』に出てくる「歌垣《うたがき》」に源流があるようです。歌垣は、『日本書紀』にも登場しますが、それが「雑魚寝《ざこね》」や「夜這《よば》い」の風習を生み出すなど、もともと性的な性格の強い風習だったというからおどろきです。中世には、仏教と結びつき、一遍上人の「踊り念仏」の影響を受けて念仏踊りに発展したといいます。そして、江戸時代には、いわゆる盆踊りとして各地に広まったようです（『盆踊り――乱交の民俗学』作品社、二〇一一年）。

秋田の亡者踊り、岐阜の郡上踊り、徳島の阿波踊りなども、もとをただせば古代の性習俗にたどり着くようです。盆踊りが、もともと性的色彩の強い習俗ということから考えれば、さらに時代をさかのぼり、小林の指摘するように、縄文時代のストーンサークルや周堤墓などの円形記念物にまでつながるということではないでしょうか。

縄文のストーンサークルが、単なる円形ということではなく、その形が子宮を象徴的に表わし、さらにはサークルを構成する石に、男根や蛇が見立てられているとするならば、そこには性的な特質も見ることができ、そうした観点からも、小林の民俗行事についての指摘はとても重要な意味を含んでいるように思います。

つぎに、松木武彦の意見を紹介します。松木は、認知考古学の視点から、縄文人のデザインに内包する「造形原理」に迫ろうとしています。

◇エンドレスな回帰を表現する〈松木武彦〉

このようなテーマを演出する儀礼の場として、縄文のモニュメントに共通する円環という形は、きわめてふさわしい。太陽の運行を映す「日時計」の影は、その円に沿って動き、もとのところに戻ってくる。終わりも始まりも切れ目もなく、たどればまたもとのところに戻ってくる円は、エンドレスな回帰という動きを表現したり演出したりできる唯一の図形だ。天体や生命の回帰という現象に最大の関心をいだいた縄文の人びとは、そのエンドレスな時間の流れを、ホモ・サピエンス独特の高度なアナロジーと抽象化の能力で、円という形になぞらえて表現していたのかもしれない。

円はまた、旧石器時代の環状のキャンプ地のところで述べたように、メンバーどうしの対等な位置関係を目にみえるよう示す形でもある。縄文時代に平等原理と序列原理がみられることは先に述べたが、円は、当時の社会関係のなかの平等原理の側面が人工物の形に表示されるときの空間構造として用いられたといえるだろう。（『全集　日本の歴史　第1巻　列島創世記』小学館、二〇〇七年、一四三―一四四頁）

つまり、太陽の運行から、円をイメージしたということのようです。また、円は、中心からあらゆる方向に等距離にあることから「平等」がイメージされ、さまざまな「空間構造」にも利用されたと。つまり、ストーンサークルは、太陽の運行を象徴しているということです。だとしたら、ストーンサークルの環状の意味を読み解いた最初の学者ということになるかもしれません。まさに、認知考古学だからできた読み解きなのです。

蛇足ですが、先に紹介したランドスケープ論も、太陽の運行と深く関係していることを指摘しましたが、ストーンサークル自体が、なぜ円形なのかを説明しているわけではありません。とはいうものの、認知考古学は、そうした課題にアプローチが期待できる唯一の分野であることは言うまでもありません。認知考古学の方法について、あらためてくわしく説明していただきましょう。

◇縄文人は、なぜモニュメントを円形にするのか〔松木武彦〕

《モニュメントの分類》 私たちにとっては謎につつまれた先史時代のモニュメントも、その形や構造や意匠には具体的な意味が込められていて、当時の人びとはそれを語ることができたはずである。さきにも述べたように、顕在知に属するそのような語りの内容を私たちが具体的に復元することは不可能だが、それが根ざしていた潜在知については、認知考古学の手法によってアプローチできる。こうして、それぞれの先史時代モニュメントが営まれた社会的な背景や意義もうかがえるのである。

そのためには、まず、認知科学を参照しながら、さまざまなモニュメントを比較し、分類するところからはじめなければならない。ここでは、二つの簡単な指標によって、古今東西のモニュメントをいくつかの様式に分けてみよう。

一つめの指標は、デザインをなす基本的な造形原理である。それは、円を基調として角を作らないもの（丸味）と、角と直線を基調とするもの（角張り）とに大きく分かれ、さらに人物や動物などを具体的に表現したもの（具象）を加えた、三つに大別できる。もう一つの指標は、その造形原理の展開のしかただ。（『進化考古学の大冒険』新潮選書、二〇〇九年、一八一―一八二頁）

《モニュメントと世界観》ストーンヘンジ以外にも、太陽や月の運行と密接な関係をもってセッティングされたらしいストーン・サークルはたくさんある。また、特定の日に、そこから見える特定の山や丘の頂から太陽が昇ったり沈んだりするような位置関係に営まれたとみられるストーン・サークルも少なくない。このように、ストーン・サークルは、太陽や月の運行、周辺の大地の形など、人びとが体感し、興味を覚え、認識した時空の中心に、たくみに配置されているようである。人びとはそのなかに入り、大地の形とそれをよぎる天体とが演出する時の流れや季節のめぐりを記念する儀礼の行為をおこなっただろう。円形を基本とする二次元のモニュメントは、みずからが脳のなかに描き出した世界観のなかで実際に活動する自分たちの存在を確かめあう、行為型のモニュメントとでもいうべき性格をもっていたと考えられる。（同書、一八六―一八八頁）

《仰ぎ見るモニュメント》これに対して、角や直線を基調とした三次元のモニュメントは、どのような認知上の特性をもっているだろうか。まず、シュメール文明のジッグラトやエジプト古王国時代のピラミッドなど、（中略）この景観は、丸味原理の二次元のモニュメントとは異なった、独特の感覚や概念を、見る人の心によびおこす。認知心理学の方法を借りて、この現象を説明してみよう。

ヒトは、地球上のほかの生物と同じように、地球という惑星上での生活に物理的にかなうように、身体を進化させ、同時に認知も進化させた。地球上という物理的環境のもとで、知覚や行為をくりかえして経験することにより、ヒトは、ものの空間的な構造や動きについての体感やイメージをつかむ生得的な認知のしくみをもっている。このようなしくみを、認知心理学ではイメージ・スキーマとよぶ＊。

イメージ・スキーマのおおもとにあるのは、「上・下」「前・後」「内・外」「表・裏」などの空間関係の体感やイメージである。さらに、上のものは自然に下に落ち、下のものを上に移動させるためには力が必要であるといった物理的関係の認識も、イメージ・スキーマの大切な要素のひとつになる。だから、下が大きく上が小さい形には安定を感じ、逆の形をみると不安定を感じたり、それを支える力を連想したりする。このような感覚や概念の連鎖も、イメージ・スキーマのなせるわざである＊。（中略）

さらに、イメージ・スキーマにもとづく物理的「上・下」の体感は、ヒトの脳特有のアナロジー（あるものを別のものになぞらえること）の働きによって、しばしばヒトとヒトとの「上下」関係にむすびつけられる＊＊。社会的な地位の高い人が物理的にも高い位置を占め、地位の低い人が低い場所に甘んじているようすは、住む場所や、儀式での居場所の配置などに、人類社会にほぼ共通して認められる。これはおそらく、大きな身体で相手を見下しておどしたり、強い相手を見上げてこびへつらったりするというような、生物としての社会的行為の進化とともに、私たちの認知が進化してきたことの反映だろう。高いものを見上げるという行為は、畏れや敬いの感覚を、私たちの心によびおこすのだ。

また、ジッグラトやピラミッドの角が天にむかって上昇していくラインは、直線や、それに角が加わった規則的なジグザグをなしている。全体の形も左右対称だ。ヒトの目がとらえる自然界にはほとんど存在しないこのような姿は、視野のなかで検出し、把握しやすい「よい形」だ。よい形であることは、もっとも根本的な美の要素でもある。

このように、ジッグラトやピラミッドは、見る者に対して、イメージ・スキーマに基づく安定感や上昇の感覚をよびおこし、アナロジーの働きによって、畏れ、敬うべき存在を想起させる形をしている。さらに、直線やジグザグによって構成された「よい形」であることがかもし出す美の認識が、そうした感覚や想起を増幅する働きをして、強烈な印象を見る人の心に与える。ジッグラトやピラミッドを見上げたときの、このような心の働きの根本的なところは、同じ身体と脳をもつ私たちと、それを作って見上げたシュメールやエジプトの人とのあいだで、共通するのである。（同書、一八八―一九〇頁、＊印は筆者による）

読者の皆さんには、ちょっと違和感のある内容ではないかと思います。これが、考古学の最先端の研究方法、「認知考古学」による解釈なのです。聞きなれない用語がたくさん使われていますので、まずは用語の意味について一言触れておきます。

＊の、「イメージ・スキーマ」とは、認知言語学あるいは認知心理学の用語で、例えば、「上」や「下」という感覚を、繰り返して経験する身体の動きから認識するという行動パターンのイメージらしいのです。もちろん、そういう認知能力は、生得的に私たちが持っているものなのでしょうが、カール・ユングのいう「元型」や「イメージ」、つまり「母なるもの」や「影」といった、人間が生まれながらに持っている認知能力と、どのように違うのか、よくわかりません。

＊＊の文脈は、イメージ・スキーマ同様に、ジョージ・レイコフとマーク・ジョンソンの提唱した認知言語学の概念のひとつ、「概念メタファー」に相当するのではないかと思います。たとえば、物理的な「上・下」を、会社の役職や社会的な地位の「上・下」になぞらえて理解することなど、私たちはほとんど意識することなく、この認知方法を日常的に使っています。

さて、この長く引用した松木の文章には、おそらく、私や読者の皆さんが知りたいことが書かれているような気がしますが、私の能力では難しすぎて十分に理解することができませんでした。どうやらそれは、もともと人間が生得的に持っている（と理解しました）、イメージ・スキーマやアナロジー（類推）あるいは概念メタファーという脳の生理的な能力によって、大地上に平面的に表現されたストーンサークルからは、「円」の中心を知ることで自らの位置を確認し、また、立体的に表現されたピラミッドのようなものからは、下が大きく上が小さくつくられることで、また安定感やその仰ぎ見る高さによって畏敬の念を確認することができると言うのです。つまり、そうした心の要求によってつくられた造形が、記念物なのだと言っているように思います。

ただし、どうでしょうか。それでは読者の皆さんは納得できないのではないでしょうか。なぜなら、皆さんが知りたいのは、あくまでも、ストーンサークルの、サークル――といっても、実際にはやや角ばったり、どちらかというと楕円形に近い形――が、いったい何を象徴しているかなのです。無意識のうちに、大湯のストーンサークルやクフ王のピラミッドの形ができるわけがないと、だれもが思っているのです。

イメージ・スキーマや概念メタファーを駆使する認知考古学の方法によって、この謎が解明されることを期待しますが、一方で、私が考えるカール・ユングとミルチャ・エリアーデのシンプルなイメージとシンボル概念を使って読み解いた「形」の意味論の正否についても検証されることを期待します。

私のイメージとシンボル理論からは、ストーンサークルの形は、つぎのように説明することができます。ストーンサークルのいくつかは、二重あるいは三重のサークルにつくられています。また、先に小林克が指摘しているように、アプローチ（出入口）のような造作の見られる例も少なくありません。

松木武彦が指摘するように、また多くの考古学者が支持するランドスケープ論が説くように、ストーンサークルが太陽の運行を象徴的に表わしているのであれば、もっとシンプルに円（正円）が描かれるように思います。縄文時代であっても、技術的に正円を描くことは、そんなに難しくはないはずです。ある何かがイメージされ、それをシンボリックに表現する必要があるから正円である必要がなく、いびつなサークルとして描かれたのではないでしょうか。

大湯ストーンサークルなどに見られるアプローチは、サークルのなかに何かが出入りすることがイメージされていたから、そう表現されたのです。《月のシンボリズム》で解釈すれば、それは蛇であり、蛇が出入りするのは母胎、つまり子宮だからです。子宮である以上、それが正円である必要はなく、むしろ大切なのは、そこに月の水を運ぶ蛇の出入りするアプローチを用意することだったのです。この点については、すでに拙著『月と蛇と縄文人』において指摘したところです。

3．ストーンサークルは穴のない墓

ムラや家の形もそうであるように、ストーンサークルもまた、《月のシンボリズム》の文脈のなかで、母胎つまり子宮としてデザインされているのだと私は考えます。要するに、ストーンサークルは墓なのです。しかし、問題はそう簡単ではありません。

ストーンサークルは、長い間、墓説と祭祀場説が拮抗する形で解決の道筋が見えない状況が続いています。墓説にとって分が悪いのは、明らかに墓穴と思われるものの数が少なく、しかも人骨(遺骨)が見つからないことです。どちらかというと、祭祀場説の方が、ネガティブな要素が少ないだけに有利とも言えるかも知れません。ただし、私は、もっとポジティブな理由で墓説を支持したいと思います。

本当にストーンサークルは、マツリのためのステージだったのでしょうか。私が気になっているのは、北海道の環状列石（ストーンサークル）が、後に環状土籬（周堤墓）に変化してゆく点です。環状土籬は、千歳市の史跡キウス遺跡に代表されるように、巨大な集団墓地です。調査例も多く、人骨の出土も珍しくはありませんから、間違いなく墓です。ところが一方で、ストーンサークルは墓として断言できるものは限られているのです。墓かどうか分からないものから本格的な墓に変化することには違和感があります。

私は、ストーンサークルは、墓穴のない墓だと考えています。第五章で述べたように、縄文時代の中頃の墓は、住居の数に比べれば明らかに少ないのです。それは、住居が墓になっていた可能性を考えることで、少なさの理由が明らかになります。その場合も、「竪穴住居」は遺体のない墓ということになります。じつは、同様のことがストーンサークルにおいて起きていたのではないでしょうか。

つまり、ストーンサークルのなかは墓地なのです。ただし穴は掘られません。死者が出ると、一定の祭祀を経た後、棺（おそらくは、木の皮で巻いた状態ではないかと思います。そうした報告例もあります）に入れて、サークルのなかに安置するのです。棺の上には再生をシンボライズした副葬品が置かれたことでしょう。当然のことですが、数カ月を経た時には腐敗が進み、動物や鳥にも食べられ、徐々に痕跡がなくなったのだと思います。後に残るのは、副葬した土器や石器だけです。

もし、こうした想像が許されるとするならば、墓穴のない墓地が登場することになります。これに関して興味深い意見を述べているのが能登健です。

◇送り儀礼の跡はゴミ溜め同然〈能登健〉

環状列石を発掘すると、遺物が大量に出土することがいつも気にかかる。かつては、そこから出土する遺物は死者への手向けの道具だと説明されていた。しかし、それにしても量が多すぎる。土器には破片も多く、石斧や石鏃にも数多くの欠損品が混じっている。なかには獣骨やクルミの殻などの食料残滓が見つかることもある。ようするに、環状列石の内部はゴミ溜め同然なのである。

神聖な場であるはずの環状列石の内部に生活雑廃物が捨てられている。そう考えると研究者たちの思考回路は混乱する。しかし、命の終わった人の遺体も、使用が終わった生活用具も、そして生をつないだ食料の残滓も、感謝の念を込めて送るという祈りの場が神聖な列石のなかにあったと考えるとすべての思考回路が再び正常に動きだす。縄文世界では、人間社会の生活に供したすべてのものが等質的に〝送り〟の対象であったのである。（『列島の考古学　縄文時代』河出書房新社、二〇一一年、九七頁）

そもそも、私たち考古学者は、発掘調査の結果に基づき「有る物」だけで状況を解釈します。「無い物」を持ち出すのは、想像が過ぎると言われて議論に参加させてもらえません。しかし、どうでしょう。これは単なる想像ではなく、《月のシンボリズム》を基盤としたものの考え方と、それに伴う行為の類推なのです。これまでの考古学からすると、なかなか馴染まない手法ではありますが、こうした手法を取らなければ、縄文の世界観を読み解くことは不可能であると認識する必要があるように思います。

さて能登の記述については、とくに解説は必要ないと思います。私の想像が、いくらかでも信憑性を増すのではないかと期待した一文でした。能登が述べている「送り」は、この後の文章に書かれていますが、アイヌ民族の伝統的な習俗です。近世の送り場跡の調査例がいくつか報告されていますが、たしかに片づけの痕跡がなく、さまざまな物が散乱しています。能登は、ストーンサークルが墓地であると明言してはいませんが、私は能登の解釈によって、その可能性をますます確信しました。

このように考えると、ストーンサークルが後に環状土籬（周堤墓）に変わったとしても、結局は墓の形が変わっただけであり、違和感も払拭されます。ストーンサークルも環状土籬も、いずれも《月のシンボリズム》を基盤とした壮大な「子宮」であり、そこで行なわれた祭儀の一部始終は、再生のためのセレモニーあるいはイベントだったのでしょう。

第七章　縄文人はなぜ死者を穴に埋めたのか

風　吹き起る……　生きねばならぬ。一面に
吹き立つ息吹は　本を開き　また本を閉ぢ、
浪は　粉々になつて　巌から迸り出る。
飛べ　飛べ、目の眩いた本の頁よ。
打ち砕け、浪よ。欣び躍る水で　打ち砕け、
三角の帆の群の漁つてゐたこの静かな屋根を。
（ポール・ヴァレリー（鈴木信太郎訳）「海辺の墓地」）

1．縄文人の死生観

最後の章になりました。「縄文人はなぜ死者を穴に埋めたのか」という問いに対する答えを出していこうと思います。これまで、道具や施設など、さまざまな角度から縄文人の死や生に対する考え方を探り、その結果、いくつかのことが見えてきました。

（1）縄文人の世界観は、神話的思考を理解しなければ読み解けない
（2）脳科学、心理学、宗教学の側面からのアプローチが欠かせない
（3）民族学や民俗学をつかわなければ、読み解けない
（4）墓は子宮に見立てられ、添えられた土器は、再生を象徴する
（5）ムラと家も、子宮に見立てられている
（6）ストーンサークルは、子宮に見立てられた「墓」とみられる

具体的なアプローチの方法はさておき、縄文人のものの考え方を検証して興味深いのは、常にキーワードとして「子宮」が登場することです。道具づくりや、施設づくりすべてにおいて、その形を決定する原理に登場するのが、母胎あるいは子宮だということです。

こうしたことを念頭に置いた上で、さらに考古学者の意見を聞いてみましょう。なぜ人は大地に穴を穿ち、死者をそこに葬ろうと思ったのでしょうか。

◇縄文人の死生観は、「再生観念」〈山田康弘〉

アイヌの人々には「モノ送り」という思想があった。これは簡単にいえば、食糧として利用した動物や魚などの骨といった食物残渣や日常生活で破損したさまざまな道具を感謝の念とともに「あの世」に送り返し、再び「この世」にもとの形で戻ってきてもらうというものである。

このような民族誌を参考にして、縄文人にとって貝塚とは、精神文化的に「この世」から「あの世」へとさまざまな「魂」を送り出す「送り場」であったと考える研究者も多い。私もその見解に賛同するものである。（中略）縄文人に一番多い埋葬姿勢である屈葬についても、これを四肢を折り曲げ胎児の格好にし、再生を願ったものだとする説がある。これもいまのところ、積極的に否定する根拠はない。このほか赤色顔料の散布などからも推定されるように、縄文時代の墓にかかわる事象からは、当時の死生観としての再生観念が強くうかがえるのである。（中略）縄文時代にはアニミズムの思想があったとも考えられている。アニミズムとは、動植物のみならず無生物にもそれ自身の霊魂（アニマ）が宿っており、諸現象はその働きによるとする世界観のことで、民族学者のE・タイラーは、これを宗教の原初的形態と考えた。縄文人たちは、自分たちの周辺に絶えずさまざまな生命や魂を感じながら生活をしていたことだろう。貝塚からは、動物の骨や貝殻、壊れた土器や石器などさまざまなモノが出土する。アニミズムの思想からすれば、縄文人たちはこれらのモノにも、生命や魂を感じていたはずだ。これらのモノが「この世」においてその役目を終えていく、そのようなときに縄文人たちはこれらのものを「あの世」へと送り出したのであった。やや逆説的になるが、「あの世」へと送り出すからこそ、人の遺体を「送り場」である貝塚に埋葬する必要があったのである。

そして、「あの世」へと送られた人やモノは、再生の儀式や儀礼、お祀りによって、やがて「この世」へと回帰してくる。いわば、「あの世」と「この世」における「生命の交換」である。その儀式のときに用いられた道具こそが「第二の道具」（呪術具）である土偶や石棒だったのだろう。（中略）生命の循環を信じ、アニミズムの思想を持つ縄文時代の人々にとって「あの世」とは、系譜関係を意識したとしても、まさしく自然の中に還るということにほかならなかっただろう。生きているいまは人として生きているが、死んだら自然の一部となり、そしていつか「この世」へと再生してくる。さきにも述べたように、これこそが縄文時代の基層的な死生観であったと、私は考えている。（『生と死の考古学――縄文時代の死生観』東洋書店、二〇〇八年、一三七―一四二頁）

山田は、イギリスの人類学者エドワード・B・タイラーが指摘したアニミズムを基盤として、縄文人の「基層的な死生観」の拠りどころについても、丁寧に説明していますが、とくに重要なのは、そうした心性が人類にとって根源的なものであることを述べている点です。

私たちの身体の構造は、ホモ・サピエンス登場以降基本的に変化していない。（中略）心の方はどうであろう。これはフランスのラスコーやスペインのアルタミラにおける洞窟絵画や、石器の製作技法をみればわかる。洞窟絵画は構図や色彩、明度対照などが十分に考慮されたものであるし、（中略）これらの諸点は、少なくとも四万年前のヒトの認知能力が現代の私たちと比較してそん色ないものであったことを示すものである。また、現代においても狩猟採集生活をおくる人々と都市に生活する人々の間において明確な心性の違いは認められていない。これらを勘案すると、身体と心の両面からみた場合、現代人は旧石器時代人、ましてや縄文人とほとんど変わらないということができるのだ。（中略）人類史的にみても、死後は自然に還るという発想は、ごく自然、かつもっとも古く根源的なものだといい得るのだ。（同書、一四二―一四五頁）

ただ、山田の発言には、そのまま〝わかりました〟とは言えない事情のあることは、すでに第一章で述べたところです。縄文人が「霊魂観」を持っていたかどうかは、それが生得的な観念なのかどうかも含め、果たして縄文人に必要な観念であったのかどうかを議論する必要があるように思います。もちろん、私は、縄文時代は「霊魂観」を必要とする社会ではなかったと考えます。

ここでも、小林達雄の見解に耳を傾けたいと思います。

◇他界は地下にある〈小林達雄〉

縄文時代では手厚く葬っておりますので、とにかく自分たちが住んでいる世界とは違う世界にいくんだという意識はあったのではないかと思います。それからいろいろな研究者の論文にありますが、地下に埋めるということは、魂が地界に帰っていくんだという考え方と関係しているんだという、そういう意見もあります。いずれにしてもその世界というのは、手の届かないところ、足の及ばないところ、あるいは目に見えないところ、だから天界も当然縄文時代の時にもすでにあったのではないか。それが巨木を立てるというようなことで、自分たちの世界と天を結ぶ梯子の意味、機能というものにもかかわるのかもしれない、というふうに思います

が。（國學院大學日本文化研究所編『祭祀空間・儀礼空間』、雄山閣出版、一九九九年、二六〇頁）

山田の論考にも出てきましたが、縄文人の死生観は、アイヌの死生観と同様の「あの世」と「この世」からなっていて、命がなくなったものは、「あの世」に「送り出す」必要があり、その場所が貝塚などの「送り場」だと解釈される場合も多くあります。小林の主張も同じです。しかし、「あの世とこの世」という死生観は、仏教的な輪廻転生や、儒教的な招魂再生の死生観によるもので、そういった宗教が根づく以前の日本列島にも、同様の死生観があったかどうか議論の余地があると考えています。

アイヌの「あの世」へ送る儀礼は、縄文からの伝統ではなく、和人経由の仏教や道教・儒教的な死生観の影響を受けている可能性も否定できません。このことはすでに、中川裕が指摘していきます（「アイヌの宗教はどこから?」『アイヌ語の向こうに広がる世界』編集グループＳＵＲＥ、二〇一〇年、七六―七九頁）。

北海道の文化は、続縄文文化までは縄文時代以来の伝統であるシンボリズムを基盤とした精神文化であったと思われますが、それが、中世あるいは近世以降の和人との接触のなかで、仏教的な死生観が持ち込まれ、いつの間にか月や蛇を中核とした再生のシンボリズムが忘れ去られてしまい、独自の「あの世・この世」観をつくったのではないかと思います。これがアイヌ文化の成立であると私は考えています。遺構や遺物の造形を見る限り、縄文人や続縄文人には霊魂観や「あの世・この世」観はなかったと考えるべきでしょう。

一方、日本文化においては、全国各地の神社で、今もなお行なわれている「雨乞い」や「かまくら」「綱引き」などの神事は、ほとんどが満月の夜に行なわれます。今となっては、その理由も忘れ去られていますが、蛇や龍（仏教の影響により蛇が変容したもの）が月から水を運んでくるという設定で行なわれていたものと私は考えています。それは、仏教的な「あの世」観というよりも、むしろ縄文時代以来の、月のシンボリズム観をとどめており、とても興味深く思います。アイヌ文化の精神性は、縄文文化からもたらされたとの主張もありますが、縄文の精神性の基盤が再生のシンボリズムにあると考えれば、アイヌ文化とのつながりは希薄で、むしろ日本文化の方にこそ縄文文化のシンボリズム伝統が受けつがれているように思われます。

いずれにしても、考古学ではこうした精神性をひもとく研究は盛んではありませんので、それだけに「再生」観念の存在を指摘した山田の解釈はとても重要だと思います。

2. なぜ死者を屈葬にしたのか

山田は、死生観を説明するなかで、埋葬姿勢である屈葬についても言及しています。「四肢を折り曲げ胎児の格好にし、再生を願ったものだとする説がある」と。じつは、このような解釈は、古くからあるものの、そう多くはありません。なぜ死者を「屈葬」、つまり四肢を強く折りたたんだ姿勢で埋葬する形をとったのか、という点についてはこれまでも多くの考古学者によって検討されてきましたが、ここで山田とは違う意見も聞いてみましょう。考古学者の白石太一郎による解説です。

◇死者の霊を閉じ込めた〈白石太一郎〉

屈葬については、古くから㈠墓壙を掘る労力を節約した、㈡胎児と同じ姿勢をとらせて再生を祈る、あるいは母なる大地へ還す、㈢休息の姿勢、㈣死霊が遺骸から遊離して生者に害を加えないよう霊を閉じ込めるためといった種々の説がある。屈葬にも膝頭が胸に密接していていかにも紐でしばって埋めたようなものから、伸展葬に近いきわめてゆるやかなものまでいろいろであるが、人類が死者の埋葬を開始した初期には汎世界的にみられる現象として注目される。その理由については㈠はあまりにも現代人的な発想であり、㈡についても石器時代人が母体内の胎児の姿勢について正しい解剖学的知識をもっていたとは考え難い。大阪府国府遺跡などでみられたように屈葬人骨の頭部に深鉢をかぶせたり、胸の上に石をいだかせた例などもあるところから、死霊の再帰迷奔を防止するためとする㈣がもっとも真実に近いものと考えられる。

（『日本古代文化の探求・墓地』社会思想社、一九七五年、二〇頁）

白石は四つの説を紹介していますが、特に根拠が述べられているわけではありません。面白いのは、先に紹介した山田の、胎児の姿勢をとらせることで、よみがえりを期待する再生観念説がここでは否定され、死霊が遺骸から遊離して生者に害を加えないよう霊を閉じ込めるため、という説を有力視しています。もちろん、根拠は示されていませんが、おそらく仏教的な観念から生まれたイメージなのでしょう。山田は、アイヌ民族学や認知科学的理解を導入して、再生信仰を導き出しましたが、こうした解釈はむしろ稀で、考古学者の解釈は、基本的には、ほとんどが現代的な「一般常識」に基づく類推によるものです。

白石は、つぎに、関東地方や中部山岳地帯にみられる「廃屋墓」や「埋甕」についての解釈を紹介していますが、名古屋大学の渡辺誠が主張する、埋甕を「妊娠呪術」とする解釈は、子宮との関連性を取り上げた点で、とても興味深いものです。

縄文時代の特殊な葬法の一つに「廃屋墓」とよばれるものがある。（中略）

縄文時代中期に中部山岳地方や関東地方西部にみられる、竪穴住居の入口床面下に甕を埋める「埋甕」とよばれる風習についても、千葉県松戸市殿平賀貝塚の竪穴住居の埋めがめに幼児の骨片および歯が認められていることなどから、渡辺誠氏らはこれを幼児の埋葬施設と考え、死産あるいは夭逝した子供の魂が再び母親の胎内に宿ることをねがう一種の妊娠呪術としての性格を指摘している。この説に対しては、これを民俗例から胎盤処理法とする木下忠氏の反論があるが、幼児を家屋の床下に埋葬する例は中国の半坡遺跡をはじめ、世界各地の新石器時代文化にひろくみられるところであり、実際に幼児骨が発見されている以上、一種の埋葬施設と考えてさしつかえなかろう。（同書、二二一―二二二頁）

また、つぎの斎藤のような考えも死者のよみがえりを恐れて、手足をかたく縛って埋めるというものです。当時としてだけでなく、今でもスタンダードな説だと思います。

◇よみがえりを防ぐ〈斎藤忠〉

なぜ屈葬の方法がとられたのであろうか。長谷部博士は、普通考えられるものとして、一、墓穴の節約。二、平生の坐位あるいは安臥の態を採らしむ。三、胎児の姿勢を採らしむ。四、封禁を施して死者の再帰迷奔を遮ぐ。という四つを紹介し、四の死者再帰防止説に賛意を表しつつ、屍体を保護する目的にでていることを考えている。墓穴の節約という、いわば、経済的な事由は当時竪穴住居のようなものすら営んだ人々を考えれば、到底みとめることのできぬものであり、より重要な精神的な意義を考えるべきであろう。また、二、三の考え方も皮相的である。この点、四は最も適切なものといわなければならないが、その背景には、死者に対して恐怖観を抱き、これが再帰することを防止しようとする意図が基本をなしていたものと考えたい。

（『日本史小百科4〈墳墓〉』近藤出版社、一九七八年、五〇―五一頁）

こうして考古学者の言説を調べてみると興味深いのは、縄文時代の死者に対する態度が、「再生信仰」と「再帰防止」というように、相反する態度として解釈されていることです。再生信仰は、アイヌの民族例が根拠として使われ、再帰防止は、民間信仰的な思想が背景にあるように思われます。

また、ふたつの解釈のなかでは、「あの世」と「この世」という観念の存在が重要な役割を演じ

ているこ とです。これも、仏教や儒教的な心性が発想の背景にあるように思えてなりません。私がこれまで考えてきた子宮や母胎が登場することもありますが、月や水や蛇との関わり合い、つまりシンボリズムとして解釈されることは残念ながらないようです。

さて、そうしたなか、ちょっと面白い解釈をしたのが創価大学の後藤和民です。後藤は、縄文土器の縄目模様（縄文）はなぜつけられたのかという問いにも、「滑り止め」というユニークな答えを出した学者です。

◇労力の節約？〈後藤和民〉

加曽利貝塚ではちょっとした傾向性があったんですよ。これはおもしろいっていうんでよくよく調べてみましたら、住居址みたいなところには伸展しているのが多いんです。ところが、新たに掘り込んだと思われるローム層までぶち込んであるやつは、確実に屈葬が多いです。ということは、一回掘って、一旦埋まって、再び掘り上げて、掘っているうちに床面に達したので非常に掘りやすかった。そういうところは、穴を大きく掘って伸展させる。新たに掘って掘りにくいところはなるべく小さくして押し込んでる。そういう傾向がありまして、労力の節約みたいなところが多いんですよ。（笑い）（『シンポジウム　縄文貝塚の謎』新人物往来社、一九七八年、一九九頁）

何やら笑い話のように紹介されていますが、基本的には考古学者はこうした解釈を好みます。たまたま座談会の席上での発言のようですが、労力の節約を結論とするならば、時間や賃金とは切り離せない現代の労働とは違うであろう縄文時代における労働の概念についてもう少し聞いてみたいような気がします。

3．民俗学者吉野裕子が考える墓と子宮の関係

つぎに、民俗学では死者をどのように考え、対処したのか見てみることにします。とりわけ興味深いのは、死者や墓と子宮が深く関係していることが分かる点です。考古学では、墓や埋葬が子宮との文脈で語られることはほとんどありません。このギャップは、もちろん埋葬や死者に関わることでありながら、決して精神性を機軸に解釈をしないことから生まれます。

吉野裕子は、大著『祭りの原理』（慶友社、一九七二年）において、民俗学から見た「古代日本人における死の原理」について述べています。まず、日本の祭りの原型が神話にあることから論を進め、その本質がどこにあるのかを明らかにしています。意外かもしれませんが、祭りが死者を葬ることにもつながるというのです。

◇祭りの本質は神迎えと神送りにある〈吉野裕子〉

「祭りの原型は神話にある」といわれる。日本神話の中心課題は、国土生成と神々の誕生と思われるが、それらは多く人間の生誕から類推されている。

日本の祭りは、年の折目節目に神をこの世に迎え、食を捧げ衣を供して、人の幸と穀物の実りを願い、それがすめば再び神をその居処に送り出す、この一連の儀礼である。祭りの始終は、要するに神迎えと神送りである。祭りの原型は神話にあるとすれば、その神迎え、つまりこの世への神の顕現は、当然人の生誕になぞらえられているだろう。そして、神迎えが人の生誕の擬《もど》きであるならば、神送りは人の死の擬きであろう。人間界への神の去来は具体的な形でとらえられ、人間の生死からの類推によっているに相違ない。国生みや神々の誕生が人の出生に擬かれているのに、祭りにだけ、突然抽象的な思惟が導入されているとは考えられないのである。

人間生誕の前提となるものは両性の交合・受胎・出産の三過程である。この過程を始めから終りまで敬虔に擬き、その擬きのなかに神の顕現を期待し、実感するのが、「神迎え」だったのではなかろうか。それに対し、「神送り」は人の葬送になぞらえられる。古代日本人は「死」を「生誕」とはそっくり逆の現象としてとらえていた。（中略）逆の現象とは、母の胎を通って生まれて来た人間は必ずまた母の胎にかえり、その胎児となってあの世に帰る、ということである。より正確にいえば、古代人における生と死は本質は同じで、その方向が逆の事象といえようか。その本質とは生も死も他界に新しく生まれ出ることであり、そのためには一定期間、穴にこもることが必要ということ、この本質において生と死は同じなのである。ちがうのはその方向だけである。死がひどくおそれられたのは、その死穢からくる穢れの観念ばかりではなく、その方向の違いが大きな原因であろう。（三—四頁）

◇死は生まれ出て来た処に帰ることであった〔吉野裕子〕

人間の生と死を考える時、彼らの心の中には常に海と空が一つになった処、現実と想像がないまぜになった理想郷、常世の国があった。（中略）

常世の国と現世の間に、母の胎という洞穴があったように、現世と常世の国の間、つまり生と死の間にも太陽の洞窟同様、「墓」という穴が必要と考えられた。ここにいう墓は広い意味の「墓」で、この中には天然の海岸の洞窟、岩屋、山中の穴も、人工の塚・墓・喪屋もふくまれる。

常世の国から現世への生誕途上には母の胎という穴があってここに一たん納まってからでないと現世に出て来られなかったと同様に、死もまた直線コースに載った仕儀ではなかったのである。したがって墓という、仮に母の胎と想定された幽処に、胎児として死者を一たん納め、次にその胎児を確実にあの世に新生させること、その一連の呪術的な手筈が葬《とむら》いなのであった。（五三頁）

私は、縄文時代の埋葬の背景について、彼らの思考の核になっている部分は、この吉野の論考に言い尽くされているように思います。吉野の言説は、仏教思想が背景にあるのでしょうが、いわゆる根っこの部分には、人間の生得的なものの考え方が失われずに遺されていることを納得させられる論述です。

古代日本の「死と葬送の原理」を、沖縄に今も残る古俗から探っているのは吉野裕子です。先に紹介した『祭りの原理』のなかで、『沖縄の民俗資料　第一集』に触れ、そのなかから「子宮」との関係のうかがわれる非常に興味深い三つの習俗を紹介しています。

◇葬礼における性〈吉野裕子〉

《枕飯には箸を一本立てる》古代の箸は今日のように二本ではなく、一本の細い竹を曲げ撓めたもののようである。（中略）したがってこの箸の形は男根を象るものとして絶好である。

そこで話を枕飯にかえすと、まず飯は円錐形に盛られる。これは女陰を象徴するので、ここに古来男根になぞらえられる傾向にあった箸を立てることは、性交の擬きではなかったか。箸はまた十字、又は×字形にくんで飯に立てられることもある。沖縄ではこの形をアジとよぶが、この形は本来陰陽交合を擬くという見方もされている。（五六頁）

《性交を擬くと思われる葬礼》沖縄の葬礼の中には、死者を胎児とするための性交の呪術と、あの世への新生への呪術が一連となっているとみられるものがある。

葬式の夜、男二人がタイマツと六尺の青竹をもって、家の中をぐるぐる廻る。終って、入口の臼をけって外に出る。村外れ迄行ってタイマツと棒をすてて帰る。帰ると庭先で供物の饗応にあずかり、屋内に入らずそのまま自宅に帰る。

沖縄で、竿（ソウ）は男根の陰語である。火は女性の象徴であるから、これらをもった人がぐるぐる廻るのは性交の擬きと思われる。臼はやはり女陰または母の胎の象徴物であるから、これをけって外に出ることは新生の擬き。家とか村はやはり母の胎の象徴物とみられているから、村外れにこの人々が行って火や棒をすてて来ることは、死者の他界への新生を期待する呪術となる。（五七頁）

《屈膝・足から先に墓に入れること、及び三角形》遺体を胎児として墓におさめるからには、当然それは胎児そっくりの姿勢をとらせるであろう。それが屈葬である。通説は死者の霊をぬけ出させないためというが、私は屈葬は胎児を擬く形体であると考える。死者を墓におさめるときは足から先に入れるという。胎児の姿勢は足が奥になる。それでこれも胎児の姿形を擬いていることになる。

沖縄では、死者に三角形の袋をもたせる。本土でも三角に折った紙を「額当て」といって遺体と近親者がつける例は枚挙にいとまがないほど多い。三角はこの場合心臓形を模しているともいわれるが、亡者と三角の因縁がふかいのは、三角が女陰の象徴であるからであろう。死者を胎児として母胎におさめ、新生させるのが葬礼だから、三角が葬いに出る頻度も高くなるのである。（五九頁）

吉野は、「山の神信仰」の研究に力を注いだ民俗学の泰斗です。私にとっては、「縄文」が蛇のシンボライズであることに気づかせてくれたことで、忘れることのできない学者です。今回は、ほとんど触れませんでしたが、吉野の胎児あるいは子宮、女陰にかかわる民俗学研究の成果は、枚挙にいとまがありません。考古学研究において民俗学の成果が援用されることはそう多くはありませんが、そうした成果が、考古学的資料解釈の後ろ盾を与えてくれることに、多くの考古学者が気づくことを願ってやみません。

4．民族学・神話学のなかの墓と子宮

つぎに、世界の民族誌や民族例に、子宮がどのように登場しているかを見てみたいと思います。まずは、この分野の大御所、東京大学の大林太良の含蓄に耳を傾けなければならないでしょう。大林は、いまや古典的な名著として多くの人に読まれている『葬制の起源』（角川書店、一九七七年／中公文庫、一九九七年）の冒頭に、葬送の歴史をひもとく上での民族学の必要性について次のように述べています。

◇葬送の起源の解明には民族学が必要〈大林太良〉

このような考古学の資料による葬制の歴史の研究は、ことに古い時代に関しては他の方法ではまねできない強みをもっており、重要な意味をもっている。しかし、考えてみると、われわれが、遺骨の出土状態などから、どういう葬制が行なわれていたか、またどういう意味をもっていたかを解釈するのは、だいたいにおいて、われわれが知っている現に行なわれている葬制との類比にもとづいている。そして、その解釈が、ときにはいかに困難なものであるかは、旧

石器時代に複葬があったか否か、またイェリコの頭蓋骨をいかに解釈すべきかなどの例によく現われている。考古学によって葬制の歴史の骨組みは与えられるが、それだけでは内容はよくわからないのである。また葬法によっては、時間がたつと痕跡ものこらなくなってしまうものもある。

そこで、葬制とその背後にある観念などの歴史をよりよく理解するには、現在の未開民族の研究から出発して、民族と文化の歴史を明らかにしようとする歴史民族学の力が必要になってくる。（二二一―二二三頁）

このように前置きした上で、世界中の埋葬の民族誌を渉猟し、その起源に深く迫っています。

◇墓は死者の家〈大林太良〉

生きている人間に住む家が必要なように、死者にも住む家が必要である。こういう観念が墓の発達に大きい役割を演じたことは疑いない。そして未開民族の大多数において、死後の生活は現世のそれの継続であり、かつ本質的には同じであると考えられているのと同様に、死者のための家も、生者の家と似たような構造や外観をもっている。それどころか生者の家がそのまま死者の家である場合も少なくない。屋内葬と呼ばれるのがそれだ。しかし人類の家屋の形式はさまざまである。それに応じて死者の家もいろいろちがっている。

すでにヨーロッパの中期旧石器時代には洞窟葬が行なわれていた。この時代には生きている人間も洞窟に居住していたから、生者も死者も居住形式は同じであったわけである。しかし、このころでも、生者は死者にその洞窟をゆだねて、自分たちは別の洞窟に移り住んだらしい痕跡がすでに現われている。こういう洞窟葬は、古代エジプトにも存在していたが、今日でも、たとえば東南アジアでは、ルソン島、ボルネオ、スラウェシおよび東部インドネシアの島々、さらに中国南西部のケラオ族で行なわれている。（七二―七三頁）

こうして世界に視野を広げながら、屈葬や坐葬など、埋葬方法の起源にも触れています。

◇なぜ埋葬するのか？　なぜ屈葬にするのか？〈大林太良〉

日本の場合、洞窟に死体を葬ることは、洞窟居住とは、その当時でももう結びついていないが、その起源――べつに日本のなかだったとはかぎらない――においては、やはり元来住居としての洞窟から発達したもので、狩猟民文化に母胎があるのであろう。一般に葬法のほうに、より古い住居の形式が反映する傾向がみとめられるのである。

これと同じことは、ある程度埋葬についてもいえそうである。つまり、すでにハインリッヒ・シュルツやカール・ヴォイレが想像したように、墓穴を掘って死体を埋める埋葬は、竪穴住居を死者に譲り渡したものにほかならない場合も多かったにちがいない。もちろん、埋葬の場合には、それ以外の衛生的、宗教的などの要因も働いていたかもしれないから一概にいうことはできないが、この説があてはまる場合も多かったに相違ない。

埋葬が葬制のなかでもひじょうに古い歴史をもつことは疑いない。ヨーロッパではすでに中期旧石器時代から知られている。ビルケット＝スミスが論じたように、このひじょうな古さは、現在の未開民族のあいだにおける広い分布ともうまく符合するし、また南米のティエラ・デル・フェゴ島民やタスマニア原住民のようにもっとも未開な諸民族のところでも埋葬が存在することも、その古さを物語っているのである。（七五―七六頁）

そして、埋葬の姿勢については、次のように述べています。

日本でも縄文時代から多くの屈葬の例が報告されている。（中略）ではいったい、なぜ蹲踞の姿勢で死体を埋葬するのであろうか？第一は実用的な理由だ。フェリックス・シュパイザーのような大学者もこの説である。未開人にとって、墓穴を掘るのはけっして容易な仕事ではない。できるだけ穴が小さくてすむように屈葬にするのであるという説である。この説はたしかに未開民族の技術を考えると、もっともな面もあるが、それでもいくつか疑問がのこる。

他のことならともかく、死という人生の大事に関する行事をたんに実用的見地だけで十分説明できるであろうか？　葬制の他の部分が、あれほど死者への愛情や恐れ、あるいは死後の世界の観念と密接にからみあっているのに、屈葬の場合だけ、そういう面を無視できるのであろうか？（中略）

ここで昔からある二つのおもな解釈にふれなくてはならない。一つは、死者がもどってくるのを恐れて、死者をきつくしばる習俗と関係があるという見方であり、前に紹介したクラウゼの説もこれだ。もう一つは、屈葬は、母胎のなかにおける胎児の姿勢をかたどったもので、死者は母なる大地に胎児の形で送りかえされ、そこからまた再生するという考えである。（八二―八四頁）

大林は、胎児の形にして埋葬する原理に触れ、それが、民族学者のレオ・フロベニウスの提唱した「ひっくり返しの原則」と関係していると述べています。世界の神話のなかには、「起源についての観念が、終末についても適用されたり、終末についてのと同じ考えが起源についても述べられていること」がよく出てくるのだといい、いくつかの興味深い例をあげています。

◇「ひっくり返しの原則」〈大林太良〉

北アメリカの北西海岸の先住民たちは、人が死ぬと遺体を箱のなかに入れて葬る。ところが、神話では、万物の始めのときに、太陽は箱のなかに入っていたという。つまり、終末についての習俗が起源の神話のなかに反映しているわけだ。同様にハワイでは、アケアという神は死者の神であり、地下の他界の神である。つまり終末の神である。ところが多くの人たちは、この神の子孫だと称している。つまり、ここでは起源の神になっているわけだ。死体が腐ってくるとウジがわく。ところが、これを逆にして、ウジから人間が生まれたという神話が生まれる。

（中略）

このような《ひっくり返しの原則》を使えば、葬制や他界観のあるものは説明がつく。死体の膝に顎がつくように、身をかがめて葬る方法は屈葬として知られている。フロベニウスは、これは母の胎内における胎児の姿勢であって、これも《ひっくり返し》の一例であるという。（八五―八六頁）

同様に、宗教学者のミルチャ・エリアーデも、コロンビアの先住民コギ族の、少女の埋葬の様子を記録したライヘル＝ドルマトフの報告を紹介するなかで、胎児の姿勢に言及しています。これは、一九六四年に記録されたものです。

◇村も家も墓も子宮（ライヘル＝ドルマトフ／ミルチャ・エリアーデ）

コギ族は、世界――宇宙母神の子宮――とそれぞれの村、祭りの館、家、墓とを同一のものと見なしている。シャーマンが［少女の］死体を九回持ち上げるのは、妊娠期間の九か月を逆にさかのぼり、死体を胎児の状態にもどすことを意味する。そして、墓は世界と同一視されるので、葬儀の供物は宇宙的意義を獲得する。さらに、「死者の食物」である供物は、性的意味（コギ族の神話、夢、婚姻の掟において、「食べる」行為は性的行為を象徴する）を含んでおり、その結果、それは母神を多産にする「精液」となるのである。（中村恭子訳『世界宗教史1――石器時代からエレウシスの密儀まで（上）』ちくま学芸文庫、二〇〇〇年、三四頁、［　］は筆者によ

る）

この一文には私もおどろいたというか、一種の感動すらおぼえました。私はこれまで、縄文人など多くの先史・古代の人の墓を発掘しましたが、はずかしながら、埋葬に際して彼らが行なったであろう、葬送の儀式や祭祀の情景を思い浮かべたことはありませんでした。おそらく、縄文時代においても、ドルマトフの報告にあるような厳粛な、まさに心のこもった再生の祈りをささげる儀式が行なわれていたに違いありません。

エリアーデは、こうした民族例の援用に関して、考古学者に対し、皮肉たっぷりに、しかも、なんとも手厳しい指摘も忘れていません。

このシンボリズムを考古学の次元のみから研究したのでは、旧石器時代の埋葬のそれと同様に解明できない、ということも強調しなければならない。考古学的資料が伝達することのできる「メッセージ」を限定し、貧しいものにしているのは、その特有の様態なのである。われわれが資料の貧しさ、不透明さに直面したときには、この事実をつねに念頭におかなければならない。（同書、三五頁）

つまり、こうした民族例に耳を傾けるならば、竪穴はこれまで考古学で言われてきたように、「寒いから穴を掘った」わけではなく墓穴も、「死者が生き帰らないように」、または「衛生上の理由から掘った」のではないことが見えてきます。つまり、死者がよみがえるように願いを込めて大地に穴を掘って埋めたものが「墓」だということです。では、その大地には、何かそうすべき理由があるのでしょうか。

エリアーデは、世界の多くの神話を読み解くなかから、子供の誕生がどのように理解されているのか、ということに着目し、大地の意味を明らかにしています。少し長いですが、とても大事な部分ですので引用します。

◇**大地のヒエロファニーの構造**〈ミルチャ・エリアーデ〉

大地のヒエロファニーの宇宙的構造が、本来の大地的構造（これは農耕の出現によってはじめて決定的に顕著になる）に先行していたことは、子どもの起源についての信仰の歴史によって証明される。受胎の生理学的な原因が知られるようになるまでは、人びとは、子どもが女性の胎内に直接挿入される結果、母となると考えていた。ところで、女性の胎内に入りこむものが何であったか、すでにして胎児であったか（それまでは洞穴、割れめ、井戸、木などの中に、誕生前の生を送っていた胎児）、それとも単なる種子であったか、「先祖の魂」であったか、の問題は、この章の関心事ではない。この章で何よりも重要なのは、子どもは父親によって受胎させられるのではなく、子どもが一定の発達段階に達したとき、女性が周囲の自然的環境の物体か動物と接触する結果、子どもが母の胎内に位置するようになる、という観念である。（中略）かれらと周囲の自然的環境との結びつきは、現代の俗的な精神によって理解し得るよりも、はるかに密接であった。かれらは語の比喩的な意味においてではなく、具体的な意味において「土地の人」であった。かれらは水棲動物（魚、蛙、鰐、白鳥など）によって運ばれて、母の胎内に呪的接触によって入れられるまえは、岩、深淵、洞穴の中で、成長したのである。（中略）そこでそうした若干の例を挙げてみよう。アルメニア人は、大地は「人間が発生してくる母胎」と考えていた。ペルー人は、自分たちは山や石の子孫だと信じている。子どもの発生する地点を、洞穴、割れめ、泉などに定めている民族もいる。ヨーロッパには現代もなお、子どもは沼沢や、泉、川、木などから「やってくる」という俗信が残っている。（久米博訳『エリアーデ著作集　第二巻　豊饒と再生』せりか書房、一九七四年、一四〇―一四一頁）

さらにエリアーデは、農耕社会の地母神信仰を取り上げ、子供の埋葬がどのような考えのもとに行なわれているかを述べています。

◇「**大地は子どもをしまっておく**」（ミルチャ・エリアーデ）

成人は火葬に付されるが、子どもは土葬にされる。それは子どもが地母のふところにもどって、後に再び生れかわれるためにである。「大地は子どもをしまっておく」。マヌの法典は二歳以下の土葬を規定し、火葬に付すことを禁じている。北アメリカのフロン族が、死んだ子どもを道路の下に埋葬するのは、その上を通りかかった女性の胎内に子どもがうまく入りこんで、再び生れかわれるようにというのである。アンダマン島人においては、年少の子どもは、住んでいる小屋の炉の下に埋葬される。それに関連して、多くの民族でしばしばおこなわれている、「胎児の形」での埋葬を想起する必要がある。（中略）それは地母によって再び生れかわれるようにと、屍体に胎児の形をとらせるのである。（同書、一五一頁）

世界の民族例を見わたすなかで、墓と子宮の関係が、単に風習や儀礼などの文化的な形として表現されているのではなく、いや、そうであったとしても、それが人の心に根ざした、きわめて普遍的あるいは根源的ともいえる行為であることを読みとることができました。

つぎに紹介しておきたいのは、民族誌や神話をベースにしながら、先史時代の世界観に迫ろうとした研究です。アン・ベアリングとジュールズ・キャッシュフォードは、神話学の権威たるジョゼフ・キャンベルと、また心理学の巨人たるカール・ユングの教えに基盤をおきながら、世界中の膨大な資料を渉猟し、女神神話の起源とその変容をひもといた碩学です。二人は、女神神話の意義を考えるなかで、旧石器時代の洞窟における子宮の象徴的な意味についても触れています。

◇母なる女神の子宮としての洞窟〈アン・ベアリング／ジュールズ・キャッシュフォード〉

太古の、大女神の物語は、フランス南西部の洞窟においてその芸術作品やそこで挙行されていた儀礼を通して伝えられている。少なくとも二万年の間（前三万―前一万年）、旧石器時代において洞窟は最も神聖な場所であり、「女神」の聖域であり、彼女が力を再生する根源の地と考えられていたようである。それらの洞窟の一つに入るということは、もう一つの世界である女神の体内へ旅をすることと同義であった。神聖な世界に生きる人々にとっては、実際に中空になっている洞窟の形は、あらゆるものを包含し、生者を送り出し、死者を連れ戻す場所である女神の子宮を象徴していたのであろう。（森雅子訳『図説世界女神大全Ⅰ――原初の女神からギリシア神話まで』原書房、二〇〇七年、一七頁）

洞窟が子宮に見立てられていたとする解釈は、彼らだけのものではありません。日本では、神話学者の吉田敦彦に同様の解釈が見られます。しかし考古学者が、こうした意見に耳を傾けることがないのは根拠や証拠がないからです。神話学や民族誌を根拠とは認めない風潮があるのです。ベアリングやキャッシュフォードについては、せっかくカール・ユングの分析心理学に傾倒したのであれば、もっと心理学的な根拠を示すべきだったのではと残念に思います。

もうひとり、興味深い本を書いた研究者を紹介しておきます。キャサリン・ブラックリッジというイギリスの女性科学ジャーナリストです。『ヴァギナ――女性器の文化史』（藤田真利子訳、河出書房新社、二〇〇五年）と題した著作で、民族学、神話学、言語学、解剖学、動物学から生理学までも駆使しながら、女性生殖器のシンボリズムや神話的、文化史的な意味を解き明かそうとしています。まず、女性生殖器（vagina）の神話的な意味について述べています。

◇復活させるヴァギナ〈キャサリン・ブラックリッジ〉

ヴァギナが、肉体的にも精神的にも、一つの世界から次の世界への通り道とみなされているのである。この考え方にはいくばくかの論理がある。この世界にはヴァギナを通ってきたのだから、そこから再生する努力をしてみてもいいのではないか。ポリネシアの英雄マウイの神話にはこのような論理がありありと見られる。マウイは、地上で最初の女性ヒネヌイテポのヴァギナに入り込み、子宮に戻って不死をかちとろうとする。タントラの信者も、すべての人間はヴァギナを通って生まれてくるのだから、ヴァギナは生命への門としてたたえられるべきだと主張する。実際、タントラの儀式の一部はヨニプジャ（ヨニの礼拝）といって、生命の門としてのヨニの重要性を黙想することになっている。タントラ信者は、ヴァギナを過去と未来両方への入り口だと考えている。（七七―七八頁）

タントラというのは、仏教やヒンドゥー教と並ぶインドの宗教の一つで、ヨニ（yoni）は女性生殖器を表わすサンスクリット語ですが、それには子宮や起源、源泉、生殖の母胎という意味も含まれています。

それにしても、ブラックリッジは博覧強記で、古今東西の解剖書を渉猟して、ヴァギナや子宮が、人類にどのように理解されてきたかを事細かに跡づけています。そしてこうした解剖学的知見のあずかり知らぬ先史・古代において、もっぱら威力を発揮したのが神話的思考だったことも詳細にわたって調べあげています。

新石器時代の埋葬地の多くで、内部が子宮やヴァギナのようにデザインされ、女陰に似た入り口があるのは、誕生と同時に再生するときも女性の子宮から出てくると考えたのかもしれない。墓は地上部分が膨れ上がり、まるで妊娠した子宮のようになっている。また墓（tomb）という言葉はラテン語のtumulusからきている。膨れていること、あるいは妊娠という意味である。（七八頁）

墓という言葉が、もともとはラテン語の「膨れている、妊娠」という言葉からきているとは恐れ入りました。以前から私も、墓が子宮をシンボライズしていると考え、さらには、貝塚の意味も子宮のシンボライズではないかと睨《にら》んでいましたので、まさに目からウロコです。

ブラックリッジは、この後も、ヨーロッパやアジアにたくさん見つかっている新石器時代の「ドルメン」と呼ばれる巨石記念物にも触れています。アイルランドやインド、メラネシアでは、二つの垂直に立てられた石の上に、大きな板状の石が載せられていることから、「一般に女性生殖器、生殖能力、再生と結びつけている」として、ドルメンの柱の間を通り抜けることで、安産が祈願されていると述べています。さらには、日本の神社の鳥居や子安貝のヴァギナあるいは子宮的性格にも言及し、私をおどろかせました。

日本の神道では、ある神聖な構造物がこの世とあの世の通り道である女性の生殖器を象徴している。それは神社独特の鳥居というアーチである。（中略）

ヴァギナと再生の結びつきと言えば、ほかのところにも影響が残されている。貝、とりわけコヤス貝は日本ではヴァギナのシンボルとされている。日本では、ヴァギナを貝と呼ぶことがあるそうだが、おもしろいのは、その貝が誕生と再生の思想にも関連していることだ。日本のある地方の慣習では、出産のときにコヤス貝を手に持っているといいという。だからこの貝の名前は〝子安貝〟、「楽に子どもを産む貝」なのだ。（七八―七九頁）

ブラックリッジ同様に、神話的な解釈から、先史古代の思考にアプローチしたのが、スイスの古代学者で、『母権論』の著者として有名な、ヨハン・ヤコブ・バハオーフェンです。バハオーフェンは、名著『古代墳墓象徴試論』（平田公夫・吉原達也訳、作品社、二〇〇四年）のなかで、円や球は、「永遠に元のところに回帰する」ことから、「運命ないし、すべての生を支配する自然の最高の掟を表現する」と解釈し、「すべて内的な関連を有する」ものとして、「卵・月・女性器」を象徴すると述べています。

そして、つぎに、古代の造形に登場する「箱」の象徴性に触れています。「箱は母胎、つまりすべての生命が受胎され出産まで育まれる場所の象徴である」と。このことは、世界の神話のなかでも語られており、プラトンが、男性性（男根）と対立させて、女性性（子宮）を「生成の場所にして容器」だと言っていることも紹介しています。つまりは、永遠に回帰する「円」と、生成の場所にして容器である「子宮」は、不可分の象徴関係にあるということなのでしょう。

◇子宮は、「生命が発する生成の場所」〈ヨハン・ヤコブ・バハオーフェン〉

男性力は、およそ場所とか空間という理念とは無縁であり、これと対立する。これに対して、女性の物質性のなかに男性力は必然的に含まれ、女性は、その本性によれば、「場所にして容器」、「場所」、部屋、空間であり、これらを許容するのは力ではなく物質だけである。かくして、箱は完全に女性の本質に照応する。それは母性の属性であり、むしろ母性の自然的使命、受胎と「精液の母胎への受容」、つまり、精液といっさいの若き生命を受容し、育み、隠すことの象徴である。箱のなかは、暗き母胎のなかのように、暗い。そのなかで、光から閉ざされて、男根が作用する。それゆえ、男根は秘密の箱のなかにも閉ざされ、不可視的に、生殖として、大地にして月たる母性的物質に浸透する。かくも多くの神話のなかで、新生児が箱に閉じ込められ、箱とともに海に委ねられることには、隠す母胎の理念が繰り返されている。古代人は、貝、堅果（胡桃）、エンドウやインゲンのような莢豆――これらはまさにこのような特性にその大地的な意味を負っている――にも母胎の象徴を認めている。（一八二―一八三頁）

5．人はいつの世にも子宮に生まれ子宮に還る

多くのページをつかって、死者や葬送、墓に関わる言説を、民俗学や民族学、あるいは神話学の事例などを通してながめてきましたが、そうしたことで、ある一つのことが見えてきました。それは、いつの時代、どこの地域においても、「子宮」が死者や墓と深く関わりあっているということです。

これはもう、読者の皆さんも気づかれたのではないかと思います。この本のテーマ、「縄文人はなぜ死者を穴に埋めるのか」についての答えは、私が新たに考え出すまでもなく、すでに存在していたのです。民族学や神話学をひもとけば、死者や墓と子宮の関係は、きわめて普遍的であり、単なる文化として生まれたのではなく、人間の「根源的なものの考え方」を背景にしながら生まれたということに、だれもが気づくはずです。

そして、そうした答えの後ろ盾も、すでに遺伝学や脳科学、心理学や宗教学がつくりあげているということです。じつは、そのことに気づいた考古学者は、決して少なくはなかったようです。ただし、たとえ考古学者がそのことに気づいたとしても、なぜそうなのかは、考古学が拠って立ち、特別な思いでこだわってきた型式学あるいは編年学という方法では読み解くことができなかったでしょう。それは、いわゆる科学的な合理性や論理性からは遠い、精神的な行為だからです。まさに神話的思考でしか読み解くことができないのです。皮肉なことに、この点がきわめて科学的な解釈であるとお墨付きを与えてくれたのは脳科学や心理学です。こうした解釈に貼られてきた「非科学的」というレッテルは、剝がされる時がきたように思います。

子宮へのこだわりは、縄文人だけに認められるのではありません。変容しながらも時代を超え、地域を超えて存在することは、繰り返しになりますが、民族学や民俗学が示しています。たとえ農耕社会であっても、近代の機械産業の社会にいたっても、そうした「こだわり」が存在することも明らかです。それは、人間の「根源的なものの考え方」ですから、遺伝し続け失われることがないのです。

神話的思考においては、子宮へのこだわりは、解剖学的な女性や生殖器という文脈で語られることはありません。時空を超えて共通しているのは、いずれも《月のシンボリズム》という独特の認知システムのなかでつくられているのです。しかも、ミルチャ・エリアーデの指摘する、《月のシンボリズム》の「多価性」と「統一性」が示すように、月と、それにまつわり、なぞらえられる多彩なシンボルは、きわめて構造的に関連づけられていて、いささかおどろかされます。

たとえば、二十九・五日で運行する月は、女性の生理周期そのものであり、女性は子宮に子を身ごもります。さらに子宮の身ごもりは、月の水（羊水）のなせるわざであり、その水を運ぶのは蛇です。蛇は、脱皮や冬眠を繰り返すことから、不死の象徴であります。こういったように、すべてのシンボルが、連鎖的に、構造的に関連づけられてゆくのです。そして、もっとも重要なのは、人の心のありようまでもが月の運行に左右されると考えられていることです。月が隠れた闇の夜と、光に満ちた満月の夜とでは、気持ちのありようが大きく異なります。

科学の発達していない、というよりも、科学を必要としていない先史の時代にあって、ある意味もっとも神秘的なこととして人々をおどろかせたのは、女性が身ごもり出産するということではなかったでしょうか。フランスのローセルやオーストリアのヴァレンドルフの女神は、二万年以上前のヨーロッパにおいて、人はすでにこうした現象を神秘として、あるいは聖なるものとして捉えていたことを雄弁に物語っています。日本列島において、縄文時代の始まりとともに土偶造形が出現するのも、意味するところは同じです。

ややもすると私たちは、こうした造形を、単に即物的に、あるいはせいぜい美学的な解釈で済ませようとしますが、それでは彼らの真の精神性を知ることはできないし、実際にできませんでした。人間の発展段階の初期のできごととして、ただ技術的に「稚拙」あるいは「プリミティブ」というレッテルを貼り、そうした造形の真の意味を探ろうとしてこなかったのです。

これまで日本の考古学が、縄文土器と墓との関係を指摘できたのは、単に「副葬品」としての多寡や器種の多様性の次元でしかありませんでした。議論のなかに、間違っても「子宮」という言葉が登場することはありませんでした。縄文人が土器を副葬品として墓に「入れた、入れない」という次元の問題ではなく、さまざまな呪術や祭祀に合わせて製作や取り扱いが決められているかもしれない、つまり、彼らの精神性の表現の問題として土器が存在したとは思ってもみませんでした。

悲しいかな考古学研究では、墓に副葬品が「ある」という事実だけが取りあげられ、「なぜ副葬するのか」が、問題になることは決してなかったのです。それらは、仮に話題になったとしても、それは所有者の威信財や権威の象徴として解釈されてきました。証明の不可能な精神性の問題に深入りすれば、考古学の科学としてのプライドが損なわれるからです。本来であれば、墓から離れた場所から見つかった、人の姿形を表現した造形（土偶）や、石棒なども、それがつくられた年代よりも「死者や墓と関連している」という視点が必要だったと私は考えます。そうした予測のもとに、墓の意味を考察しなければなりません。

おそらく考古学者からは、「それをどう証明するのだ」との反論があるでしょうが、私が注目したいのは、個々の墓と、墓以外の場所から見つかる出土品の対応関係を見つけ出すことではなく、なぜあれほどまでのエネルギーを費やして土器や石棒を製作したのか、その意味が知りたいし、それを明らかにすることが、考古学に求められている本来の学問的使命だと考えます。もし、現在の考古学にそれができないのであれば、新たな方法を開発しなければならないのは、言うまでもありません。

最後になりましたが、重要な結論を忘れるわけにはいきません。それは、

墓は死者の「とむらい＝死」のためではなく、「よみがえり＝再生」の場所としてつくられた。墓は「子宮」であり、そこには死はなく、あるのは生のエネルギーだけであった

という、現代の私たちにとっては衝撃的な解釈です。

住居や記念物の子宮的な性格や、副葬品としての土器の持つ子宮的性格などの分析を経ることで少しずつ明らかになってきたのは、じつは縄文人は、「死」に対しては、私たちが考えるほどには、恐れや穢《けが》れ、思慕《しぼ》の念などといったネガティブな感情がなかったということです。それは、人口動態、あるいは殺傷痕が少ないという研究から導き出されるように、当時の社会が、そうした人間関係を生み出さない構造になっていたことからも明らかです。死霊や悪霊、怨霊《おんりょう》などは論外です。彼らの多くのエネルギーは、「死」よりもむしろ「誕生」あるいは「再生」に対して費やされていたことが明らかになり、いささか驚かされました。

現代に生きる私たちは、この時代環境のなかで、好むと好まざるとにかかわらず、「死」に対するさまざまな宗教的セレモニーやイベントを経験しています。つまり、知らず知らずのうちに人間

は死に対して怖れや畏れ、あるいは悲しみを抱き、それから逃れるためにさまざま宗教的行為を行なわなければならないと思い込まされるのです。時には、政治的な文脈のなかで死に関わることもあります。さらに死者に対する関与は、「祖先崇拝」という形でいつまでも逃れることができません。長男であれば、墓を守る義務が重くのしかかります。まるでそうした行為が人間として当たり前のように思い込んではいないでしょうか。その結果、縄文時代の人々の心性を考えるときにも、さほど斟酌《しんしゃく》することなく、縄文人に私たち日本列島に暮らす現代人の考えを押し付けてはいないでしょうか。いや、多分に押し付けているのです。

私たちは、縄文人の墓を、現代と同様の「墓」と解釈して疑いませんでした。祖先崇拝を背景として、なんとなく縄文人が、毎年故人の遺徳を偲《しの》んで墓参りを行なっているように思ってきました。それは、私たちが日常的に葬式や墓参りを経験しているからであり、縄文人が同じように行動していたかどうかは、何の保証もない推測だったのです。

だからと言って悲観することはありません。「埋葬」の本来の意味、つまり根源的な心性（元型や融即律）から行なわれる「死者を穴に埋める」行為が、私たちの思考から完全に失われていたわけではありません。なぜなら、それは生得的な心性だからです。このような心性は、長い間、仏教や儒教思想の影響にさらされてきましたが、たとえそうした影響があっても、ホモ・サピエンス以来の元型や融即律が働いて、墓は単なる死者の「とむらい」の場所ではなく、「再生」のためにつくるという無意識の心性が機能して、死者を穴に埋め続けたのではないでしょうか。

このように整理してみれば、時期的な多寡はあるにせよ、縄文時代の墓に、なぜあれほどたくさんの誕生にまつわる副葬品が入れられたのか、おおいに合点がいくし、現代においても、そうした縄文の《再生シンボリズム》の名残りに気づかされるはずです。仏教では「枕飯」「枕団子」に「遺髪《いはつ》と遺爪《いそう》」、神道では「しめ縄」や境内の「土俵」、家庭では水道の「蛇口」、芸能・習俗では「能」や「盆踊り」「大綱引き」「かまくら」「梵天《ぼんてん》」など、その例は枚挙にいとまがありません。そして、そうした例にことごとく、再生の象徴としての「子宮」や「蛇」あるいは「水」が関与しているのです。このように考えるならば、墓穴は死者の「とむらい」のために掘られたのではなく、「よみがえり＝再生」のために「子宮」になぞらえてつくられたという文脈も、あながち荒唐無稽な解釈ではないように思えます。

人はいつの世にも子宮に生まれ子宮に還る

エピローグ

本書を終えるにあたって、再び中沢新一に登場していただきます。じつは、中沢には、各章において登場してもらわなければと思いつつ、最後までうまく議論に参入させられないまま、エピローグを書くところまできてしまいました。なぜなら中沢の論考の多くは、土器や住居や墓といった具体の議論に留まらず、縄文人の神話的世界観の内容と、その読み解きの道筋を示すために書かれたものだったからです。なかでも、「壺に描かれた蛙」(『芸術人類学』所収、みすず書房、二〇〇六年／初出は二〇〇三年)では、縄文時代の遺物の読み解きに民俗学あるいは文化人類学、神話学の知見を取り入れることで、縄文の神話的世界観が、彼らの社会のなかで一つの体系的な思考システムを形づくっていることを明らかにしています。

神話的思考はつねに全体としてのひとつのシステムをつくりなしている。そのシステムはけっして矛盾や齟齬のないものとしてつくられてはいないが、重要な問題をめぐる思考においては、その思考が表現される素材やメディアの違いにもかかわらず、そこには論理的な一貫性を見出すことができるのである。新石器的思考様式のしめすこの特徴を、縄文土器の世界にたいして適用することは、多くの実例から見て、間違いのない前提だろう。縄文土器の図像学的解明の研究は、たくさんのチップをなくしたままに遂行されなければならないジグソーパズルのようなものだ。しかし、たとえ断片は失われていても、そこにかつて完成した絵が存在していたことはたしかなのだから、私たちは神話的思考の全体的な一貫性という要請だけを頼りにして、一見すると不可能にも思えるこの復元作業に乗り出していくこともできるのである。（中略）

土器の器面に文様として表現されている神話的思考は、家屋のデザインやそこでおこなわれる儀礼に空間とモノの配置や身振り・歌などを通して表現された神話的思考と「ひとつの体系（システム）」をかたちづくっている。異なる表現メディアに表現されたもの同士の間にはそっくりそのままの表現があらわれることはまずないが、それでも異なる表現の間には「変形」を通じた弁証法的な関係がある。つまり、家屋デザインやそこでおこなわれたと推測される儀礼にあらわれていたはずの遠さ／近さのコードを使って表現された非対称的関係と、同じ性質をもった対立関係が（このことは変形の操作によってあきらかになる）、土器文様のうちにも発見されなければならない。それらは一見するとおたがいなんの関係もないように見えるが、思考の深層的構造のレベルではまったく同一の論理の動きから生み出されたものであることがわかるようなものだ。（二九九—三〇〇頁）

中沢はこの後、縄文時代の心の研究の第一人者である小林達雄による縄文土器の《装飾・物語文様論》に深く立ち入り、高く評価した上で、関東甲信越地方の縄文土器（「勝坂式土器」）に描かれた「みずち」と「蛙」の文様を、月と水と女性の神話的脈絡（関係性）に沿って見事に読み解いています。縄文中期土器の器面に、なぜこのような蛙の像が描かれることになったか、中沢の読み解きはこうです。

土器は水との深い親和性をもつ。土器を成形する際には、粘土と水を混ぜ合わせて、柔らかくしておく必要がある。これを火で焼いて乾燥させると土器が完成するわけであるが、それが煮炊きに使用されることになれば、土器は自分の内部に多量の水を受け入れることになる。（中略）土器を使った煮炊き料理は、火の使用に関してあきらかに両義的な性質をしめすことになる。「煮ること」を社会的コードに移して隠喩的に思考すると、Endogamy［内婚］的な行為につながっていく。これは、小さな家族関係の中に閉ざされた状態で食事やセックスをする傾向であり、家族関係や母子関係の外に広がる大きな社会関係に広がっていこうとするExogamy［外婚］的な行為と対立しあう。「焼くこと」がExogamy的であるならば、「煮ること」はあきらかにEndogamy的なのだ。そこに、大地性への帰属やそこから離脱していくことの困難（社会的世界での歩行の困難）をあらわしていると思われる水界生物や蛙のイメージが結びついていくのは、神話的思考にとってはごく自然な成り行きなのである。縄文中期の勝坂式土器にあらわれた、多くの謎をはらむ蛙のイメージには、調理の用具としての土器に強い執着をしめして、煮炊きを料理の中心に据えてきた縄文文化の精神性が、もののみごとに写し出されている。これこそが、神話的思考であることを本質とする「物語性文様」の真骨頂だ。（三二三―三二四頁、［ ］は筆者による）

もちろん、この結論は私の読み解きと多少異なるわけですが、ここでは、それよりも、神話的思考の読み解きが可能だとした点に賛意を表したいと思います。そして小林達雄が主張する、煮炊き料理が宿命的に抱えた調理の回数が生み出した「周期性」に着目し、「暮らしに「周期性」をもたらすもっとも重要な新石器的存在――それはほかならぬ「月」である」（三二五頁）と述べていることには、おおいにモチベーションが高まります。

中沢は、この他にも、子宮のシンボライズにも再三にわたって言及しています。本書中に引用したミルチャ・エリアーデの南米コロンビアのコギ族についての事例――家屋が女性の身体に喩えられその内部が子宮だと考えられている話――も、『野生の科学』（講談社、二〇一二年／初出は『群像』二〇〇八年九月号）で紹介されています。また、信州地方を中心に今も日本の各地に遺る「ミシャグチ（石神）信仰」が、縄文につながるだけでなく、ケルト世界にまでつながる「ユーラシア的普遍性」を持つことにも触れています。

男根状の石棒と胞衣が彷彿させる胎生学的イメージ。このふたつの結合が、ミシャグチという概念の基本構造をかたちづくっている。諏訪地方のミシャグチの総元締めとも言うべき、諏訪神社上社前宮の祭儀いっさいを司る神長官守矢家に伝わる「洩矢神祈禱殿のご神体」は、若々しいペニスを連想させる石棒と、エロチックな溝をまんなかに穿った石皿の対でなりたっている。石棒といっしょに石皿や丸い石を祀ってある光景を、諏訪でも甲州でもよく見かけることができる。石皿はあきらかに女性をあらわしている。それに対して丸石は、幼児や胎児を象徴している、と言われる。（中略）私たちはケルト世界と縄文的なミシャグチの世界とがしめす深いレベルでの共通性に、驚かざるをえない。新石器文化の共通土台をつくっていた一部分が、ユーラシア大陸の東と西の端に取り残されたことによって、このような現象が起きているのだろうか。その理由を私たちはまだ知らないが、いずれにしても、ミシャグチは人類的な普遍から直接に発生した思考の形を、いまにとどめているのにちがいない。（『精霊の王』講談社、二〇〇三年、九〇―九二頁）

私がおどろいたのは、すでに十年以上も前に中沢が、縄文の「神話的思考はつねに全体としてのひとつのシステムをつくりなしている」ことに気づいていた点です。プロローグに引用した『縄文聖地巡礼』をはじめ、『芸術人類学』や、『カイエソバージュⅠ～Ⅴ』（講談社メチエ、二〇〇二～二〇〇四年）、さらには『精霊の王』など、中沢の縄文論は、考古学者が真摯に向き合わなければならない質の高い内容に溢れています。

本書でテーマとした死者や墓は、これまでの考古学者の手法では、単に時代的な変遷や地域的なつながり、広がりだけを追求するだけになってしまい、死者としての縄文人や、それをとりまく縄文人の気持ち（心）は何も明らかになりません。縄文人の心がわからない限り、彼らの行なってきた〝こと〟――死者を穴に埋めるということ――の意味は決して分からないでしょう。そういった状況を打開する一つの方法として、私は中沢の仕事を評価したいと思います。

心を極力おし殺し、組織や制度に目配りしながら生きることを強いられている現代人と縄文人とは、ものを考える基盤が違います。私はそのことについて、あらためて中沢の論考から気づかされました。細部の読み解きや、象徴の具体については、中沢の解釈と異なる部分もありますが、神話的思考が縄文社会のなかで「ひとつのシステム」をなしている、という基本的な考えは同じ方向を向いていると確信しています。

*

ところで、人はなぜ死者を葬ろうと考えたのでしょうか。最後に、この問題についてちょっと別の角度から考えてみたいと思います。

ロボット工学の第一人者、慶応大学の前野隆司は、『「死ぬのが怖い」とはどういうことか』（講談社、二〇一三年）のなかで、人間は、進化の過程で過去を記憶する能力と、同時に未来を予見する能力をも身に着けた結果、未来には、誰もが死を迎えることを知ったのだと言っています。ただし、人間が死を知ること自体は、生きる上で進化論的にはなんらメリットはなく、つまり、本来ならメリットのない形質は、淘汰されるはずなのですが、たまたま、未来を知った際の進化の「おまけ」として淘汰されずに残されたものだと言うのです。人間には、尻尾がないのに尾骨が残っているようなものでしょうか。とても興味深い話です。では、どうして、おまけで知った死が怖いのでしょうか。それには、こう答えています。

人間は、過去と未来について考える力を持った。これに付随して、皮肉にも、進化的に特に有効ではないにもかかわらず、よりによって、死について考える力を期せずして持ってしまった。

これが、真相ではないだろうか。

もちろん、人間は、死について考える力とともに、ものごとを恐れる情動の力も身に付けた。だから、死ぬのが怖くなってしまったのだ。そう考えると、納得がいく。進化のメカニズムから帰納すると、そう考えるのが最も妥当なように思われる。

もしそうならば、何とも皮肉な、進化のいたずらではないか。（四〇頁）

とても面白い解釈です。しかし、すでにデイヴィッド・プレマックらの《心の理論》や、ジェシー・ベリングの《適応的錯覚》によって説明されているように、人は死を知ったとしても、その死を乗り越えられるように〝死にたくない〟という心性が備えられ、また〝死んでも再びよみがえる〟と錯覚するように脳にプログラミングされているのです。ですから、本来的に人間は、死が心的ダメージにならないよう、つまり自分の死も他人の死も怖く感じないようにつくられているはずなのです。しかし、人間関係が複雑化した社会においては、そう簡単ではありません。人口も少なく人間的な軋轢も希薄であった縄文時代にはおそらく一人もいなかったはずの自殺者も、これだけ複雑化した現代日本においては年間三万人もいると言われます。社会的格差をはじめ、死を誘発するような危険に満ち溢れているからです。

人間の「怖い」と思う感情は、「恐怖（terror）」という恐れだけではありません。「畏敬（awe あるいは reverence）」という畏れもあるはずです。『広辞苑』（岩波書店）によれば、畏敬とは、「（崇高・偉大なものを）かしこまり敬うこと」と書かれています。

もし、人間が、他人の死を「恐怖」に思ったなら、当然、死者には「よみがえって欲しくない（化けて出て欲しくない）」と思うでしょう。多くの考古学者が、墓に入れた死者の身体を屈葬にして葬る理由を、よみがえりを防ぐためと考えていることと、じつに辻褄《つじつま》が合っています。石を死者の身体の上や埋め土の上に置いたりするのも考古学者によって同様の解釈がされています。

たしかに、このような葬り方から、冷酷とも思える考え方を読み取ることができなくもありませんが、私の知るかぎり、そのような考古学的事例はそう多くありません。数としては、むしろ珍しいと言えます。多くの場合は、副葬品が入れられ、決して冷たくあしらわれている風ではありません。とくに縄文時代の墓では、副葬品が豊富です。弥生時代や古墳時代の墓も、大王や貴族の墓ばかりではなく、一般的に副葬品が添えられています。くだんの遺体の上の石も、何かを象徴的に表現して添えられた可能性も否定できません。

古墳時代以降には、仏教や儒教や道教の教えが埋葬方法に影響を与えていることを考えると、「あの世」という他界観にしたがって、死者が、どこか別の世界に行くことを前提に葬っていることが推定できます。それは、死に対して文化的な考え方（宗教心）が背景にあるからで、生得的な心性から来る「よみがえって欲しい」と思う気持ちは、葬り方に強くは表われていません。どちらかというと、「別の世界があるから、そちらでゆっくり暮らしてください」、といったイメージを思い起こさせます。じつは、そのことを端的に表わしているのが、アイヌ民族の葬送ではないかと私は考えています。

アイヌ民族の墓は、古いものは、十七世紀ころのものが知られていますが、階級社会ではありませんから、墓の形や大きさに差はありません。老若男女に関わらず、どの墓にも副葬品が数多く入れられています。そのなかで注目されるのが、男性であれば、太刀や小刀、火打ち石と火打ち金、キセルなどが添えられ、女性であれば身に着けていたと考えられる首飾り（タマサイ）や耳飾り（ニンカリ）のほかに、鉄鍋や鎌が添えられる点です。また、男女とも漆塗りのお盆や椀も添えられます。

アイヌ民族の信仰では、死者はあの世に行くのだそうです。あの世では、この世と同じように生活することが可能ですから、そこで必要な「生活道具＝日用品」を一緒に持たせなくてはならず、それらを死者に添えるのだそうです。あの世に旅立つ死者のために、道具を持たせてやる行為を、「送り」と言います。第七章にも書きましたが、私はアイヌ民族の「あの世・この世」という他界観が、どうも仏教的な色彩を帯びていると考えています。よく縄文人の「送り」儀礼がアイヌ民族に受け継がれたと言われますが、そう単純な問題ではないように思います。つまり、縄文人とアイヌ民族の副葬品の間には、単なる時代の隔たりだけでは説明できない、本質的な違いを感じるのです。

アイヌ民族の副葬品が、日常の生活道具であるのに対し、縄文人の副葬品には、そうした生活の匂いがしません。縄文土器を鍋と考えれば、また、矢尻を単に狩猟道具と考えれば、アイヌ民族と同じように、あの世に日用品を持たせてやると解釈することも可能ですが、土器や矢尻が、彼らの精神世界を表現したものだとしたら、それは単なる生活道具ではありません。あの世で死者に日常生活を送ってもらうために日用品を添えたという考え自体が成り立たなくなります。そもそも、縄文人には、送るべき「あの世」の認識がなかったことは、すでに述べたところです。

第三章で、土器の子宮的な性格を議論したのを思い出してください。土器は、子宮をシンボリックに表現した、よみがえりのための祭祀道具なのです。矢尻も、時として数百本もの数を惜しげもなく添える例から判断すれば、基本的には、単なる狩猟道具ではなく、再生の意味が強く込められた呪具だったのではないでしょうか。

そうしたことを裏づける道具として重要なのが、石棒や石斧です。前著で触れましたが、石棒も石斧も、緑あるいは碧色の石を磨いてつくられています。全国的、いや世界的にも、先史時代の石斧には緑系の石が使われています。ベネズエラやイギリスの先史文化にも緑の斧の副葬が知られています。大林太良が指摘しているように、緑（碧）という色が、人の「誕生」あるいは「再生」を象徴しているからでしょう。大林は、『万葉集』のなかに、赤ん坊が「みどり児」として呼び慣わされているのは、若葉の緑が「再生」をシンボライズしているからだと述べています。

縄文人は、とても長い時間をかけてつくりあげた石斧にしろ、石棒にしろ、それらを死者のために、惜しげもなく墓穴に入れます。つまり縄文の副葬品は、土器や石器も、単なる日常の生活道具としてではなく、死者のよみがえりを期待する「再生信仰」のためのシンボリックな呪具として添えられていると考えることができます。

北海道では、続縄文時代までは、墓穴の形自体もそうだと思いますが、死者に添える道具類も、子宮になぞらえられるなど、再生の意味が込められていたのではないかと思います。それが、死後の世界に深くこだわる儒教や道教あるいは仏教など本州文化の影響があって、擦文時代ころ（八世紀）から先祖崇拝あるいは先祖供養の観念が強く心の前面に押し出されていきました。そして一方では、縄文時代以来の伝統的な再生信仰に対する意識が徐々に廃《すた》れ、アイヌ民族独自の「送り思想」という合理的な信仰体系として新しく確立されていったのではないでしょうか。

改めて、縄文以来の「再生信仰」の行方を追いかけてみると、意外にもオリジナルな形をとどめているのが神社信仰であることに気づき、おどろかされました。まさに、ブラックリッジが指摘したように、鳥居をはじめ、社殿やしめ縄、雨乞い、相撲や神楽《かぐら》などの神社の神事には、再生信仰の核となる《月のシンボリズム》が温存されているのです。

要するに、縄文人は、死を「恐怖」という感情では捉えていなかったのではないでしょうか。彼らが感じ取ったのは、恐怖ではなく、もう一つの「こわさ」である、「畏敬」や「畏怖」の意味の「こわさ」だったのです。もちろんそれは、「死」が「生（再生・誕生）」の象徴だったからに他なりません。

死に畏敬の念を感じるのは、感情的には、死を〝再生すべきもの〟という心性で受けとめていたからでしょう。社会的なコミュニケーションが複雑化しておらず、神話的思考を基盤とする狩猟採集生活を営んでいた縄文人は、人の死を恐怖ではなく〝再生すべきこと〟として捉え、畏敬の念を持って接したのでしょう。当然、死者に対しては、〝よみがえって欲しい〟という気持ちを強く持ったはずです。まちがっても〝よみがえってくれるな、早くどこかに旅立って欲しい〟などとは思わなかったと私は考えています。

皮肉なことに、人の死を恐怖と感じ、自らの死を怖いと思うようになったのは、科学的に人の死を知った時、つまり人間は生き返らないことを知った時からです。先に述べたように、人はグレートマザーという死を恐れないような心性が脳にプログラミングされているはずなのですが、物理的、科学的に死を理解した時から非科学的な再生や生まれ変わりを信じることができなくなり、〝死にたくない〟という心性の処理に翻弄されるわけです。つまり、死後の世界が具体的に認識できないことからくる不安、怖さ、恐ろしさが生まれてしまうのです。仏教の輪廻転生や儒教の招魂再生、あるいは道教の不老長生という教えは、そうした死後の不安を解消するための智恵だったのかもしれません。「あの世」という考えも、死に対する不安を解消するためにつくりだされた観念なのでしょう。

狩猟採集の社会に生きた縄文人が、死を恐怖と感じずに、ごく自然の現象として受け入れ、むしろ畏敬・畏怖と感じ、ひたすら「再生信仰」に思いを馳せたのは、彼らにとって、生命の源が、はっきり分かっていたからではないかと思うのです。もし仮に縄文人にとって「あの世」があるとしたなら、それは水をもたらすと考えられていた月であり、死後は、満ちては欠ける不死の存在である月と同様に再生のシンボルである子宮に見立てた「穴」に入ることで、よみがえりが約束されていましたから、死ぬことを不安に思うことも、恐怖に思うこともなかったのでしょう。

その「おまけ」、つまり、科学を知ることで手に入れてしまった死の恐怖に翻弄《ほんろう》されることなく、一万年もの間、心安らかに、崇高な気持ちを持続させながら暮らすことができたのです。「おまけ」の恐怖に一喜一憂しだしたのは、その後の話ですが、じつは基本的に縄文人の遺伝子をもつ日本列島の人びとは、死への恐怖心がとても希薄なのではないかと思います。よく「日本人には宗教心がない」と言われるのは、そうした心性を捉えた評価なのではないかと思います。各地の民俗例をひもときながら、とくに古い神社を詣でながら、そんな印象を強くしました。

最後に一言述べて筆をおきます。本書もまた、多くの方々の支援なしには日の目を見ることはなかったと思います。前著『縄文人の世界観』（国書刊行会、二〇一六年）同様、佐藤亜美さん（東北大学大学院博士課程）からは、宗教学の専門的視点から、論点を整理し、縄文人の信仰のあり方について多くの助言をいただきました。また、本間浩昭さん（毎日新聞社）には、プロの目による厳しい校閲を賜り、論理的な矛盾点の精査に尽力いただきました。そして、前著に続き出版を引き受けてくださった国書刊行会の佐藤今朝夫社長、営業部長の中澤真野さん、編集の労を取られた清水範之さんへ心からの感謝を込めてお礼申し上げます。

二〇一七年八月

著者

大島直行（おおしま　なおゆき）
一九五〇年北海道生まれ。札幌医科大学客員教授。日本人類学会評議員、日本考古学協会理事、北海道考古学会会長などを歴任。医学博士。
著書に、『対論・文明の原理を問う』（麗澤大学出版会、二〇一一年、共著）、『月と蛇と縄文人』（寿郎社、二〇一四年）、『縄文人の世界観』（国書刊行会、二〇一六年）などがある。

縄文人《じょうもんじん》はなぜ死者《ししゃ》を穴《あな》に埋《う》めたのか

墓と子宮の考古学

二〇一七年九月十日初版第一刷印刷
二〇一七年九月十八日初版第一刷発行

著者　大島直行
発行者　佐藤今朝夫
発行所　株式会社国書刊行会
東京都板橋区志村一―十三―十五　〒一七四―〇〇五六
電話〇三―五九七〇―七四二一
ファクシミリ〇三―五九七〇―七四二七
URL : http://www.kokusho.co.jp
E-mail : sales@kokusho.co.jp
装訂者　伊藤滋章
印刷・製本所　中央精版印刷株式会社
ISBN978-4-336-06195-9 C0021